CONVERGÊNCIAS
Ciências 9

Vanessa Silva Michelan

- Bacharela e licenciada em Ciências Biológicas pela Universidade Estadual de Londrina (UEL-PR).
- Mestra em Genética e Biologia Molecular pela UEL-PR.
- Especialista em Ensino de Ciências Biológicas pela UEL-PR.
- Autora de livros didáticos para o Ensino Fundamental.
- Realiza trabalhos de assessoria pedagógica no desenvolvimento de materiais didáticos para o Ensino Fundamental.
- Professora da rede pública de Ensino Médio.

Elisangela Andrade Angelo

- Bacharela e licenciada em Ciências Biológicas pela Universidade Estadual de Londrina (UEL-PR).
- Mestra em Ciência de Alimentos pela UEL-PR.
- Doutoranda em Biologia Celular e Molecular pela Universidade Estadual de Maringá (UEM-PR).
- Professora dos níveis básico, técnico e superior no Instituto Federal do Paraná (IFPR-PR).
- Autora de livros didáticos para o Ensino Fundamental.

Convergências – Ciências – 9
© Edições SM Ltda.
Todos os direitos reservados

Direção editorial	M. Esther Nejm
Gerência editorial	Cláudia Carvalho Neves
Gerência de *design* e produção	André Monteiro
Edição executiva	Lia Monguilhott Bezerra
Coordenação de *design*	Gilciane Munhoz
Coordenação de arte	Melissa Steiner Rocha Antunes
Assistência de arte	Juliana Cristina Silva Cavalli
Coordenação de iconografia	Josiane Laurentino
Coordenação de preparação e revisão	Cláudia Rodrigues do Espírito Santo
Suporte editorial	Alzira Ap. Bertholim Meana
Projeto e produção editorial	Scriba Soluções Editoriais
Edição	Kelly Cristina dos Santos, Maira Renata Dias Balestri
Assistência editorial	Ana Carolina Navarro dos Santos Ferraro, Everton Amigoni Chinellato, Rafael Aguiar da Silva
Revisão e preparação	Felipe Santos de Torre, Joyce Graciele Freitas
Projeto gráfico	Dayane Barbieri, Marcela Pialarissi
Capa	João Brito e Tiago Stéfano sobre ilustração de Estevan Silveira
Edição de arte	Ingridhi F. B.
Pesquisa iconográfica	Tulio Sanches Esteves Pinto
Tratamento de imagem	Equipe Scriba
Editoração eletrônica	Adenilda Alves de França Pucca (coord.)
Pré-impressão	Américo Jesus
Fabricação	Alexander Maeda
Impressão	Forma Certa Gráfica Digital

Dados Internacionais de Catalogação na Publicação (CIP)
(Câmara Brasileira do Livro, SP, Brasil)

Michelan, Vanessa Silva
 Convergências ciências : ensino fundamental : anos finais : 9º ano / Vanessa Silva Michelan, Elisangela Andrade Angelo. – 2. ed. – São Paulo : Edições SM, 2018.

 Bibliografia.
 ISBN 978-85-418-2140-7 (aluno)
 ISBN 978-85-418-2144-5 (professor)

 1. Ciências (Ensino fundamental) I. Angelo, Elisangela Andrade. II. Título.

18-20879   CDD-372.35

Índices para catálogo sistemático:

1. Ciências : Ensino fundamental 372.35
Maria Alice Ferreira - Bibliotecária - CRB-8/7964

2ª edição, 2018
3ª impressão, dezembro 2023

SM Educação
Rua Tenente Lycurgo Lopes da Cruz, 55
Água Branca 05036-120 São Paulo SP Brasil
Tel. 11 2111-7400
atendimento@grupo-sm.com
www.grupo-sm.com/br

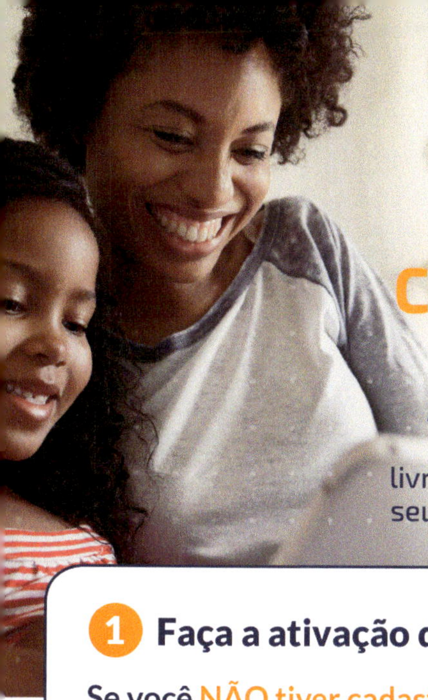

educamos·sm

Caro aluno, seja bem-vindo à sua plataforma do conhecimento!

A partir de agora, você tem à sua disposição uma plataforma que reúne, em um só lugar, recursos educacionais digitais que complementam os livros impressos e são desenvolvidos especialmente para auxiliar você em seus estudos. Veja como é fácil e rápido acessar os recursos deste projeto.

1 Faça a ativação dos códigos dos seus livros.

Se você NÃO tiver cadastro na plataforma:
- Para acessar os recursos digitais, você precisa estar cadastrado na plataforma educamos.sm. Em seu computador, acesse o endereço <br.educamos.sm>.
- No canto superior direito, clique em "**Primeiro acesso? Clique aqui**". Para iniciar o cadastro, insira o código indicado abaixo.
- Depois de incluir todos os códigos, clique em "**Registrar-se**" e, em seguida, preencha o formulário para concluir esta etapa.

Se você JÁ fez cadastro na plataforma:
- Em seu computador, acesse a plataforma e faça o *login* no canto superior direito.
- Em seguida, você visualizará os livros que já estão ativados em seu perfil. Clique no botão "**Adicionar livro**" e insira o código abaixo.

Este é o seu código de ativação! → **DNAEJ-NKLBR-ADG7P**

2 Acesse os recursos.

Usando um computador

Acesse o endereço <br.educamos.sm> e faça o *login* no canto superior direito. Nessa página, você visualizará todos os seus livros cadastrados. Para acessar o livro desejado, basta clicar na sua capa.

Usando um dispositivo móvel

Instale o aplicativo **educamos.sm**, que está disponível gratuitamente na loja de aplicativos do dispositivo. Utilize o mesmo *login* e a mesma senha da plataforma para acessar o aplicativo.

Importante! Não se esqueça de sempre cadastrar seus livros da SM em seu perfil. Assim, você garante a visualização dos seus conteúdos, seja no computador, seja no dispositivo móvel. Em caso de dúvida, entre em contato com nosso canal de atendimento pelo **telefone 0800 72 54876** ou pelo **e-mail** atendimento@grupo-sm.com.

BRA191001_204

Apresentação

Caro aluno, cara aluna,

Todos os dias o Sol surge e se põe no horizonte. Nesse tempo, você realiza diversas atividades, como ir à escola, alimentar-se, brincar, conversar com os colegas, tomar banho, escovar os dentes e dormir. Você sabia que cada uma dessas ações pode causar impactos no ambiente e em nossa saúde? Tudo isso está relacionado a Ciências!

Dessa forma, este livro foi elaborado para te ajudar a compreender essas relações. Nele, você encontrará conteúdos que permitirão observar, investigar, refletir e discutir maneiras de conservar o ambiente e de cuidar do nosso corpo. Além disso, você poderá perceber a influência da tecnologia na sociedade e no ambiente.

Para tornar o seu aprendizado mais divertido, esta obra utiliza diversos recursos, como músicas, imagens, pinturas e histórias em quadrinhos.

Bom ano e bons estudos!

Raul Aguiar

Conheça seu livro

Esta coleção apresenta assuntos interessantes e atuais, que o auxiliarão a desenvolver autonomia, criticidade, entre outras habilidades e competências importantes para a sua aprendizagem.

Abertura de unidade

Essas páginas marcam o início de uma nova unidade. Elas apresentam uma imagem instigante, que se relaciona aos assuntos da unidade. Conheça os capítulos que você vai estudar e participe da conversa proposta pelo professor.

Iniciando rota

Ao responder a essas questões, você vai saber mais sobre a imagem de abertura, relembrar os conhecimentos que já tem sobre o tema apresentado e se sentirá estimulado a aprofundar-se nos assuntos da unidade.

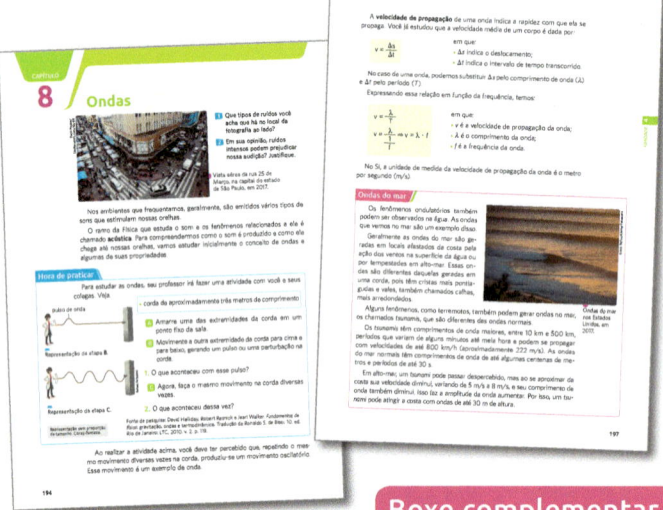

Hora de praticar

Nessa seção você encontrará sugestões de atividades práticas, instigantes e de rápida execução para fazer na sala de aula com o professor e os colegas.

Boxe complementar

Esse boxe apresenta assuntos que complementam o tema estudado.

Ampliando fronteiras

Nessa seção, você encontrará informações que o levarão a refletir criticamente sobre assuntos relevantes e a estabelecer relações entre diversos temas ou conteúdos.

Os assuntos são propostos com base em temas contemporâneos, que contribuem para a sua formação cidadã e podem ser relacionados a outros componentes curriculares.

Atividades

Nessa seção, são propostas atividades que vão auxiliá-lo a refletir, a organizar os conhecimentos e a conectar ideias.

Verificando rota

Aqui você terá a oportunidade de verificar se está no caminho certo, avaliando sua aprendizagem por meio de perguntas que retomam algumas das questões respondidas durante a unidade.

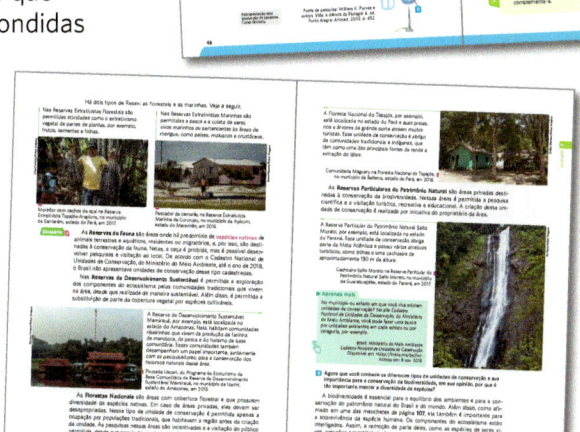

Aprenda mais

Aproveite as sugestões de livros, filmes, *sites*, vídeos e dicas de visitas para aprender um pouco mais sobre o conteúdo estudado.

Vivenciando a Ciência

Essa seção apresenta sugestões de atividades práticas para investigar fenômenos do cotidiano que se relacionem aos assuntos estudados em cada capítulo. Você levantará e testará hipóteses, montará modelos e trocará ideias com seus colegas sobre o que observou. Além disso, você será desafiado(a) a elaborar maneiras de investigar outros fenômenos referentes aos assuntos que está estudando.

Glossário

Você encontrará o significado e as informações adicionais de alguns termos e expressões indicados ao longo dos textos no **Glossário**, que se encontra ao final deste livro.

 **Ícone em grupo**
Esse ícone marca as atividades que serão realizadas em duplas ou em grupos.

Ícone pesquisa
Esse ícone marca as atividades em que você deverá fazer uma pesquisa.

 **Ícone digital**
Esse ícone remete a um objeto educacional digital.

Sumário

UNIDADE 1 — Universo e a vida 8

CAPÍTULO 1 — Alguns aspectos da Ciência e o Universo 10
- A origem do Universo 13
- **Atividades** 16
- A formação do Sistema Solar 17
- Universo e Sistema Solar 19
- Sistema Solar 22
- Evolução das estrelas 26
- **Ampliando fronteiras**
- A origem do Universo 28
- **Atividades** 30

CAPÍTULO 2 — A vida na Terra 34
- O tempo geológico 35
- Hipóteses de origem da vida na Terra 38
- **Ampliando fronteiras**
- Vida em outros planetas 44
- **Atividades** 46

UNIDADE 2 — Genética e evolução 48

CAPÍTULO 3 — Hereditariedade 50
- DNA e hereditariedade 51
- Os experimentos de Mendel 56
- **Atividades** 62
- Heredograma 65
- Cromossomos e determinação do sexo 68
- Síndromes genéticas 70
- **Ampliando fronteiras**
- Bioética: reflexão sobre a Ciência 74
- **Atividades** 76

CAPÍTULO 4 — Evolução dos seres vivos 79
- As teorias evolutivas 80
- **Atividades** 90
- Evidências da evolução 92
- A evolução e a espécie humana 94
- **Ampliando fronteiras**
- Cultura e educação 102
- **Atividades** 104

CAPÍTULO 5 — Diversidade biológica 106
- Unidades de conservação 108
- **Atividades** 114
- Conservação do ambiente 116
- **Ampliando fronteiras**
- Etnociência: os saberes populares 120
- **Atividades** 122

UNIDADE 3 — Matéria 124

CAPÍTULO 6 — Constituição da matéria 126
Propriedades da matéria 127
▌ Atividades 132
Átomos 134
▌ Ampliando fronteiras
O trabalho dos cientistas e os modelos científicos 144
▌ Atividades 146
Tabela periódica dos elementos químicos 148
▌ Atividades 155
Ligações químicas 157
▌ Atividades 160

CAPÍTULO 7 — Transformações da matéria 161
Estados físicos da matéria 161
Transformações físicas da matéria 164
▌ Atividades 170
Transformações químicas da matéria 172
▌ Atividades 178
Reversibilidade das transformações químicas 179
Funções químicas 180
▌ Ampliando fronteiras
A lenda do Boitatá e o fogo-fátuo 186
▌ Vivenciando a Ciência 188
▌ Atividades 190

UNIDADE 4 — Ondas e luz 192

CAPÍTULO 8 — Ondas 194
▌ Hora de praticar 194
Características gerais das ondas 195
▌ Ampliando fronteiras
A deficiência auditiva e a música 204
▌ Atividades 206
▌ Atividades 214

CAPÍTULO 9 — Luz 216
Propriedades da luz visível 218
▌ Ampliando fronteiras
O sono e a luz de alguns aparelhos eletrônicos 222
▌ Atividades 224
Decomposição da luz 226
Laser 228
▌ Vivenciando a Ciência 230
▌ Atividades 232
Instrumentos ópticos 233
▌ Atividades 236

▌ Glossário 238
▌ Referências bibliográficas 240

UNIDADE

1

Universo e a vida

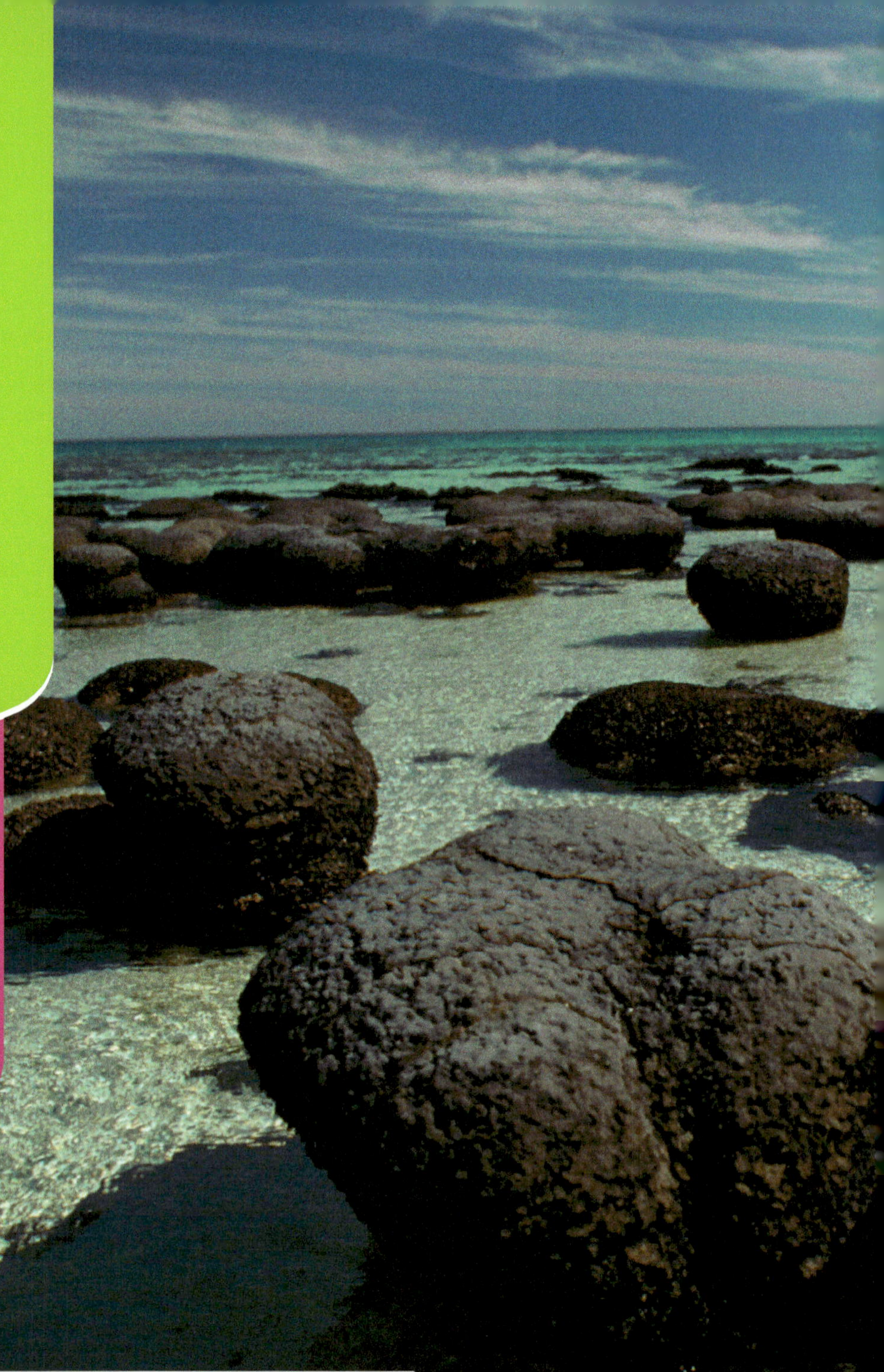

Capítulos desta unidade

- **Capítulo 1** - Alguns aspectos da Ciência e o Universo
- **Capítulo 2** - A vida na Terra

Martin Land/SPL/Fotoarena

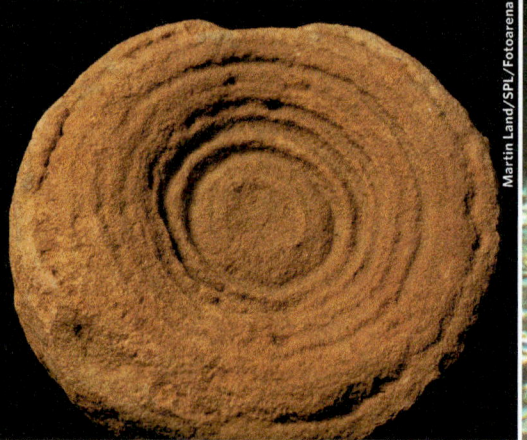

Fóssil de estromatólito do período Pré-cambriano. Os estromatólitos são considerados os mais antigos vestígios de vida na Terra. Ainda hoje, essas estruturas continuam sendo formadas.

UNIDADE 3 — Matéria ... 124

CAPÍTULO 6 — Constituição da matéria ... 126
- Propriedades da matéria ... 127
- ▌ Atividades ... 132
- Átomos ... 134
- ▌ Ampliando fronteiras
  - O trabalho dos cientistas e os modelos científicos ... 144
- ▌ Atividades ... 146
- Tabela periódica dos elementos químicos ... 148
- ▌ Atividades ... 155
- Ligações químicas ... 157
- ▌ Atividades ... 160

CAPÍTULO 7 — Transformações da matéria ... 161
- Estados físicos da matéria ... 161
- Transformações físicas da matéria ... 164
- ▌ Atividades ... 170
- Transformações químicas da matéria ... 172
- ▌ Atividades ... 178
- Reversibilidade das transformações químicas ... 179
- Funções químicas ... 180
- ▌ Ampliando fronteiras
  - A lenda do Boitatá e o fogo-fátuo ... 186
- ▌ Vivenciando a Ciência ... 188
- ▌ Atividades ... 190

UNIDADE 4 — Ondas e luz ... 192

CAPÍTULO 8 — Ondas ... 194
- ▌ Hora de praticar ... 194
- Características gerais das ondas ... 195
- ▌ Ampliando fronteiras
  - A deficiência auditiva e a música ... 204
- ▌ Atividades ... 206
- ▌ Atividades ... 214

CAPÍTULO 9 — Luz ... 216
- Propriedades da luz visível ... 218
- ▌ Ampliando fronteiras
  - O sono e a luz de alguns aparelhos eletrônicos ... 222
- ▌ Atividades ... 224
- Decomposição da luz ... 226
- *Laser* ... 228
- ▌ Vivenciando a Ciência ... 230
- ▌ Atividades ... 232
- Instrumentos ópticos ... 233
- ▌ Atividades ... 236

▌ **Glossário** ... 238
▌ **Referências bibliográficas** ... 240

UNIDADE 1

Universo e a vida

Capítulos desta unidade
- **Capítulo 1** - Alguns aspectos da Ciência e o Universo
- **Capítulo 2** - A vida na Terra

Fóssil de estromatólito do período Pré-cambriano. Os estromatólitos são considerados os mais antigos vestígios de vida na Terra. Ainda hoje, essas estruturas continuam sendo formadas.

Iniciando rota

1. Graças ao estudo dos fósseis, hoje sabemos que os estromatólitos são formados há milhões de anos. Para você qual é a importância dos fósseis?

2. Você já ouviu falar na teoria do Big Bang? Conte aos colegas o que você sabe sobre esse assunto.

3. Hoje sabemos que os seres vivos evoluem. Em sua opinião, o que isso significa?

4. Você acha que os seres vivos continuam evoluindo nos dias de hoje?

Estromatólitos na baía de Shark Bay, na Austrália, em 2016. Os estromatólitos são estruturas formadas por cianobactérias (microrganismos fotossintetizantes), geralmente, em águas rasas e quentes. Esses microrganismos vivem em colônias e formam camadas de sedimentos.

CAPÍTULO 1
Alguns aspectos da Ciência e o Universo

O texto abaixo descreve uma situação cotidiana. Leia-o e responda às questões a seguir.

> Você chega em casa, cansado da escola, faculdade ou trabalho, e decide ligar a televisão. Ao apertar o botão, no entanto, nada acontece. Imediatamente, começa a formular hipóteses que expliquem o porquê da TV não estar ligando.
>
> Primeira hipótese: ela não está conectada à tomada. Você, então, observa o cabo de alimentação e vê que ele está em seu devido lugar. Assim, a primeira hipótese foi refutada.
>
> Segunda hipótese: está faltando energia elétrica. Para testar sua nova proposição, você aperta o interruptor de luz ou tenta ligar algum aparelho elétrico. Você observa que não há problemas com a energia elétrica, e sua segunda hipótese também é refutada.
>
> Parabéns! Você pode não ter descoberto o motivo da sua TV não estar funcionando, mas aplicou o método científico em uma situação do dia a dia bastante corriqueira.
>
> [...]

Método científico. *ProfiCiência*, 29 maio 2018. Disponível em: <https://www.proficiencia.org.br/?p=272>. Acesso em: 31 out. 2018.

Rapaz tentando ligar a televisão utilizando o controle remoto.

1. Descreva a sequência das ações citadas no texto.
2. Como as ações do rapaz se relacionam com a investigação científica?
3. Você conhece alguma teoria científica? Em caso afirmativo, qual?

No exemplo apresentado acima, você pôde perceber que, mesmo as situações cotidianas, como o fato de a televisão não ligar, podem ser investigadas. No meio científico, métodos e procedimentos podem auxiliar na investigação e no desenvolvimento de teorias, como a da origem do Universo e a da evolução dos seres vivos. Neste capítulo, você vai conhecer mais sobre esses temas.

A Ciência busca explicar os acontecimentos da natureza de forma objetiva, com base em evidências.

A elaboração e o teste de hipóteses são etapas bastante comuns no meio científico e que podem ajudar o desenvolvimento do conhecimento científico nas áreas das Ciências Naturais. Essas etapas podem fazer parte de um método científico, que é um conjunto de ações e procedimentos para se desenvolver o estudo de um fenômeno ou objeto. A seguir apresentamos alguns desses procedimentos.

- **Caracterização**: nesta etapa, o problema ou a situação a ser investigada é definida para ser analisada de acordo com os conhecimentos científicos que possuímos.

Rapaz tentando ligar a televisão utilizando o controle remoto.

- **Elaboração de hipóteses**: são levantadas suposições teóricas para explicar o problema proposto. Com base nas hipóteses, são feitas previsões e planeja-se como testá-las.

Rapaz elaborando uma hipótese: a televisão não está conectada à tomada.

- **Teste de hipóteses**: são feitos testes, experiências e observações, para verificar se as hipóteses estão corretas.

Rapaz testando a hipótese: ao realizar uma observação e verificar que a TV está conectada à tomada.

- **Análise**: os resultados dos testes de hipóteses são analisados e as hipóteses são revistas, a fim de verificar se elas se confirmaram. A partir dessa análise, ideias e conceitos podem ser estabelecidos, ou novas hipóteses podem ser propostas – neste caso, novos testes possivelmente serão realizados.

Rapaz analisando os resultados dos testes de hipóteses ao evidenciar que não há falta de energia elétrica.

A sequência de etapas aqui descrita é uma forma de construção do conhecimento científico usualmente utilizada, por exemplo, nas Ciências Biológicas. No entanto, há outras formas e métodos variados de realizar uma investigação científica.

É importante ressaltar que o método científico é uma construção humana e, portanto, não é isenta de falhas e influências, como sociais e econômicas. Dessa maneira, os resultados podem ser questionados e, eventualmente, refutados.

A partir da observação e da experimentação, os pesquisadores verificam os fatos científicos, ou seja, fazem constatações. No exemplo da televisão, um fato observado foi que ela estava conectada à tomada. Já o cientista italiano Galileu Galilei (1564-1642), que tinha uma visão não só baseada em observações, mas também na experimentação e em representações matemáticas, descreveu o movimento de queda dos corpos e a composição de movimentos baseados na experimentação, fundamentando trabalhos posteriores, como o do cientista inglês Isaac Newton (1642-1727), para explicar as causas de movimentos terrestres e celestes.

Em geral, os cientistas procuram analisar várias situações, a fim de verificar em quais delas os fatos se repetem. Por exemplo, no caso da televisão, o rapaz analisou também se não havia falta de energia elétrica. Ele também poderia avaliar outras televisões do mesmo modelo, comparando o funcionamento de cada uma, para ver se o acontecido também ocorria com os demais aparelhos.

Imagem de Isaac Newton publicada em uma enciclopédia, em 1962.

Com base nas análises dos fatos, os cientistas podem propor uma explicação para os fenômenos. Quando essas explicações se concretizam e apresentam regularidade, são denominadas **leis científicas**.

Os estudos de Newton, por exemplo, reafirmaram o conceito de inércia proposto anteriormente por Galileu, o que resultou em uma das três leis do movimento de Newton, a lei da inércia.

No cotidiano, é comum ouvirmos que teoria é algo ainda não provado. O termo **teoria**, em Ciência, é o conjunto de conhecimentos utilizados na investigação de determinada área do conhecimento. Uma teoria científica abarca hipóteses, leis, evidências, princípios e conceitos que permitem explicar os fatos e até mesmo prevê-los. Dessa maneira, é uma explicação científica exaustivamente testada, apoiada por diversos testes e aceita pela maior parte dos pesquisadores.

4 A teoria celular diz que todo ser vivo é composto por uma ou mais células. Considerando essa teoria, se lhe disserem que foi observado um ser vivo ainda não estudado no fundo de um oceano, como você espera que ele seja constituído?

O conhecimento científico é dinâmico, ou seja, uma teoria científica não é uma verdade absoluta. Ela pode (e deve) ser questionada, caso se encontrem fatos que a contradigam. No caso do ser vivo encontrado no fundo do oceano, se ele possuir todas as características de um ser vivo, exceto a de ser composto de células, a teoria celular poderia ser questionada, e, caso refutada, uma nova teoria que contemple esse novo fato poderia ser elaborada.

A origem do Universo

Você já imaginou como surgiu o Universo? Esse é um tema que vem instigando o ser humano há muito tempo. Vários povos criaram explicações para a origem do Universo. Veja abaixo uma lenda, contada pelos indígenas falantes da língua nheengatu, sobre a origem do mundo.

Representação de Tupana modelando a massa da Terra.

No princípio, contam, havia só água, céu.

Tudo era vazio, tudo noite grande.

Um dia, contam, Tupana desceu de cima no meio de vento grande, quando já queria encostar na água saiu do fundo uma terra pequena, pisou nela.

Nesse momento Sol apareceu no tronco do céu, Tupana olhou para ele. Quando Sol chegou no meio do céu seu calor rachou a pele de Tupana, a pele de Tupana começou logo a escorregar pelas pernas dele abaixo. Quando Sol ia desaparecer para o outro lado do céu a pele de Tupana caiu do corpo dele, estendeu-se por cima da água para já ficar terra grande.

No outro Sol [no dia seguinte] já havia terra, ainda não havia gente.

Quando Sol chegou no meio do céu Tupana pegou em uma mão cheia de terra, amassou-a bem, depois fez uma figura de gente, soprou-lhe no nariz, deixou no chão. Essa figura de gente começou a engatinhar, não comia, não chorava, rolava à toa pelo chão. Ela foi crescendo, ficou grande como Tupana, ainda não sabia falar.

Tupana, ao vê-lo já grande, soprou fumaça dentro da boca dele, então começou já querendo falar. No outro dia Tupana soprou também na boca dele, então, contam, ele falou. [...]

Roberto de Andrade Martins. O universo: teorias sobre sua origem e evolução. 2. ed. São Paulo: Livraria da Física, 2012. p. 5-6.

5 Segundo a lenda, como o Universo se formou?

6 Além de tratar da origem do Universo, o que mais a lenda aborda?

Não é só a Ciência que busca explicar e compreender o mundo. Diferentes religiões e mitologias, por exemplo, também elaboram suas próprias explicações para a origem do Universo e outros fenômenos naturais. E é importante respeitar as crenças e culturas de cada povo.

A lenda apresentada na página anterior é um exemplo de explicação não científica sobre a origem da Terra e dos seres humanos.

A Ciência busca analisar fatos e, com base neles, propor explicações para os fenômenos. Os conhecimentos de determinada época podem influenciar essas explicações. As investigações a respeito do Universo desenvolveram-se ao longo da história e, com isso, diferentes teorias científicas sobre sua origem foram propostas.

A seguir, estudaremos a teoria científica mais aceita atualmente para explicar a origem e a formação do Universo: a teoria do Big Bang.

Teoria do Big Bang

O Universo corresponde a tudo que existe: galáxias, estrelas, planetas e demais astros, compostos por matéria, que, por sua vez, é composta por átomos. Dessa maneira, para compreender a origem do Universo, os cientistas estudam não apenas os astros, mas também os elementos químicos e as interações da matéria. Com base em observações e estudos como estes, foi proposta a teoria do Big Bang.

De acordo com essa teoria, inicialmente, toda matéria e energia estavam concentradas em um único ponto, que era infinitamente denso. Por volta de 14 bilhões de anos atrás, esse ponto se expandiu rapidamente – este evento ficou conhecido como Big Bang. Após este evento, começaram a se formar as galáxias, as estrelas e demais astros. De acordo com essa teoria, o Universo ainda está se expandindo.

ACESSE O RECURSO DIGITAL

Representação sem proporção de tamanho e de distância entre os astros. Cores-fantasia.

Fonte de pesquisa: Cosmologia. *Universidade Federal do Rio Grande do Sul (UFRGS)*. Disponível em: <http://astro.if.ufrgs.br/univ/#MAP>. Acesso em: 5 nov. 2018.

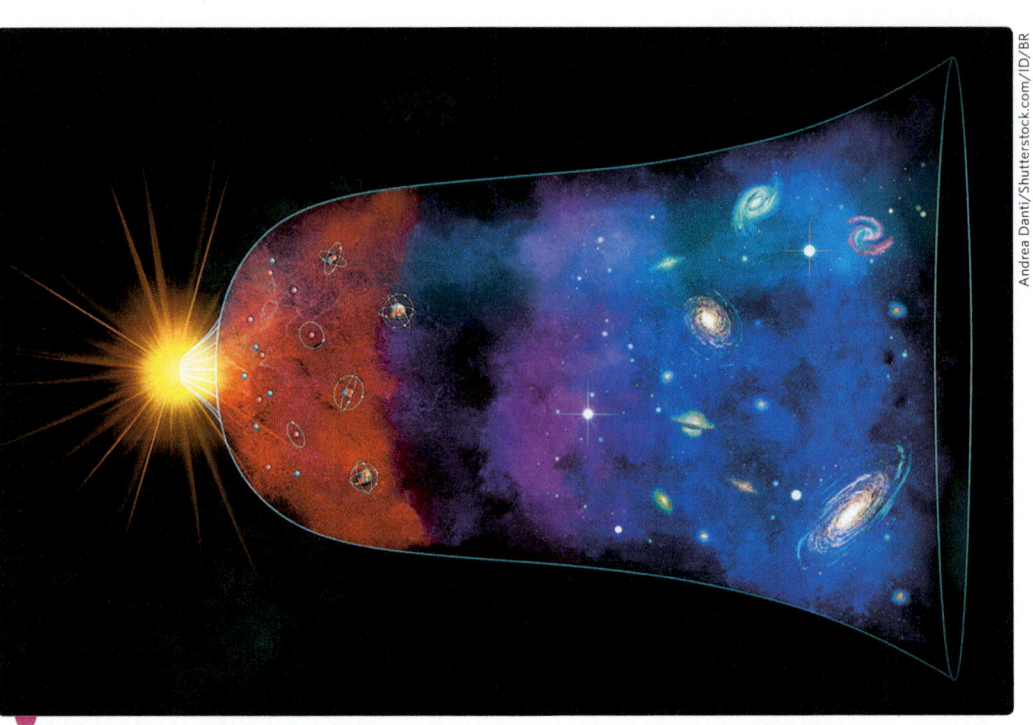

Representação artística do Big Bang. O lado esquerdo representa o Big Bang, há aproximadamente 14 bilhões de anos; o lado direito da imagem corresponde à atualidade.

Para o meio científico, as principais evidências sobre o Big Bang são a expansão do Universo e a **radiação cósmica de fundo**.

Ao observar o Universo e investigar as distâncias das galáxias em relação à Terra, os cientistas constataram que elas estão se afastando umas das outras e da Terra. Isso sugeriria que o Universo está em expansão. Supõe-se que a expansão ocorre a partir de um ponto inicial; esse ponto (ainda não determinado) seria o local onde teria ocorrido o Big Bang.

Para compreendermos o que é a radiação cósmica de fundo, vamos conhecer um pouco da história de sua descoberta.

Em 1964, os físicos estadunidenses Arno Allan Penzias (1933-) e Robert Woodrow Wilson (1936-) perceberam chiados em seus estudos com ondas de rádio. Eles tentaram eliminá-los, reposicionando a antena que utilizavam ou retirando possíveis interferências. Porém, não obtiveram sucesso. Após vários testes, eles perceberam que sempre existia uma pequena interferência com o mesmo comprimento de onda.

Robert W. Wilson (à esquerda) e Arno A. Penzias (à direita), em 1978, em frente à antena que os auxiliou a detectar as interferências.

Na mesma época, o astrofísico estadunidense Robert Henry Dicke (1916-1997), o astrofísico canadense Phillip James Edwin Peebles (1935-) e o astrofísico britânico David Todd Wilkinson (1935-2002) procuravam um modo de detectar uma radiação fraca, prevista teoricamente por cientistas, como remanescente do Big Bang. Após estudos, chegou-se à conclusão de que os ruídos percebidos por Penzias e Wilson eram, na verdade, essa radiação denominada radiação cósmica de fundo.

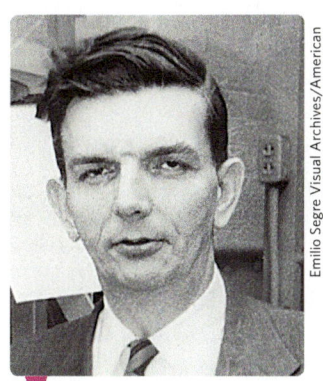  

Retrato de Robert H. Dicke, na década de 1960.

Retrato de Jim Peebles, em 1970.

Retrato de David Wilkinson, na década de 1990.

▶ Aprenda mais

A Nasa criou um vídeo, de pouco mais de 2 minutos, que faz uma simulação do desenvolvimento da galáxia em um período de 13,5 bilhões de anos, desde o Big Bang até a atualidade. Vale a pena conferir.

Disponível em: <http://linkte.me/zq5fr>. Acesso em: 31 out. 2018.

Atividades

1. Carlos acordou cedo para preparar o café da manhã de seu filho João e levá-lo à escola. Quando foi preparar um sanduíche, ele abriu o saco de pão francês comprado na padaria há três dias e percebeu que os pães estavam com bolor. Carlos constatou que os pães ficaram guardados em um saco de papel fechado. Ele também se lembrou de que nos últimos dias o calor e a chuva tinham sido intensos. Intrigado com o acontecido, questionou-se sobre a razão do pão estar com bolor e se a temperatura e a umidade estavam relacionadas com o aparecimento do bolor no pão. Para evitar problemas de saúde, ele não permitiu que seu filho comesse os pães.

    a) Identifique na situação apresentada acima qual é o problema e as hipóteses para o pão estar com bolor?

    b) Cite outras etapas que podem fazer parte dos métodos científicos.

    c) Explique o que é uma hipótese, um fato, uma lei e uma teoria científica. Se necessário, faça uma pesquisa.

2. Imagine que você está com sua família em uma viagem de carro e ele para de funcionar. Descreva como você poderia resolver essa situação utilizando o que aprendeu sobre as etapas da investigação científica.

3. A imagem ao lado representa o deus egípcio Rá. De acordo com a tradição dos egípcios antigos, Rá representa o Sol e, sob seus raios de luz, surgiu tudo o que existe.

    a) Pesquise e cite outra explicação não científica sobre a origem do Universo.

    b) Explique, com suas palavras, a teoria do Big Bang, descrevendo duas evidências que a suportam, de acordo com o meio científico.

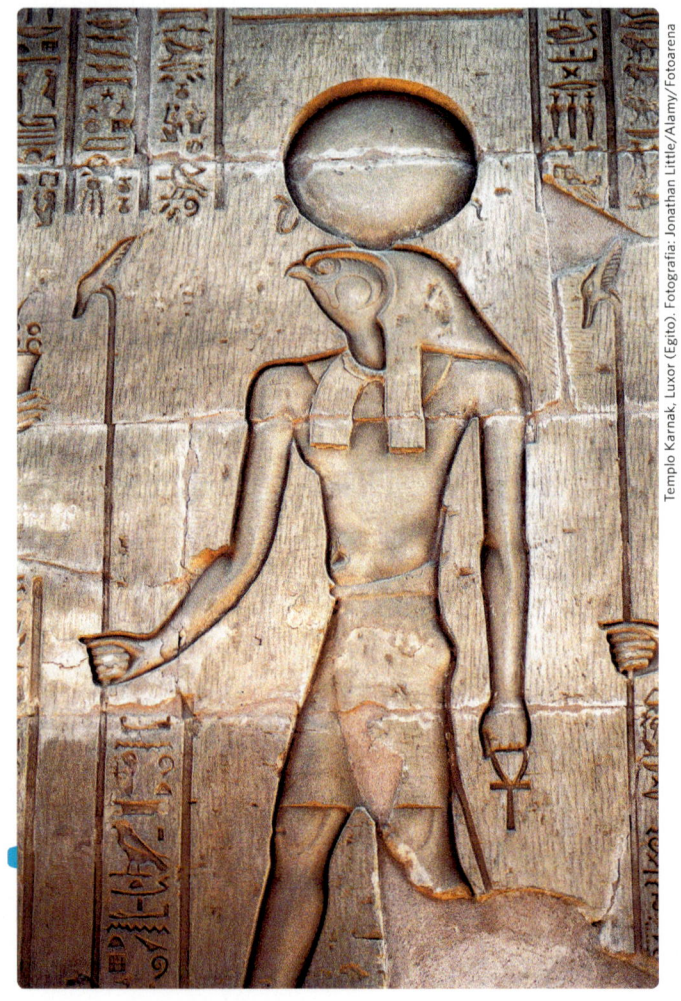

Escultura de Rá, o deus Sol, no Templo Karnak, no Egito.

Templo Karnak, Luxor (Egito). Fotografia: Jonathan Little/Alamy/Fotoarena

A formação do Sistema Solar

O planeta Terra faz parte do Sistema Solar, que tem como estrela o Sol. O Sistema Solar teria se formado a partir de uma nuvem de gás e poeira chamada **nebulosa**. A formação desse sistema a partir dela é chamada **hipótese da nebulosa**. O esquema abaixo resume essa hipótese.

> Glossário

Hipótese da nebulosa

Representação sem proporção de tamanho e de distância entre os astros. Cores-fantasia.

1. No início, a matéria da qual a nebulosa é composta começou a girar lentamente, devido à força de atração entre suas partículas (gravidade).

2. Devido à gravidade, a matéria começou a deslocar-se para o centro, onde se acumulou, dando origem ao chamado proto-Sol. À medida que a matéria foi se acumulando no centro, o proto-Sol foi se tornando mais denso e quente.

3. A maior parte da matéria concentrou-se no proto-Sol, que deu origem ao Sol. No entanto, uma parcela de poeira e gás continuou a girar ao redor do proto-Sol. Ao colidirem, essas partículas de poeira formaram pequenos blocos.

4. Os planetas rochosos (Mercúrio, Vênus, Terra e Marte) teriam se formado da colisão desses pequenos blocos, que, com o tempo, foram se agregando. Além disso, devido à gravidade, foram atraindo cada vez mais blocos pequenos.

5. Os planetas gasosos (Júpiter, Saturno, Urano e Netuno), além dos blocos de partículas, teriam atraído parte dos gases, o que explicaria sua composição gasosa.

Fonte de pesquisa: Frank Press e outros. *Para entender a Terra*. 4. ed. Porto Alegre: Bookman, 2006. p. 28.

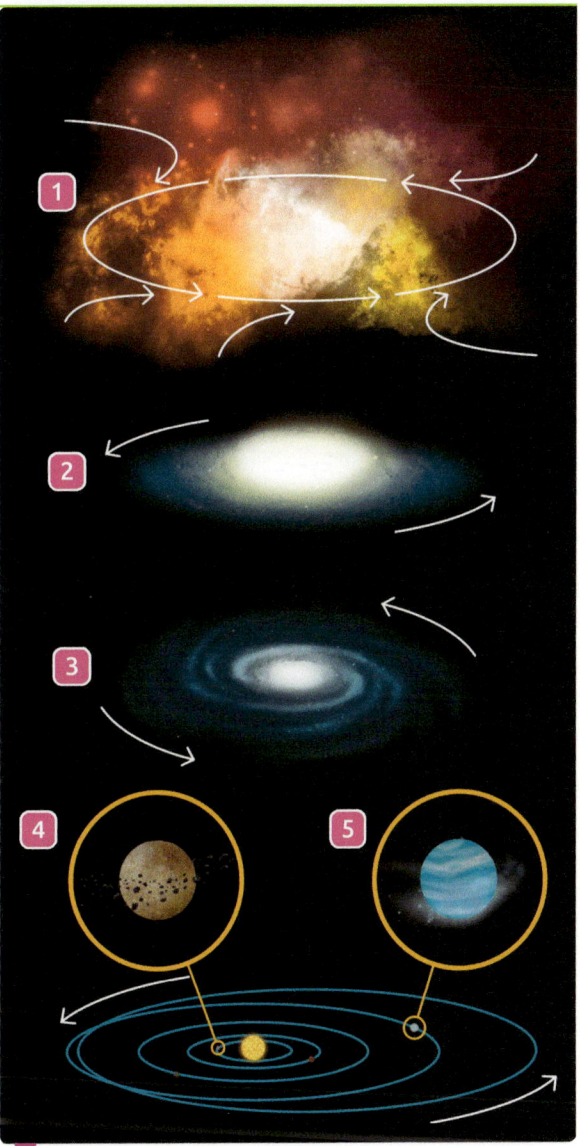

Representação da hipótese da nebulosa.

Para o meio científico, o estudo das nebulosas forneceu evidências sobre a formação do Sol e do Sistema Solar. Astrônomos detectaram que nebulosas são compostas principalmente por hidrogênio e hélio, os principais elementos do Sol, e por partículas de pó com composição química semelhante àquela que forma os planetas. Além disso, a hipótese consegue explicar satisfatoriamente as características dos planetas rochosos (mais material rochoso em sua composição) e dos planetas gasosos (mais material gasoso em sua composição).

ACESSE O RECURSO DIGITAL

Representação sem proporção de tamanho. Cores-fantasia.

Por muito tempo, os seres humanos discutiram e apresentaram teorias sobre o Sistema Solar. Entre essas teorias, destacam-se a geocêntrica e a heliocêntrica.

Na teoria geocêntrica, considerou-se que a Terra estava no centro do Universo.

Segundo essa teoria, os planetas se moviam em uma órbita circular ao redor da Terra e em volta ficavam as estrelas.

Aristóteles, filósofo grego, (384 a.C.-322 a.C.) e Ptolomeu, cientista grego, (90 d.C.-168 d.C.) defenderam essa teoria, que predominou por, aproximadamente, 1500 anos.

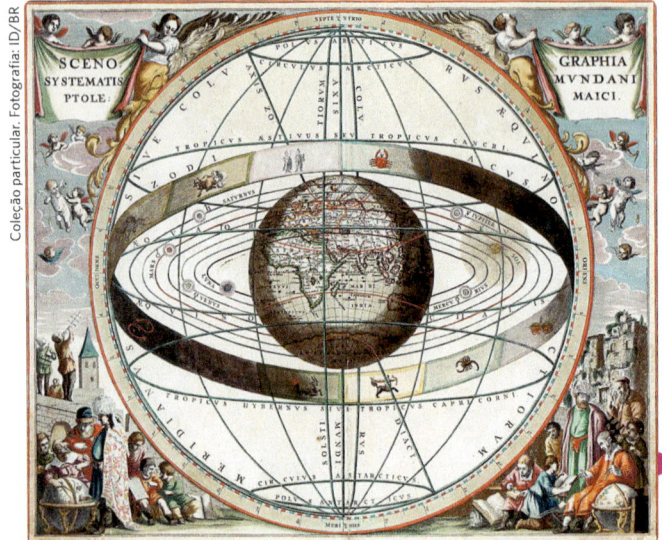

Representação simplificada do sistema geocêntrico segundo Ptolomeu. Observe que a esfera no centro da imagem representa a Terra.

Na teoria heliocêntrica, publicada em um livro de 1543, do astrônomo polonês Nicolau Copérnico (1473-1543), defendeu-se a ideia do estudioso grego Aristarco (310 a.C.-230 a.C.), em que o Sol estava no centro do Universo, enquanto a Terra e os outros planetas giravam em torno dele, em órbitas.

Representação do sistema heliocêntrico segundo Copérnico. Observe que o Sol está representado no centro da imagem e os planetas em seu entorno.

Por volta de 1610, Galileu Galilei utilizou uma luneta e observou quatro satélites naturais de Júpiter. Com isso, ele notou a existência de astros que não giravam ao redor da Terra. Esse fato reforçou a teoria heliocêntrica e contribuiu para que a teoria geocêntrica perdesse sua credibilidade.

1. Qual dessas teorias sobre a posição e o movimento dos astros no Sistema Solar é mais semelhante à aceita atualmente?

Gravura representando Galileu Galilei.

Universo e Sistema Solar

Muitas vezes, quando nos perguntam: "qual é o seu endereço?", nos limitamos a dizer o nome da rua e o número de nossa residência.

Você já pensou que sua residência está situada em uma rua, que por sua vez pertence a um bairro, a um município, a um estado, a um país, que faz parte de um planeta? Além disso, que esse planeta faz parte do Sistema Solar, que faz parte de uma galáxia? Ou seja: qual é o seu "endereço" no Universo?

"Endereço" no Universo

Representação sem proporção de tamanho e de distância entre os astros. Cores-fantasia.

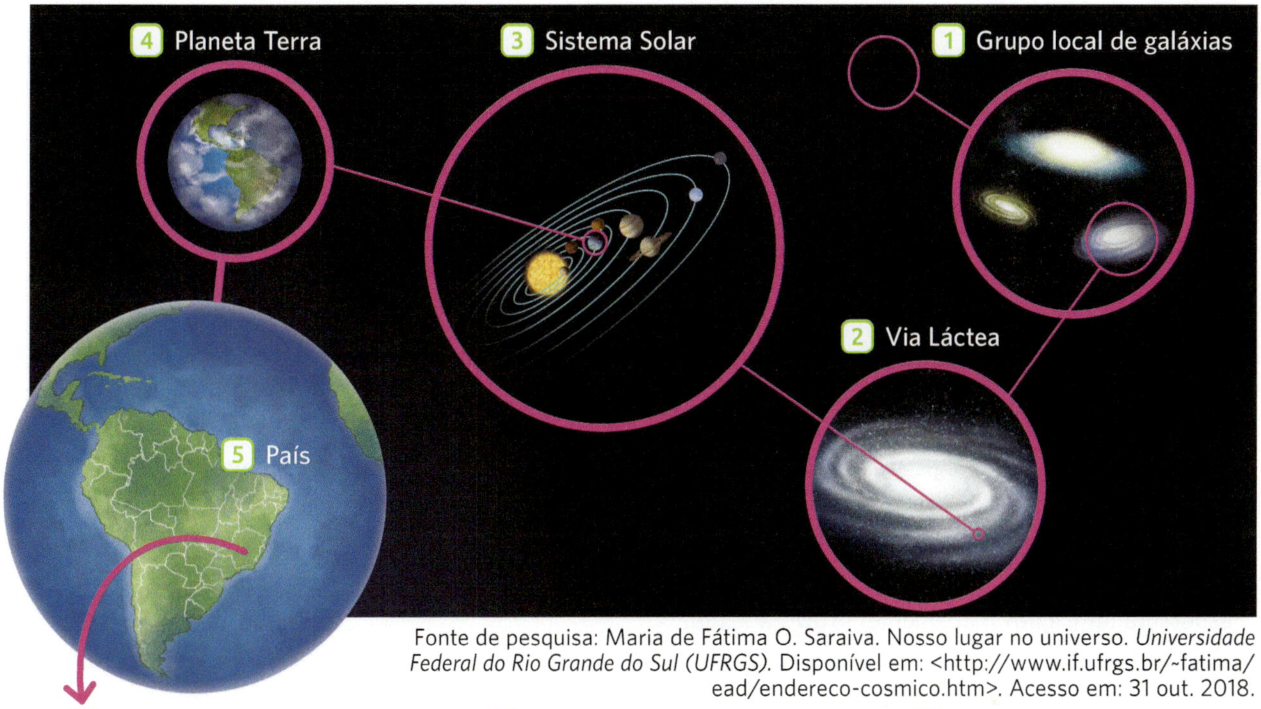

[4] Planeta Terra [3] Sistema Solar [1] Grupo local de galáxias [2] Via Láctea [5] País

Fonte de pesquisa: Maria de Fátima O. Saraiva. Nosso lugar no universo. *Universidade Federal do Rio Grande do Sul (UFRGS)*. Disponível em: <http://www.if.ufrgs.br/~fatima/ead/endereco-cosmico.htm>. Acesso em: 31 out. 2018.

[6] Estado: Minas Gerais → [7] Município: Uberlândia → [8] Bairro: Centro

Representação do endereço no Universo de uma residência localizada no centro do município de Uberlândia, estado de Minas Gerais.

2 Faça em seu caderno um esquema semelhante a esse, representando o seu endereço no Universo.

As galáxias, as estrelas, os planetas, os satélites, a poeira, os gases e tudo que é composto por matéria que, por sua vez, é composta por átomos, constituem o Universo.

A ciência que se dedica ao estudo dos astros e dos fenômenos que se relacionam a eles é chamada **Astronomia**. Além de permitir conhecer melhor o Universo, ela nos ajuda a compreender fenômenos que observamos na Terra, como as estações do ano, a duração do dia e os eclipses.

O Universo é constituído por diversas galáxias, sendo uma delas a Via Láctea, onde se encontra o Sistema Solar. Nas próximas páginas vamos estudar um pouco mais sobre esse assunto.

Galáxias

As **galáxias** são grandes agrupamentos de estrelas, que podem apresentar diferentes formas e tamanhos. Além de estrelas, as galáxias são formadas por outros astros, poeira e gases.

Entre os bilhões de galáxias que se estima existir no Universo está a Via Láctea. No céu da Terra, é possível observar parte dela, semelhante a uma faixa luminosa esbranquiçada e com aparência leitosa. Em razão dessa aparência, deu-se origem ao nome Via Láctea, que significa "caminho de leite".

Imagem do céu noturno registrada da superfície da Terra, nos Estados Unidos, em 2015. Nela podemos observar parte da Via Láctea, com aparência esbranquiçada. Essa galáxia tem diâmetro de, aproximadamente, 100 000 anos-luz e sua espessura tem, aproximadamente, 16 000 anos-luz.

Imagem da Via Láctea, feita por meio de computador, com base em informações e estudos sobre essa galáxia.

Ano-luz

Como a distância entre as estrelas é muito grande, não é conveniente utilizar o quilômetro como unidade de medida. Assim, os astrônomos utilizam uma unidade de medida especial, conhecida como ano-luz.

Essa unidade de medida equivale à distância que a luz percorre em um ano, no vácuo. O vácuo refere-se a uma região do espaço que não contém matéria.

> No vácuo, a luz percorre, aproximadamente, 300 000 quilômetros em um segundo. Em um ano, então, a luz percorre o equivalente a 9,5 trilhões de quilômetros.

Depois do Sol, a estrela mais próxima da Terra é a Proxima Centauri, que se encontra a uma distância de 4,2 anos-luz da Terra, aproximadamente. Assim, ao observarmos essa estrela, estamos visualizando a luz que foi emitida por ela há 4,2 anos.

Além de representar medidas de distâncias entre as estrelas, essa unidade também é utilizada para representar outras distâncias no espaço.

Asteroides, cometas e meteoroides

Além de estrelas, planetas e satélites naturais, existem outros astros, como os asteroides, os cometas e os meteoroides.

Os **asteroides** são corpos celestes rochosos que giram ao redor do Sol e possuem formatos irregulares, com dimensões que variam em torno de 1000 km de diâmetro.

Os **cometas** são corpos celestes menores, em órbita ao redor do Sol, constituídos principalmente por gelo e poeira. O núcleo dos cometas contém materiais congelados e grãos de material rochoso. Quando se aproximam do Sol, os materiais congelados se tornam gasosos. Os gases arrastam os grãos, formando uma nuvem, chamada cabeleira, ao redor do núcleo e uma cauda que, ao refletir a luz solar, torna-se brilhante. Essa cauda pode atingir milhões de quilômetros de comprimento.

Um dos cometas mais conhecidos é o Halley, nome dado em homenagem ao seu descobridor, o astrônomo inglês Edmond Halley (1656-1742). Por meio de cálculos e observações dos astros, Halley verificou que esse cometa apresentava aparições periódicas. Ele identificou que o período orbital, ou seja, o tempo que esse cometa leva para completar sua órbita em torno do Sol, é de, em média, 76 anos. Observe a fotografia abaixo.

Cometa Halley em sua última aparição, no dia 12 de março de 1986. A imagem foi obtida por um telescópio.

Corpos celestes rochosos menores do que os asteroides são chamados **meteoroides**. Muitos deles são apenas pedaços de asteroides ou de cometas.

Quando um meteoroide penetra na atmosfera terrestre, ele é aquecido devido ao atrito com o ar e torna-se incandescente, deixando um rastro de luz. Esse fenômeno é chamado **meteoro**, conhecido popularmente como "estrela cadente".

Durante a passagem pela atmosfera terrestre, geralmente os meteoroides se queimam por completo. Caso isso não aconteça, os fragmentos atingem a superfície terrestre e recebem o nome de **meteoritos**.

Sistema Solar

O texto a seguir apresenta informações sobre sondas espaciais, que são naves espaciais não tripuladas, utilizadas para o estudo do Universo.

Tchau, Sistema Solar!

Há muito tempo, quando você nem era nascido, duas sondas espaciais foram lançadas no Sistema Solar pela agência espacial norte-americana, a Nasa. Era 1977 e sua missão era fotografar planetas que até então os astrônomos conheciam pouco: Júpiter, Saturno, Netuno e Urano.

Batizadas de Voyager 1 e Voyager 2, foram elas que descobriram que Júpiter também tinha anéis e que existiam vulcões fora da Terra. Depois dessas grandes descobertas, elas seguiram rumo ao **espaço interestelar**. [...]

Camille Dornelles. Tchau, Sistema Solar! *Ciência Hoje das Crianças*, 24 set. 2013. Astronomia. Disponível em: <chc.org.br/tchau-sistema-solar/>. Acesso em: 31 out. 2018.

Glossário

Representação sem proporção de tamanho. Cores-fantasia.

Representação da sonda espacial Voyager.

3 Você já ouviu falar em outros planetas além dos citados no texto? Quais?

4 O texto cita que as sondas Voyager seguiram rumo ao espaço interestelar, ou seja, para fora do Sistema Solar, considerado região de influência do Sol. Que influência seria esta?

O **Sistema Solar** é formado por uma estrela, o Sol, e mais oito planetas, além de planetas anões, satélites naturais, asteroides, meteoroides e cometas. Astros como os oito planetas, planetas anões, satélites naturais, asteroides, meteoroides e cometas, giram ao redor do Sol em órbita elíptica. Esse conjunto de astros faz parte da galáxia Via Láctea.

O Sol concentra 99% da massa presente nesse sistema, o que explica porque ele exerce uma forte **atração gravitacional** sobre os demais corpos, fazendo-os girar ao seu redor.

Glossário

Observe a seguir uma imagem que representa os planetas do Sistema Solar e algumas características de cada um deles.

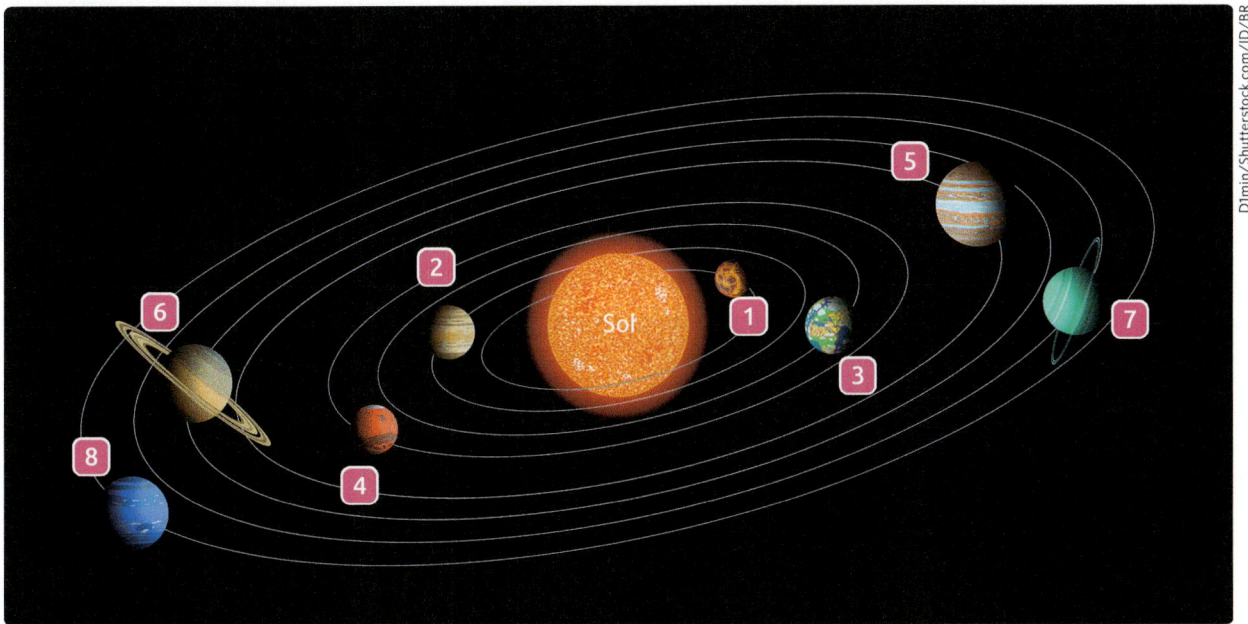

Representação simplificada do Sistema Solar.

Representação sem proporção de tamanho e de distância entre os astros. Cores-fantasia.

1. **Mercúrio** é um planeta que se localiza a aproximadamente 58 milhões de km do Sol.
Ele leva aproximadamente 88 dias terrestres para dar uma volta ao redor dessa estrela.
Possui diâmetro de 4,9 mil km e temperatura média na superfície de −180 °C a 430 °C.

2. **Vênus** é um planeta localizado a 108 milhões de km do Sol.
Leva aproximadamente 225 dias terrestres para dar uma volta ao redor do Sol.
Tem 12,1 mil km de diâmetro e temperatura média na superfície de 470 °C.

3. **Terra** é um planeta que se localiza a aproximadamente 149,5 milhões de km do Sol.
Esse planeta leva aproximadamente 365 dias para dar uma volta ao redor dessa estrela.
Tem aproximadamente 12,7 mil km de diâmetro e sua temperatura na superfície é de −88 °C a 58 °C.

4. **Marte** é um planeta que se localiza a aproximadamente 228 milhões de km do Sol.
Esse planeta leva aproximadamente 687 dias terrestres para dar uma volta ao redor dessa estrela.
Tem aproximadamente 6,8 mil km de diâmetro e a temperatura na superfície é de −153 °C a 20 °C.

5. **Júpiter** é um planeta localizado a aproximadamente 778 milhões de km do Sol.
Leva aproximadamente 11,8 anos terrestres para dar uma volta ao redor dessa estrela.
Tem 139,8 mil km de diâmetro e temperatura média de −140 °C.

6. **Saturno** é um planeta que se localiza a 1,42 bilhão de km do Sol.
Leva aproximadamente 29 anos terrestres para dar uma volta ao redor dessa estrela.
Tem 116,4 mil km de diâmetro e temperatura média de −170 °C.

7. **Urano** é um planeta que se localiza a aproximadamente 2,8 bilhões de km do Sol.
Ele leva aproximadamente 84 anos terrestres para dar uma volta ao redor dessa estrela.
Possui diâmetro de 50,7 mil km e temperatura média de −220 °C.

8. **Netuno** se localiza a aproximadamente 4,5 bilhões de km do Sol.
Leva aproximadamente 165 anos terrestres para dar uma volta ao redor dessa estrela.
Tem aproximadamente 49 mil km de diâmetro e sua temperatura média é de −200 °C.

De acordo com suas características, os planetas do Sistema Solar são classificados em rochosos (ou terrestres) ou gasosos (ou jovianos).

Os planetas Mercúrio, Vênus, Terra e Marte são classificados como planetas rochosos e caracterizam-se por ter superfície com grande quantidade de rochas (crosta), poucos satélites naturais ou a ausência deles, tamanhos menores e maior densidade em relação aos demais planetas. Devido à maior proximidade com o Sol, suas órbitas são menores e levam menos tempo para dar uma volta completa ao redor dessa estrela. Observe abaixo imagens desses quatro planetas.

Representações sem proporção de tamanho. Cores-fantasia.

Representação do planeta Mercúrio.

Representação do planeta Vênus.

Representação do planeta Terra.

Representação do planeta Marte.

A atmosfera de Mercúrio é quase inexistente e contém principalmente sódio e gás hélio, além de uma pequena quantidade de outros gases. Apesar de estar próximo ao Sol, Mercúrio não é o planeta mais quente.

Diferentemente de Mercúrio, Vênus tem uma atmosfera bastante densa, formada principalmente por dióxido de carbono. Por causa dessa característica e da proximidade com o Sol, Vênus é o planeta mais quente do Sistema Solar. Este planeta pode ser visto a olho nu da superfície terrestre e é conhecido como estrela-d'alva ou estrela vespertina. O planeta Vênus e o planeta Mercúrio não têm satélites naturais.

Marte apresenta atmosfera rica em dióxido de carbono com pequenas quantidades de outros gases. Esse planeta possui dois satélites naturais e é conhecido como o Planeta Vermelho porque, a olho nu, é visto da superfície terrestre com uma coloração avermelhada.

5 Quais são os principais gases que compõem a atmosfera da Terra?

Os planetas mais distantes do Sol (Júpiter, Saturno, Urano e Netuno) são conhecidos como planetas gasosos. Esses planetas são grandes e apresentam muitos satélites naturais e anéis, além de serem constituídos principalmente por gases. Os anéis desses planetas são formados por poeira, pequenas rochas e gelo, que permanecem em sua órbita, mas que não se unem por causa da gravidade. Observe abaixo imagens desses quatro planetas.

Representações sem proporção de tamanho. Cores-fantasia.

Representação do planeta Júpiter.

Representação do planeta Saturno.

Representação do planeta Urano.

Representação do planeta Netuno.

Júpiter é o maior planeta do Sistema Solar; seu diâmetro é aproximadamente 11 vezes maior que o da Terra. Ao seu redor há três anéis finos, dificilmente visíveis, e, segundo a Nasa, até o ano de 2018, 79 satélites naturais haviam sido identificados. Desses satélites, quatro são chamados "luas galileanas" (Io, Europa, Ganymede e Callisto), pois foram descobertos em 1610 por Galileu Galilei. Esse planeta é constituído principalmente pelos gases hidrogênio e hélio.

Saturno é o segundo maior planeta do Sistema Solar e o último dos planetas visíveis a olho nu. Ele ficou conhecido como planeta dos anéis, porém alguns de seus anéis só podem ser observados da Terra com o uso de telescópios. Até o ano 2018, segundo a Nasa, haviam sido confirmados 53 satélites naturais na órbita de Saturno. A atmosfera de Saturno é composta, principalmente, por gases hidrogênio e hélio.

Urano é o terceiro maior planeta e o que apresenta maior quantidade de anéis: 13. De acordo com a Nasa, até 2018, já tinham sido identificados 27 satélites naturais de Urano. Sabe-se que ele possui o eixo central bastante inclinado em relação à sua órbita, o que torna uma parte dele iluminada e deixa a outra muitos anos sem luz. A atmosfera é composta basicamente dos gases hidrogênio, hélio e metano.

Netuno foi o primeiro planeta a ser previsto por meio de cálculos matemáticos e só depois foi observado por telescópios. Sua atmosfera é composta de hidrogênio, hélio e outros gases. Até 2018, segundo a Nasa, já haviam sido identificados seis anéis e confirmados 13 satélites naturais de Netuno.

Evolução das estrelas

Leia o trecho da reportagem abaixo e responda às questões.

Cientistas descobrem qual será o fim do Sol quando morrer

Representação do Sol, com destaque às explosões que ocorrem em sua superfície.

[...]

Com 5 bilhões de anos, o Sol está na metade da sua existência. Seu fim será marcado pela falta de hidrogênio em seu núcleo, que provocará um colapso em seu centro. Essas reações nucleares fazem com que o Sol inche em uma gigante vermelha que eventualmente pode engolir Mercúrio e Vênus. Mas este não é o fim da história.

[...]

Cientistas descobrem qual será o fim do Sol quando morrer. *UOL*, São Paulo, 7 maio 2018. Ciência e Saúde. Disponível em: <https://noticias.uol.com.br/ciencia/ultimas-noticias/redacao/2018/05/07/cientistas-descobrem-qual-sera-o-fim-do-sol-quando-morrer.htm>. Acesso em: 31 out. 2018.

6 Sobre o que trata o trecho da reportagem acima?

7 Você já tinha ouvido falar neste assunto? Em caso afirmativo, o que sabe sobre ele?

8 Segundo pesquisas, à medida que o Sol envelhece, este se torna mais brilhante e envia uma quantidade maior de energia luminosa para o Sistema Solar. Considerando esse fato, o que pode acontecer com a vida no planeta Terra?

As estrelas são corpos luminosos com temperaturas muito elevadas. Em seu interior ocorrem reações que liberam grande quantidade de energia; uma das formas de energia é a luz. As estrelas são constituídas principalmente pelo gás hidrogênio, que é seu combustível. Nelas ocorrem reações nucleares em que o gás hidrogênio se transforma em gás hélio, liberando energia.

A energia gerada no núcleo da estrela chega à sua superfície e é irradiada para o espaço. É por esse motivo que as estrelas brilham.

As estrelas podem ser classificadas de acordo com diferentes aspectos, como sua massa, composição química, brilho, idade, densidade de matéria, luminosidade, espectro da luz emitida, dimensão e temperatura.

A cor de uma estrela, por exemplo, indica a temperatura de sua superfície. Estrelas que têm temperaturas mais elevadas emitem luz azulada ou branca, enquanto as que têm temperaturas mais baixas emitem luz alaranjada ou vermelha.

O Sol é uma estrela amarela que possui tamanho e temperatura de uma estrela média. Assim como as demais estrelas, o Sol apresenta um ciclo evolutivo, o qual envolve nascimento, vida e morte.

Embora apresentem dimensões e intensidades diferentes, as estrelas se originam de maneira semelhante. O esquema a seguir apresenta o ciclo evolutivo de uma estrela, desde seu nascimento até sua morte.

Ciclo evolutivo de uma estrela **Glossário**

Representações sem proporção de tamanho. Cores-fantasia.

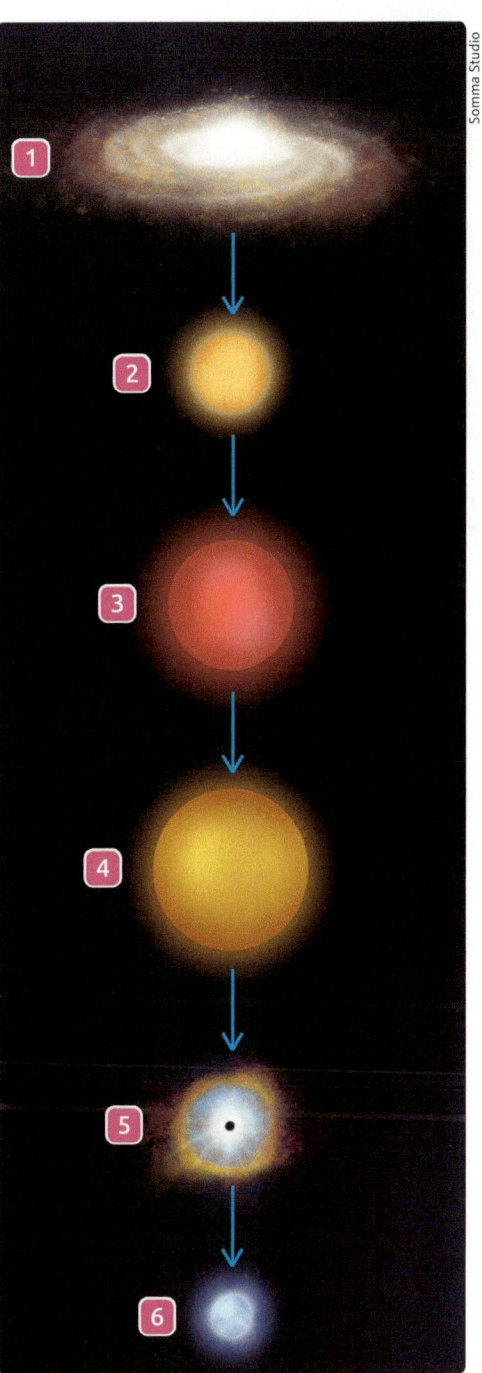

1 No início do nascimento de uma estrela, a atração gravitacional faz com que ocorra a aglomeração de uma grande nuvem de gás e poeira existente nas galáxias, formando estruturas chamadas protoestrelas. Essas estruturas apresentam uma região central densa e uma área de poeira e gases ao seu redor.

2 O acúmulo de massa faz com que a temperatura da protoestrela aumente a ponto de iniciar reações de **fusão termonuclear** do hidrogênio, estabilizando-se. É a fase em que se encontra o Sol atualmente.

3 Conforme o combustível interno, o gás hidrogênio, da estrela é consumido, ela realiza fusão nuclear do gás hélio em seu núcleo. Nessa fase, ela fica instável e começa a morrer. Seu núcleo se contrai e a parte externa se expande, aumentando sua luminosidade, tornando-se mais avermelhada. Essa fase é conhecida como gigante vermelha. Acredita-se que em aproximadamente 6,5 bilhões de anos, o Sol se encontrará nessa fase.

4 Estrelas de menor tamanho têm maior tempo de vida estável. Isso ocorre porque estrelas de dimensões menores consomem menos combustível do que as de dimensões maiores.
Nas estrelas que têm massa até oito vezes maior que a do Sol, pode ocorrer a transformação de gás hélio em carbono e gás oxigênio, aumentando ainda mais sua luminosidade e formando as chamadas supergigantes vermelhas.

5 Após as fases mencionadas anteriormente, a massa da estrela reduz e a parte externa dela é lançada para fora da estrela, restando apenas o núcleo envolto por gases. Essa fase é conhecida como nebulosa planetária.

6 As estrelas que apresentam menor massa, como o Sol, transformam-se em anã-branca, que se caracteriza por ser um corpo denso formado por carbono e gás oxigênio.
Se a estrela tiver uma massa maior que dez vezes a massa do Sol, ela formará uma **supernova**. Dependendo da massa da estrela, a supernova poderá dar origem a um buraco negro.

Glossário

Fonte de pesquisa: Maria de Fátima O. Saraiva. Etapas evolutivas das estrelas. *Universidade Federal do Rio Grande do Sul (UFRGS)*. Disponível em: <http://www.if.ufrgs.br/~fatima/ead/estrelas.htm>. Acesso em: 31 out. 2018.

Representação do ciclo evolutivo de uma estrela, semelhante ao Sol.

Ampliando fronteiras

A origem do Universo

Representação sem proporção de tamanho. Cores-fantasia.

Qual é a origem do Universo? Registros históricos mostram que diversas civilizações criaram narrativas mitológicas sobre a origem do Universo. Nesses mitos, contados de geração a geração, seres com poderes sobrenaturais criaram o céu e a Terra, a noite e o dia, as estrelas e outros astros do Universo.

O ser humano passou a investigar o Universo com base na observação de fenômenos.

As explicações mitológicas sobre a origem do Universo, em geral, são bem diferentes das que consideramos atualmente, com base na Ciência. No entanto, elas foram muito importantes ao longo do tempo, pois levantaram muitas questões sobre o Universo.

Veja, a seguir, algumas explicações mitológicas e uma das teorias científicas mais recentes sobre a origem do Universo.

Egito Antigo

Uma explicação do Egito antigo sobre a origem do Universo inclui nove divindades, que surgiram do deus criador Atum e do deus dos oceanos primordiais, Nun. Atum criou Shu, deusa do ar, e Tefnut, o deus da umidade. Shu e Tefnut geraram Geb, deus da terra, e Nut, a deusa dos céus. Os seres humanos vieram das lágrimas de Rá.

Representação de algumas explicações mitológicas (egípcia, chinesa e grega) e da teoria científica do Big Bang sobre a origem do Universo.

China Antiga

No começo havia um ovo e dentro dele estavam Yin e Yang, a escuridão e a luz, o feminino e o masculino, o frio e o calor, o seco e o molhado. Essas forças opostas quebraram o ovo e o que era pesado desceu e formou a terra e o que era leve flutuou e formou o céu.

Grécia Antiga

Inicialmente existia somente o Caos, a desordem. Caos gerou Érebo, a escuridão profunda, que se casou com Nix, a noite. Nasce então Hemera, o dia. Assim, começou ter ordem e se formou Gaia, a terra. Da união entre Gaia e Tártaro (o mundo subterrâneo) surgiram Urano, o céu, Montes, as montanhas, e Pontos, o mar.

Teoria científica do Big Bang

Essa teoria se baseia na observação de que as galáxias estão se afastando umas das outras, fato observado pelo astrônomo estadunidense Edwin Hubble (1889-1953), em 1930. Ela propõe que, há aproximadamente 14 bilhões de anos, uma massa de matéria concentrada em um ponto começou a se expandir, originando as estrelas, os planetas e demais astros do Universo. Embora conhecida como Big Bang (a grande explosão), a teoria não menciona nenhuma explosão, apenas uma súbita expansão que continua ocorrendo até hoje.

1. Comente sobre as explicações dos fenômenos naturais feitas por diferentes povos e as teorias científicas.

2. Converse com um colega sobre a importância dessas explicações para as antigas civilizações.

3. Você acha que a Teoria do Big Bang é definitiva ou poderá mudar com o passar do tempo? Justifique sua resposta.

Atividades

1. Há muito tempo o ser humano se interessa pelos astros. Já foram encontrados registros astronômicos que datam de aproximadamente 7000 anos na China, na Babilônia e no Egito. Com base nesses registros, os pesquisadores acreditam que a observação dos astros era feita com a finalidade principal de explicar acontecimentos do cotidiano, como a cheia de rios e a melhor época para colheita e plantio.

Gravura de Leon Benett, representando astrônomos babilônicos observando os astros, feita em 1877.

   a) Além da determinação da cheia de rios e melhor época para colheita, por quais outros motivos os povos da antiguidade observavam os astros? Faça uma pesquisa para responder a essa questão.

   b) Você já ouviu falar sobre algum povo que utilizava observações dos astros para explicar algum acontecimento? Em caso afirmativo, o que você sabe sobre eles?

   c) O conhecimento é influenciado pela cultura. Pensando nisso, você considera importante haver trocas de conhecimentos entre os diferentes povos? Por quê?

2. Quais são as principais características dos planetas rochosos e dos planetas gasosos?

3. Se observarmos o céu noturno durante algumas horas seguidas, poderemos notar um movimento aparente das estrelas.
   - A luz das estrelas é emitida no momento em que a observamos no céu? Justifique sua resposta.

30

4. A ilustração abaixo representa a órbita de um cometa ao redor do Sol. Observe a cauda do cometa nas diferentes posições dele ao redor da estrela.

Órbita de um cometa ao redor do Sol

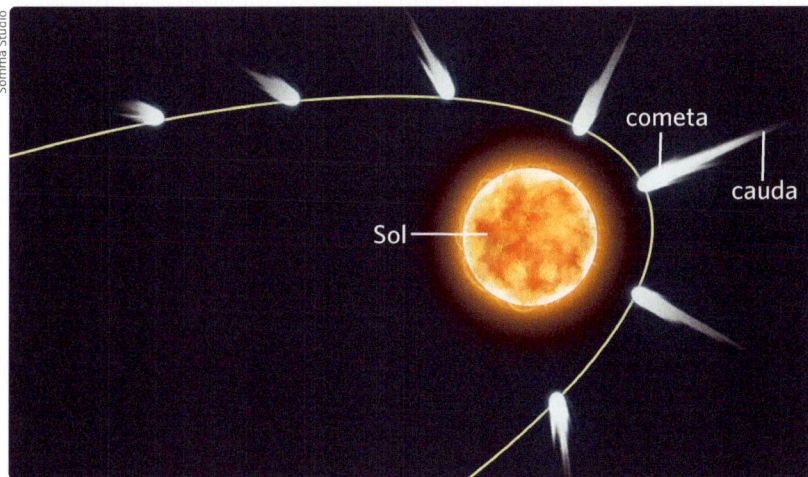

Representação sem proporção de tamanho. Cores-fantasia.

Fonte de pesquisa: Asteroides. *Instituto de Física da Universidade Federal do Rio Grande do Sul (IF/UFRGS)*. Disponível em: <www.if.ufrgs.br/oei/solar/solar15/solar15.htm>. Acesso em: 31 out. 2018.

Representação da órbita de um cometa ao redor do Sol.

a) O que é um cometa?
b) Por que sua cauda é mais brilhante próximo ao Sol?

5. O trecho da reportagem a seguir apresenta um fenômeno astronômico. Leia-o e em seguida responda às questões.

Liríadas: Chuva de meteoros poderá ser vista no Brasil nesta quarta

[...]

De acordo com a Nasa, a agência espacial americana, a chuva de meteoros chamada de Liríadas poderá ser vista de forma intensa no Hemisfério Norte, basta olhar para o céu a partir das 22h30 de quarta [22/04/2015]. [...]

O observatório Slooh, localizado nas Ilhas Canárias, no meio do Oceano Atlântico, vai transmitir a Liríadas pela internet. **Só será possível enxergar o fenômeno sem a ajuda de telescópio em locais onde o céu não estiver encoberto e distantes de luzes artificiais urbanas.** [...]

Líria Jade. Liríadas: Chuva de meteoros poderá ser vista no Brasil nesta quarta. *EBC*. 22 abr. 2015. Disponível em: <http://www.ebc.com.br/tecnologia/2015/04/liriadas-chuva-de-meteoros-podera-ser-vista-no-brasil-nesta-quarta>. Acesso em: 29 out. 2018.

Chuva de meteoros Liríadas, em Myanmar, na Ásia, em 2015.

a) Como os meteoros são popularmente conhecidos? Em sua opinião, por que eles recebem esse nome?
b) Por que o trecho da reportagem deu a recomendação destacada no texto?

6. O maior meteorito encontrado no Brasil foi o Bendegó, em 1784. Ele recebeu esse nome porque foi descoberto próximo ao riacho Bendegó, no interior da Bahia. Com massa de 5,6 toneladas e com 2,2 m de comprimento, seu choque com o solo deu origem a uma pequena cratera. Pesquisadores acreditam que ele tenha 1 bilhão de anos, mas a data em que chegou à Terra continua desconhecida.

Depois de muito esforço, ele foi transportado para o Rio de Janeiro, onde se encontrava em exposição, no Museu Nacional. Mesmo com o incêndio ocorrido em 2 de setembro de 2018, que destruiu a maior parte do Museu Nacional do Rio de Janeiro, o meteorito de Bendegó permaneceu praticamente intacto.

Transporte do meteorito de Bendegó, em 1887. Foram realizados muitos esforços para transportar o meteorito de Bendegó para o Rio de Janeiro.

Meteorito de Bendegó em exposição no Museu Nacional do Rio de Janeiro, em 2016.

Meteorito de Bendegó após o incêndio no Museu Nacional do Rio de Janeiro, em 2018.

a) Pesquise qual é a composição do meteorito de Bendegó.

b) Muitas vezes, as pessoas usam os termos meteoroide, meteoro e meteorito como sinônimos. No entanto, eles possuem significados diferentes. Explique com suas palavras o que são meteoroide, meteoro e meteorito.

c) Comente com os colegas sobre o que acidentes como o ocorrido no Museu Nacional do Rio de Janeiro podem ocasionar para a sociedade.

7. O Sol é considerado uma estrela média, tanto em seu tamanho como em sua temperatura. Ele é muito menor que diversas outras estrelas, e seu brilho também é menos intenso. Porém, da Terra, percebemos o Sol como a estrela de maior tamanho e brilho. Por quê?

8. A procura por vida fora do planeta Terra está presente nas pesquisas realizadas pelo ser humano. Animações lançadas recentemente, como *Cada um na sua casa* (EUA, 2014, 98 min) e *A fuga do planeta Terra* (EUA, 2013, 89 min), mostram seres extraterrestres que saem de seu planeta de origem e chegam à Terra.

Na animação de ficção *Cada um na sua casa*, os Boov invadem o planeta Terra à procura de um novo lar.

Na animação de ficção *A fuga do planeta Terra*, alguns extraterrestres do planeta Babum viajam para a Terra com o intuito de salvar outros extraterrestres.

a) Ambas as animações de ficção mostram extraterrestres que chegam ao planeta Terra. Esses seres têm o mesmo objetivo? Por quê?

b) Você acha que existe vida fora da Terra? Em que você se baseia para dar essa resposta?

c) Que condições outro planeta deve ter para abrigar vida como a que conhecemos hoje na Terra?

d) Com um colega, analise e selecione argumentos sobre a viabilidade de sobrevivência humana em outro planeta, de acordo com:
- as características dos planetas;
- as distâncias e o tempo envolvido nas viagens interplanetárias e interestelares.

9. A morte de uma estrela de grande dimensão pode dar origem a um buraco negro. Observe a fotografia abaixo.

Representação sem proporção de tamanho. Cores-fantasia.

Representação de um buraco negro, criada pela Nasa.

- Pesquise como se forma um buraco negro.

CAPÍTULO 2

A vida na Terra

Leia o trecho da reportagem a seguir.

[...]

Não era nada fácil para os primeiros seres vivos morar aqui. Muito calor, como o encontrado nas crateras dos vulcões, ou então muito frio, capaz de congelar tudo o que estivesse por perto. Faltava o oxigênio na atmosfera, e eram comuns os gases tóxicos, como o gás sulfídrico e o dióxido de carbono, que são mortais para a maioria dos seres vivos.

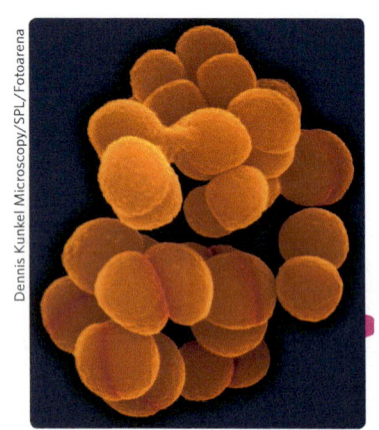

Esse mundo de extremos era habitado por extremófilas, bactérias que suportavam condições nas quais nenhum outro ser vivo resistiria. Elas ainda hoje existem e podem sobreviver em ambientes como salmouras, águas congeladas, águas quentes em regiões vulcânicas ou até mesmo a milhares de metros de profundidade nos poros das rochas.

[...]

Ismar de Souza Carvalho. Paraíso de bactérias. *Ciência Hoje das Crianças*, Rio de Janeiro, 13 set. 2013. Disponível em: <http://chc.org.br/coluna/paraiso-de-bacterias/>. Acesso em: 2 nov. 2018.

Bactéria extremófila (*Deinococcus radiophilus*). Fotografia obtida por microscópio e colorizada por computador. Imagem aumentada cerca de 5 000 vezes. Atualmente, essa bactéria é considerada a mais resistente a condições adversas, suportando dessecação e altos níveis de radiação, como a encontrada no espaço.

1 Qual é o assunto abordado no trecho da reportagem acima?

2 De acordo com o texto, quais eram as características da Terra primitiva?

3 Em sua opinião, que condições existentes na Terra atualmente permitem a existência da vida como a conhecemos hoje?

Como vimos, no texto acima, o planeta Terra nem sempre apresentou características como as que conhecemos atualmente. A chamada Terra primitiva apresentava características como altas temperaturas, intensa atividade vulcânica e baixa concentração de gás oxigênio.

Representação da Terra primitiva.

De acordo com evidências, a Terra teria surgido há cerca de 4,6 bilhões de anos. Desde então, ela passou por diversas transformações que permitiram o surgimento e o desenvolvimento da vida como a conhecemos hoje. Neste capítulo vamos estudar alguns acontecimentos da história da Terra e as teorias e hipóteses científicas a respeito da origem da vida nesse planeta.

O tempo geológico

O tempo geológico corresponde ao intervalo de tempo de existência da Terra, desde sua formação até os dias atuais. Para facilitar o estudo dos acontecimentos da história da Terra, podemos dividir o tempo geológico em intervalos de tempo: éons, eras, períodos e épocas. O quadro a seguir apresenta algumas dessas divisões.

TEMPO GEOLÓGICO			
ÉON	ERA	PERÍODO	ÉPOCA
Hadeano (4,6-4 bilhões de anos)			
Arqueano (4-2,5 bilhões de anos)			
Proterozoico (2,5 bilhões-541 milhões de anos)			
Fanerozoico (541 milhões de anos - dias atuais)	Paleozoico (541-252 milhões de anos)	Cambriano (541-485 milhões de anos)	
		Ordoviciano (485-444 milhões de anos)	
		Siluriano (444-419 milhões de anos)	
		Devoniano (419-359 milhões de anos)	
		Carbonífero (359-299 milhões de anos)	
		Permiano (299-252 milhões de anos)	
	Mesozoico (252-66 milhões de anos)	Triássico (252-201 milhões de anos)	
		Jurássico (201-145 milhões de anos)	
		Cretáceo (145-66 milhões de anos)	
	Cenozoico (66 milhões de anos-dias atuais)	Paleógeno (66-23 milhões de anos)	Paleoceno (66-56 milhões de anos)
			Eoceno (56-34 milhões de anos)
			Oligoceno (34-23 milhões de anos)
		Neógeno (23-2,6 milhões de anos)	Mioceno (23-5 milhões de anos)
			Plioceno (5-2,6 milhões de anos)
		Quaternário (2,6 milhões de anos-dias atuais)	Pleistoceno (2,6 milhões de anos-11,7 mil anos)
			Holoceno (11,7 mil anos-dias atuais)

Fonte de pesquisa: International Chronostratigrafic Chart. *International Commission on Stratigraphy*. Disponível em: <http://www.stratigraphy.org/ICSchart/ChronostratChart2018-08.pdf>. Acesso em: 2 nov. 2018.

4 Observando o quadro da página anterior, identifique o éon, a era, o período e a época em que a Terra se encontra atualmente.

Os éons Hadeano, Arqueano e Proterozoico são reunidos no Pré-cambriano e correspondem a quase 90% da história da Terra. Ao longo do tempo geológico ocorreram diversos eventos importantes. A seguir você vai conhecer alguns desses eventos, que acredita-se terem ocorrido na Terra.

Éon Hadeano

O éon Hadeano se inicia com a formação da Terra, a partir de poeira e gases, há cerca de 4,6 bilhões de anos. Devido às condições extremas, intensa atividade vulcânica e bombardeamento por meteoros, acredita-se que o material que formava a Terra se encontrava derretido, impedindo a formação de rochas. Não existe nenhuma rocha desse éon, apenas meteoritos, com cerca de 4,5 bilhões de anos.

Representação da Terra no éon Hadeano.

Éon Arqueano

estromatólito

No éon Arqueano, acredita-se que a superfície da Terra resfriou, permitindo a formação das primeiras rochas e o início da formação dos continentes. Parte do vapor de água se condensou e se transformou em água no estado líquido, formando os primeiros oceanos.

Nesse éon, possivelmente surgiram os primeiros seres vivos, as bactérias. Esses organismos foram a principal forma de vida durante cerca de 1 bilhão de anos.

Representação dos primeiros oceanos no éon Arqueano. Nessa imagem, as estruturas em destaque no fundo do oceano são chamadas estromatólitos e representam aglomerados de bactérias.

Éon Proterozoico

Acredita-se que no éon Proterozoico, a temperatura da Terra diminuiu, permitindo a formação de gelo nos polos e marcando o início de um longo período de glaciação.

Nesse éon, a concentração de gás oxigênio na atmosfera terrestre se estabilizou e formou-se uma camada de gás ozônio. Essas e outras características teriam permitido o desenvolvimento dos seres vivos, com o surgimento dos primeiros eucariontes e dos organismos multicelulares. Acredita-se que ao final desse éon a grande maioria dos seres vivos foram extintos.

Representação de seres vivos existentes no final do éon Proterozoico.

O **período Cambriano** é conhecido como o de explosão de vida na Terra, pois estudos sugerem que houve um aumento repentino da diversidade de seres vivos. No **período Ordoviciano**, teriam surgido as primeiras plantas e os primeiros vertebrados, representados pelos peixes. No **período Siluriano**, possivelmente a temperatura da Terra aumentou e o gelo dos polos começou a derreter, permitindo a diversificação da vida nos mares e nos ambientes terrestres. Há evidências de que surgiram as primeiras plantas vasculares e ocorreu a diversificação dos peixes.

No **período Devoniano**, acredita-se que os peixes se tornaram os grandes predadores dos oceanos e surgiram os anfíbios. Há evidências de que o **período Carbonífero** foi dominado pelas plantas, com grandes florestas cobrindo a maior parte dos continentes. Além disso, surgiram os répteis, com um tipo de ovo capaz de evitar a dessecação do embrião e, portanto, essencial para a vida no ambiente terrestre. No **período Permiano**, acredita-se que os continentes estavam unidos, formando a chamada Pangea.

Éon Fanerozoico - Era Paleozoica

Representação de seres vivos do período Cambriano.

No **período Triássico**, acredita-se que a atividade tectônica começa a separar a Pangea. Nesse período, teriam surgido os primeiros mamíferos e os dinossauros. No **período Jurássico**, há evidências da dominância dos dinossauros e do surgimento das aves. Já no **período Cretáceo**, teriam surgido as angiospermas, juntamente com a diversificação dos insetos. Todos os períodos anteriores apresentaram eventos de extinção. Ao final do período Cretáceo, observa-se a última grande extinção, com a eliminação dos dinossauros do ambiente.

Éon Fanerozoico - Era Mesozoica

Representação de seres vivos do período Cretáceo.

Há evidências de que a era Cenozoica foi dominada pelos mamíferos. Nos **períodos Paleógeno** e **Neógeno**, o clima se tornou mais frio e seco, os grandes bosques desapareceram, as florestas tropicais ficaram restritas aos trópicos e surgiram os primatas. Já no **período Quaternário**, acredita-se que os continentes passaram a ocupar a sua posição atual e ocorreram as últimas glaciações na Terra. Estudos sugerem que, nesse período, há cerca de 2 milhões de anos, surgiu o gênero *Homo* e, há cerca de 130 mil anos, o ser humano (*Homo sapiens*).

Éon Fanerozoico - Era Cenozoica

Representação de neandertais (*Homo neanderthalensis*). Essa espécie viveu nas regiões da Europa e da Ásia entre 200 e 35 mil anos atrás.

O surgimento do ser humano representou grandes mudanças no ambiente e a extinção de muitos seres vivos, como grandes mamíferos. Estudos sugerem que o ritmo da extinção causada pelo ser humano se assemelha às extinções em massa dos períodos anteriores.

Hipóteses de origem da vida na Terra

5 Para você, o que é um ser vivo?

6 Como você acha que surgiu a vida na Terra?

Nas páginas anteriores, você conheceu alguns eventos importantes que ocorreram na Terra, desde sua formação, e que envolveram o surgimento e diversificação dos seres vivos no planeta. Afinal, como surgiram os seres vivos na Terra?

Há muito tempo o ser humano tenta compreender e responder a essa questão. Diversas lendas e mitos foram criados para explicar este assunto. Além disso, o meio científico também busca respostas para essa questão. Ao longo do tempo, vários cientistas formularam hipóteses sobre a origem da vida na Terra. A partir de agora, vamos conhecer algumas dessas hipóteses.

Hipóteses heterotróficas

Na década de 1920, o bioquímico russo Aleksandr Ivanovich Oparin (1894-1980) propôs uma hipótese sobre a origem da vida na Terra. Além dele, o biólogo inglês John Burdon Sanderson Haldane (1892-1964) também desenvolveu estudos propondo explicações semelhantes. A junção dessas explicações sobre a origem da vida ficou conhecida como a Hipótese de Haldane e Oparin. Veja a seguir.

Hipótese de Haldane e Oparin

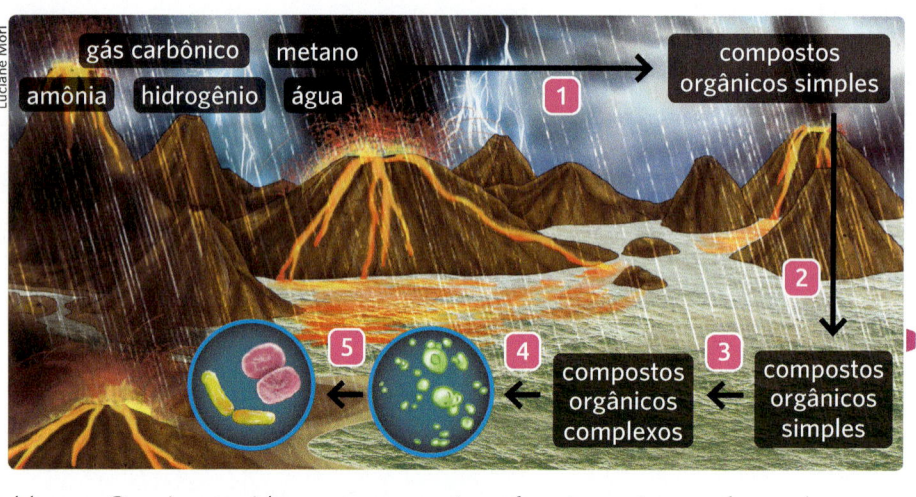

Fonte de pesquisa: *O mundo em que vivemos*. São Paulo: Abril Cultural. s.d. v. 1. p. 44.

Representação sem proporção de tamanho. Cores-fantasia.

Representação da Hipótese de Haldane e Oparin sobre a origem da vida na Terra.

Haldane e Oparin consideravam que a atmosfera terrestre era formada por vapor de água e gases, como metano, gás carbônico, amônia e hidrogênio. Nesse ambiente primitivo, havia grande incidência de raios solares, muita chuva e descargas elétricas. A energia proveniente dessas descargas elétricas e do Sol provocaram reações químicas entre os elementos que compunham a atmosfera, resultando em compostos orgânicos simples (**1**). Com as chuvas, esses compostos orgânicos foram levados para oceanos e rios, onde se acumularam e reagiram entre si e com elementos do ambiente (**2**). Com o tempo, formaram-se compostos orgânicos complexos (**3**). Ao longo de milhões de anos, esses compostos complexos se agregaram e foram delimitados por uma membrana, que permitiu a eles separar o ambiente interno do externo e desenvolver um metabolismo simples. Essas estruturas eram chamadas coacervados (**4**). Ao longo do tempo, os coacervados tornaram-se mais complexos e, assim, deram origem aos primeiros seres vivos (**5**).

Com o desenvolvimento da Hipótese de Haldane e Oparin, cientistas fizeram experimentos para testá-la. Um deles foi realizado pelo cientista estadunidense Stanley Lloyd Miller (1930-2007) e pelo químico estadunidense Harold Clayton Urey (1893-1981), em 1953.

Miller e Urey simularam em laboratório condições semelhantes às que Oparin e Haldane acreditavam existir na Terra primitiva para testar se moléculas orgânicas poderiam se formar a partir dos elementos supostamente presentes na atmosfera terrestre daquela época. Veja a seguir.

Experimento de Miller e Urey

Representação sem proporção de tamanho. Cores-fantasia.

No experimento de Miller e Urey um recipiente (**1**) foi utilizado para representar os corpos-d'água. Conectado a ele havia outro recipiente (**2**) com uma mistura de gases semelhante à composição da atmosfera primitiva da hipótese de Haldane e Oparin. Durante o experimento, o frasco **1** foi aquecido, resultando na formação de vapor de água, que, por meio de tubulações, passava pelo recipiente **2**. Nele, vapor de água e gases recebiam descargas elétricas. Ao passar pela área de resfriamento do condensador (**3**), esse vapor se condensava. A água líquida retornava para o recipiente **1**, mas, antes disso, eram colhidas amostras para análises (**4**).

Fonte de pesquisa: William K. Purves e outros. *Vida*: a ciência da Biologia. 6. ed. Porto Alegre: Artmed, 2002. p. 452.

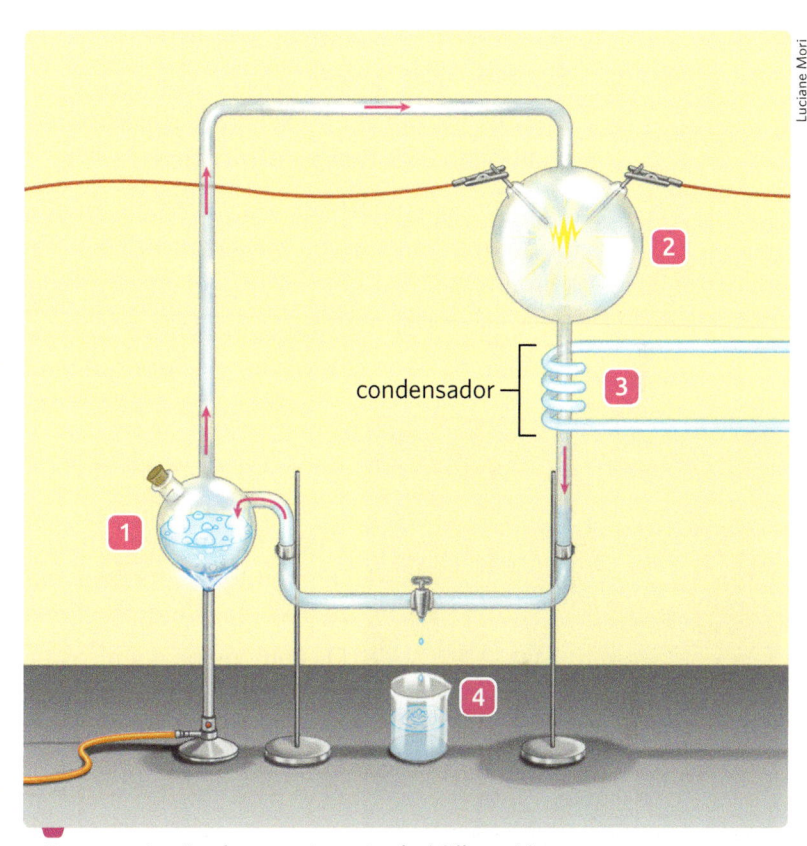

Representação do experimento de Miller e Urey.

Na Hipótese de Haldane e Oparin e nos experimentos de Miller e Urey, os compostos orgânicos simples formados eram, basicamente, aminoácidos, que são componentes estruturais das proteínas. As proteínas são as moléculas básicas dos seres vivos, fazendo parte da estrutura e do funcionamento celular.

Na década de 1980, novos experimentos e estudos propuseram que os primeiros compostos orgânicos seriam semelhantes ao RNA (ácido ribonucleico), uma vez que ele tem capacidade de se autorreplicar, ou seja, formar cópias de si mesmo e, em algumas espécies, exercer funções semelhantes às de **enzimas**. **Glossário**

O RNA faz parte das células dos seres vivos e exerce funções diversas, como as relacionadas à produção de proteínas. Essa nova hipótese ficou conhecida como **Mundo de RNA**.

Tanto a hipótese de Haldane e Oparin quanto do Mundo de RNA consideravam que os primeiros seres vivos formados na Terra não eram capazes de produzir seu próprio alimento e obtinham a energia de que precisavam de compostos orgânicos presentes no meio. Por isso, essas hipóteses ficaram conhecidas como **hipóteses heterotróficas** sobre a origem da vida na Terra.

Hipóteses autotróficas

Mesmo com os experimentos de Miller e Urey, muitos cientistas não concordaram com as hipóteses heterotróficas. Entre os argumentos contrários a essas hipóteses pesquisadores consideram que na Terra primitiva não existiam compostos suficientes para servir de alimento aos primeiros seres vivos. Dessa maneira, eles propuseram hipóteses afirmando que os primeiros seres vivos eram autotróficos, ou seja, produziam seu próprio alimento. Por isso, elas foram chamadas **hipóteses autotróficas**.

Entre as hipóteses autotróficas, destacam-se as que consideram que os primeiros seres vivos surgiram em ambientes semelhantes às fontes termais, como a hipótese proposta pelo cientista alemão Günter Wächtershäuser (1938-). Para ele, os primeiros compostos orgânicos e seres vivos teriam surgido na superfície de rochas termais, no fundo dos oceanos.

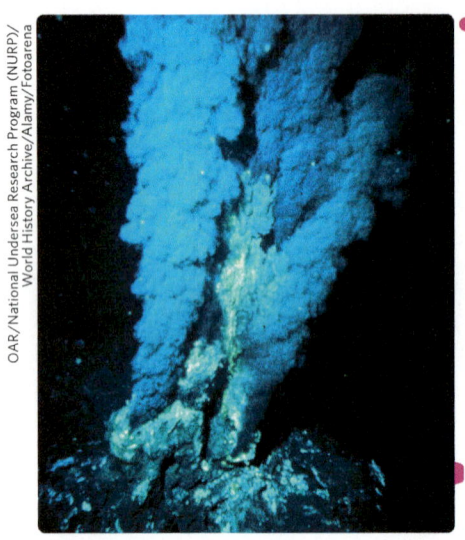

As fontes hidrotermais são regiões da crosta oceânica com fissuras, por onde materiais do interior da Terra podem emergir para a superfície. Nesses locais, a água atinge altas temperaturas, por isso, muitos minerais que compõem as rochas reagem quimicamente, liberando energia.

Os compostos químicos presentes no ambiente podem ser utilizados por organismos autotróficos como fonte de energia para a produção de matéria orgânica. Ou seja, esses organismos não utilizam a energia da luz solar.

Fonte hidrotermal no oceano Atlântico.

Descobertas recentes de que nas fontes termais há seres vivos (como bactérias) capazes de utilizar a energia resultante de reações químicas para produzir seu próprio alimento reforçam a hipótese de Wächtershäuser.

Vermes (*Riftia pachyptila*) em fonte hidrotermal no oceano Pacífico. Nessas fontes, esses animais se associam a bactérias capazes de produzir compostos orgânicos a partir da reação química de componentes liberados pelas chaminés das fontes termais. Esses organismos autotróficos são a base de cadeias alimentares que incluem caramujos, caranguejos e peixes.

Panspermia

As hipóteses que você estudou até aqui consideram que a vida surgiu na Terra e que os primeiros seres vivos poderiam ser heterotróficos ou autotróficos.

No entanto, algumas hipóteses científicas consideram que os primeiros compostos orgânicos, ou mesmo os primeiros seres vivos, teriam surgido em outras partes do Universo e chegaram à Terra por meio de meteoritos. Estas hipóteses são conhecidas como **Panspermia**.

Meteorito Hoba, na Namíbia, África, em 2017. Esse meteorito pesa cerca de 60 toneladas e, por isso, não foi removido do local de sua queda.

Acredita-se que tenha sido o filósofo Anaxágoras (500 a.C.-428 a.C.) um dos primeiros a dizer que a vida teria surgido fora da Terra e, posteriormente, chegado ao nosso planeta.

De acordo com estudos recentes, é possível que rochas de outros astros cheguem à Terra. Por exemplo, existem meteoritos que são constituídos de rochas encontradas em Marte. Além disso, estudos sobre a resistência dos esporos de bactérias indicam que elas conseguiriam resistir a uma viagem no espaço.

Esporos de bactéria *Bacillus anthracis*. Fotografia obtida por microscópio e colorizada por computador. Imagem aumentada cerca de 10 000 vezes. Os esporos de bactérias são formas de resistência desses seres vivos a condições adversas. Por isso, permitem a eles sobreviver nesse tipo de condições.

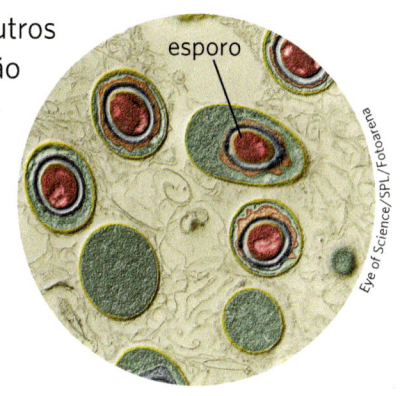

▶ **Aprenda mais**

No livro *Origem e história da vida* você conhecerá mais a respeito do surgimento da vida em nosso planeta.

Fernando Gewandsznajder e Ulisses Capozzoli. *Origem e história da vida*. São Paulo: Ática, 2005. (Coleção de olho na ciência).

Geração espontânea

Como as larvas aparecem em uma carne crua? Até o século XIX, um fato como esse era explicado por algumas pessoas utilizando a ideia da geração espontânea. De acordo com essa ideia, acreditava-se que partes da carne crua se transformavam em larvas de mosca, ou seja, os seres vivos se formavam a partir de uma matéria inanimada, sem vida.

Ainda no século XVII, muitos pesquisadores desenvolveram experimentos sobre o tema. Entre eles destacou-se o biólogo italiano Francesco Redi (1626-1697). Veja a seguir.

Experimento de Redi

Representação sem proporção de tamanho. Cores-fantasia.

Redi colocou carne em um recipiente e o tampou com gaze (**1**). Ele também colocou carne em outro recipiente, porém o deixou destampado (**2**). Depois de um tempo, o pesquisador constatou que apareceram larvas apenas na carne do recipiente destampado, que teve contato com moscas. Diante disso, concluiu que as larvas originavam-se de ovos deixados pelas moscas que pousavam na carne.

Fonte de pesquisa: Vida e Educação em Ciências: a origem da vida na Terra. *Universidade de São Paulo*. p. 23. Disponível em: <https://midia.atp.usp.br/impressos/redefor/EnsinoCiencias/VidEd_2011_2012/VidEd_v2_Semana_03.pdf>. Acesso em: 2 nov. 2018.

Representação do experimento realizado por Redi.

Embora experimentos como o de Redi levassem a crer que a geração espontânea não era válida, a descoberta dos microrganismos, no século XVII, levou muitos estudiosos a se valerem da geração espontânea para explicar o surgimento desses seres vivos. Um dos estudiosos defensores dessa ideia era o naturalista inglês John Tuberville Needham (1713-1781). Veja a seguir.

Experimento de Needham

Representação sem proporção de tamanho. Cores-fantasia.

Needham colocou caldo de carne em um recipiente. Em seguida, ele ferveu o caldo de carne que estava dentro do recipiente, a fim de eliminar os seres vivos microscópicos presentes no caldo de carne e no recipiente (**1**). Posteriormente, Needham, usou uma rolha para vedar o recipiente, impedindo que microrganismos do ambiente entrassem nesse recipiente (**2**). Depois de alguns dias, o naturalista observou a presença de seres vivos microscópicos no caldo de carne, concluindo que os seres microscópicos surgiram nesse recipiente por meio da geração espontânea (**3**).

Fonte de pesquisa: Luis Antonio Texeira e Ana Palma. O mistério de geração 2: o debate pega fogo. *Fiocruz*. Ciência. Disponível em: <http://www.invivo.fiocruz.br/cgi/cgilua.exe/sys/start.htm?infoid=1028&sid=9>. Acesso em: 2 nov. 2018.

Representação do experimento realizado por Needham.

Outros estudiosos discordavam da geração espontânea, como o naturalista italiano Lazzaro Spallanzani (1729-1799). Esse naturalista reproduziu o experimento de Needham, fazendo algumas alterações. Veja a seguir.

Experimento de Spallanzani

Spallanzani colocou caldo de carne dentro do recipiente e, em seguida, utilizando fogo, derreteu a boca do recipiente, tornando-o hermeticamente lacrado e impedindo a entrada de ar (**1**). Posteriormente, o caldo de carne e o ar presente dentro do recipiente foram expostos à temperatura mais alta e por mais tempo do que realizado por Needham (**2**). Após alguns dias, Spallanzani não observou a presença de seres vivos microscópicos no caldo de carne (**3**).

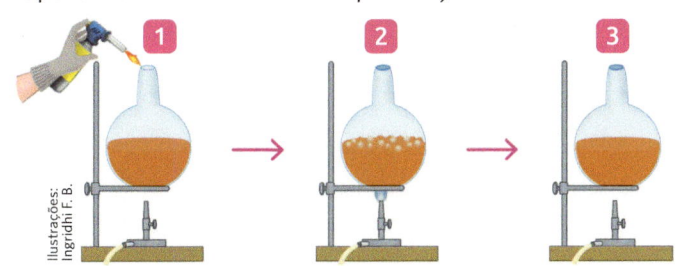

Fonte de pesquisa: Luis Antonio Texeira e Ana Palma. O mistério de geração 2: o debate pega fogo. *Fiocruz*. Ciência. Disponível em: <http://www.invivo.fiocruz.br/cgi/cgilua.exe/sys/start.htm?infoid=1028&sid=9>. Acesso em: 2 nov. 2018.

Representação do experimento realizado por Spallanzani.

Representação sem proporção de tamanho. Cores-fantasia.

Com seus resultados, Spallanzani concluiu que, no experimento realizado por Needham, a temperatura à qual o ar e o caldo de carne foram expostos não foi suficiente para eliminar os seres vivos microscópicos presentes no ar. Além disso, Spallanzani sugeriu que Needham não vedou adequadamente o recipiente, permitindo a entrada de ar com microrganismos no recipiente.

O cientista francês Louis Pasteur (1822-1895) também contribuiu para mostrar que a geração espontânea não era válida nem mesmo para os microrganismos. Veja a seguir.

Experimento de Pasteur

1 Pasteur utilizou recipientes de vidro com extensões, conhecidas como cânulas, que permitem a entrada de ar no recipiente, mas impedem que microrganismos entrem em contato com o interior dele. Em cada um dos recipientes, Pasteur colocou um líquido com substâncias que favoreciam o crescimento de microrganismos. Em seguida, Pasteur ferveu os líquidos para eliminar todos os microrganismos que pudessem existir no interior dos recipientes.

2 Após a fervura, Pasteur retirou a cânula de um dos recipientes. Depois disso, deixou-os em repouso por alguns dias, todos expostos às condições do ambiente. Após este período, o pesquisador observou o desenvolvimento de microrganismos somente no recipiente em que a cânula foi retirada.

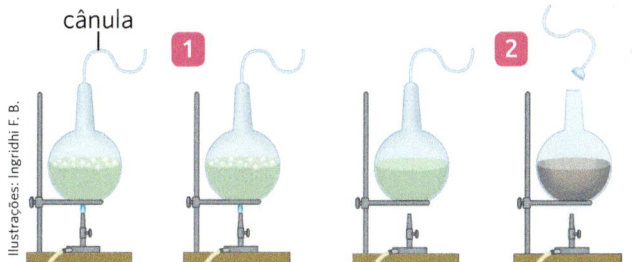

Fonte de pesquisa: William K. Purves e outros. *Vida*: a ciência da Biologia. 6. ed. Porto Alegre: Artmed, 2002. p. 456.

Representação do experimento realizado por Pasteur.

Representação sem proporção de tamanho. Cores-fantasia.

O resultado obtido por Pasteur permitiu verificar que os microrganismos que se originaram nos recipientes eram provenientes de microrganismos presentes no ar.

Ampliando fronteiras

Vida em outros planetas

Você já parou para pensar ou se perguntou se estamos sozinhos no Universo? Será que existe vida em outros planetas? Essas perguntas têm sido feitas desde a Grécia antiga. Nessa época, alguns filósofos, como Demócrito (460 a.C.-370 a.C.), acreditavam que existiam no Universo outros planetas, alguns diferentes e outros semelhantes à Terra. Já outros filósofos, como Aristóteles (384 a.C.-322 a.C.) e Platão (427 a.C.-347 a.C.), acreditavam que a Terra era única no Universo e apenas nela era possível a existência da vida.

Ao longo do tempo essas e outras perguntas relacionadas à existência de vida em outros locais do Universo, além da Terra, continuaram a intrigar os estudiosos. Com o desenvolvimento de instrumentos de observação, como o telescópio, e da tecnologia espacial, muito foi descoberto a respeito do Universo, mas até o momento não foi comprovada a existência de vida em outros planetas, seja no Sistema Solar ou fora dele.

A Astrobiologia é uma Ciência que busca compreender melhor a origem, a evolução e a distribuição da vida na Terra, bem como a possibilidade de vida em outros ambientes fora dela. Leia o trecho da reportagem a seguir.

Glossário >

[...] "Os astrobiólogos estudam a origem dos elementos e a formação das moléculas, e investigam os mecanismos e condições que levaram ao surgimento da vida no nosso planeta, considerando diversos fenômenos do Universo, como, por exemplo, **raios cósmicos** e radiação estelar, bem como cometas e asteroides colidindo com a Terra e enriquecendo-a com novas matérias-primas". [...]

Rui Sintra. Vida pode ter deixado "autógrafos" em Marte – e essa física quer encontrá-los. *Jornal da USP*, 4 jul. 2018. Ciências Exatas e da Terra. Disponível em: <https://jornal.usp.br/ciencias/ciencias-exatas-e-da-terra/vida-pode-ter-deixado-autografos-em-marte-na-forma-de-moleculas-e-essa-fisica-quer-encontra-los/>. Acesso em: 2 nov. 2018.

Representação sem proporção de tamanho. Cores-fantasia.

Representação de cientista observando o céu com um telescópio.

Um dos planetas do Sistema Solar mais estudados em relação à evidências de vida é Marte, pois se acredita que no passado esse planeta apresentava condições propícias à vida. Além disso, sabe-se, hoje, que determinados seres vivos microscópicos são capazes de sobreviver em ambientes com condições extremas, como as observadas em Marte. Leia o trecho da reportagem a seguir.

Nasa encontra material orgânico em Marte que pode ser evidência de vida no passado

Moléculas preservadas foram achadas entre rochas sedimentares com três bilhões de anos em cratera do planeta vermelho.

[...]

Os dados e amostras foram coletados pelo robô Curiosity, em missão do planeta vermelho desde 2012. [...]

Carolina Dantas. Nasa encontra material orgânico em Marte que pode ser evidência de vida no passado. G1, 7 jun. 2018. Ciência e Saúde. Disponível em: <https://g1.globo.com/ciencia-e-saude/noticia/nasa-encontra-material-organico-em-marte-que-pode-ser-evidencia-de-vida-no-passado.ghtml>. Acesso em: 2 nov. 2018.

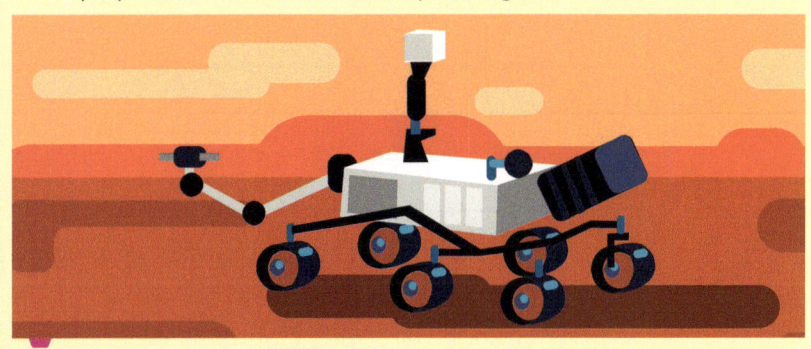

Representação do robô Curiosity.

Como você estudou no início do capítulo, algumas bactérias são resistentes a condições extremas do ambiente. Por isso, atualmente, esses microrganismos procariontes são considerados o modelo de vida a ser pesquisado em outros planetas pelos astrobiólogos.

1. Em sua opinião, qual é a importância da Astrobiologia?

2. Você acha que seria possível encontrar vida semelhante à observada na Terra em outros planetas? Justifique a sua resposta.

3. Em filmes de ficção científica é comum a associação de vida em outros planetas a organismos semelhantes a seres humanos, com capacidade de raciocínio e conhecidos popularmente como extraterrestres. De acordo com o que você estudou neste capítulo sobre a origem da vida na Terra e com o que foi apresentado nesta seção, como você acha que são as formas de vida que possivelmente os cientistas buscam em outros planetas?

4. Qual é a importância para a Astrobiologia de estudar os microrganismos extremófilos existentes na Terra?

5. Faça uma pesquisa sobre a busca de vida em outros planetas ou outras partes do Universo. Sua pesquisa pode incluir os projetos de pesquisa desenvolvidos nessa área e manchetes sobre o assunto. Apresente sua pesquisa aos seus colegas.

Atividades

1. O texto abaixo fala da época do Antropoceno, uma nova divisão no tempo geológico proposta pelos cientistas.

> [...]
>
> O Holoceno começou 11,7 mil anos atrás, após o último período glacial ou Era do Gelo. Você pode imaginar como o mundo era diferente naquela época: para começar, a espécie humana (surgida há aproximadamente 150 mil anos, na era Cenozoica, no período Quaternário, na época Pleistoceno) ainda não modificava com tanta intensidade o seu hábitat.
>
> Mas a ação do homem sobre o planeta é a marca do Antropoceno – vem daí o seu nome, pois *anthropo* significa "humano", em grego, e ceno quer dizer "novo", na mesma língua. A proposta de criação dessa nova época na história da Terra baseia-se na maneira como o planeta se modificou nos últimos séculos: florestas foram desmatadas, bombas foram detonadas, e até a configuração de rios e lagos foi modificada. É ou não é uma tremenda mudança?
>
> [...]

Catarina Chagas. Antropo... o quê? *Ciência Hoje das Crianças*, Rio de Janeiro, 24 fev. 2016. Disponível em: <http://chc.org.br/antropo-o-que/>. Acesso em: 2 nov. 2018.

a) Considere que o Antropoceno seja aceito pela comunidade científica. Qual seria a classificação do tempo geológico atual em relação à época, o período, a era e o éon?

b) Grande parte dos cientistas defende que o Antropoceno se iniciou no século XVIII, com a Revolução Industrial. Pesquise e cite mudanças ambientais que ocorreram a partir da Revolução Industrial.

c) De que forma as alterações ambientais causadas pelo ser humano podem interferir nas demais espécies de seres vivos?

d) Cite impactos do ser humano sobre a Terra, além dos já citados no texto. Em sua opinião, seria possível evitá-los? Justifique sua resposta.

2. A imagem ao lado representa o experimento realizado por Miller e Urey.

a) O que os recipientes **A** e **B** representavam?

b) Este experimento fortaleceu ou enfraqueceu a hipótese de Haldane e Oparin? Por quê?

Representação do experimento de Miller e Urey.

Representação sem proporção de tamanho. Cores-fantasia.

Fonte de pesquisa: William K. Purves e outros. *Vida*: a ciência da Biologia. 6. ed. Porto Alegre: Artmed, 2002. p. 452.

3. Francisco guardou uma fatia de pão em um recipiente. Após alguns dias, ele observou que esse pão estava embolorado, como na imagem ao lado.

a) Como o aparecimento de bolor na fatia de pão seria explicado pela ideia da geração espontânea?

b) Como você explicaria a presença dos bolores no pão? Se necessário, faça uma pesquisa a respeito da reprodução dos fungos.

Fatia de pão embolorado. O bolor é considerado um ser vivo e pertence ao reino dos fungos.

4. A imagem abaixo mostra o fóssil de seres vivos que faziam parte da chamada fauna de Ediacara, encontrada em uma região da Austrália. Os fósseis dessa fauna estão entre os mais antigos da Terra e são de seres vivos que viveram há cerca de 600 milhões de anos. A maior parte dos fósseis de Ediacara é apenas impressão em rochas, pois os animais desse período não apresentavam partes duras e resistentes, como conchas e exoesqueleto.

Fóssil em rocha de um cnidário da fauna de Ediacara. Nesse caso, trata-se de uma impressão em rocha.

a) Em que éon viveram os seres vivos de Ediacara?

b) Cite o(s) evento(s) relacionado(s) à origem dos seres vivos ocorrido(s) no éon que você citou no item **a**.

c) O período posterior ao que viveram os seres vivos de Ediacara é conhecido como o de ocorrência da "explosão da vida" na Terra. Identifique qual é esse período e explique por que ele é assim conhecido.

Verificando rota

1. Diferencie conhecimento científico do transmitido por meio de lendas e contos nas diferentes culturas.

2. Retome a resposta da questão **3** da página **34**, corrigindo-a ou complementando-a, caso necessário.

3. Retome a resposta da questão **6** da página **38** e analise-a. Se necessário, corrija-a ou complemente-a.

UNIDADE 2

Genética e evolução

Capítulos desta unidade
- **Capítulo 3** - Hereditariedade
- **Capítulo 4** - Evolução dos seres vivos
- **Capítulo 5** - Diversidade biológica

Lagartixa (*Uroplatus sikorae*) no Parque Nacional Andasibe-Mantadia, em Madagascar, África.

Iniciando rota

1. Identifique o animal na imagem.
2. Em sua opinião, a característica apresentada pelo animal da imagem, que permite a ele se camuflar no ambiente, representa alguma vantagem para esse ser vivo? Justifique sua resposta.
3. Você acha que todas as características dos seres vivos são transmitidas ao longo das gerações?

CAPÍTULO 3
Hereditariedade

Agora, leia o trecho da reportagem abaixo.

> [...] Os geneticistas descobriram que a constituição genética de todos os indivíduos é semelhante o suficiente para que a pequena porcentagem de genes que se distinguem (que inclui a aparência física, a cor da pele etc.) não justifique a classificação da sociedade em raças. [...]

Kelly Cristina Spinelli. Raças humanas não existem como entidades biológicas, diz geneticista. *Uol*, 5 fev. 2013. Disponível em: <https://noticias.uol.com.br/ciencia/ultimas-noticias/redacao/2013/02/05/racas-humanas-nao-existem-como-entidades-biologicas-diz-geneticista.htm>. Acesso em: 5 nov. 2018.

1 Para você, o que determina as características de cada pessoa?

2 De acordo com o trecho da reportagem é correto afirmar que existem raças humanas com base na cor da pele? Explique.

Pessoas de diferentes etnias.

Como afirmado no trecho da reportagem acima, a pigmentação da pele é influenciada por fatores genéticos, chamados genes, os quais estão presentes em todos os seres humanos. Assim, a diferença de coloração da pele é apenas a variação de uma determinada característica em uma única espécie, a humana.

Além dos fatores genéticos, nossas características são influenciadas por fatores ambientais, culturais e sociais. Isso nos torna diferentes uns dos outros, mas não torna uma pessoa melhor ou pior que a outra. Por isso, todas as diferenças devem ser respeitadas e valorizadas.

Muitas das características observadas nos indivíduos são transmitidas de pais para filhos por meio da reprodução. Ao longo dos anos, vários pesquisadores e estudiosos se dedicaram a entender como ocorria a transmissão de características ao longo das gerações. Entre esses estudiosos podemos destacar o monge e cientista austríaco Gregor Johann Mendel (1822-1884), cujos trabalhos vamos conhecer ao longo do capítulo.

A transmissão dessas características de uma geração para outra é chamada **hereditariedade**. A Ciência que se dedica a essa área de estudo é a **Genética**. Neste capítulo, vamos conhecer alguns conceitos relacionados à hereditariedade.

DNA e hereditariedade

3 Para você, o que é DNA e qual a sua importância?

Após diversos estudos, descobriu-se que o material genético do ser humano e dos demais seres vivos é o ácido desoxirribonucleico, chamado DNA. Esse material está presente nas células nucleadas que compõem um organismo, inclusive em seus gametas, e é capaz de armazenar informações e transmiti-las de uma geração a outra.

A transmissão de informações de uma geração para outra é realizada por meio da reprodução.

Na reprodução do ser humano, por exemplo, o ovócito se une ao espermatozoide, originando o zigoto. Os gametas são células que carregam informações genéticas que são transmitidas dos progenitores para sua prole, por meio da reprodução. O espermatozoide carrega o material genético proveniente do pai e o ovócito carrega o material genético proveniente da mãe. Assim, após a fecundação, o zigoto contém as informações de ambos os progenitores, as quais correspondem ao material genético do novo ser humano.

Espermatozoides e ovócito. Fotografia obtida por microscópio e colorizada por computador. Imagem aumentada cerca de 680 vezes. De maneira geral, apenas um espermatozoide consegue penetrar o ovócito.

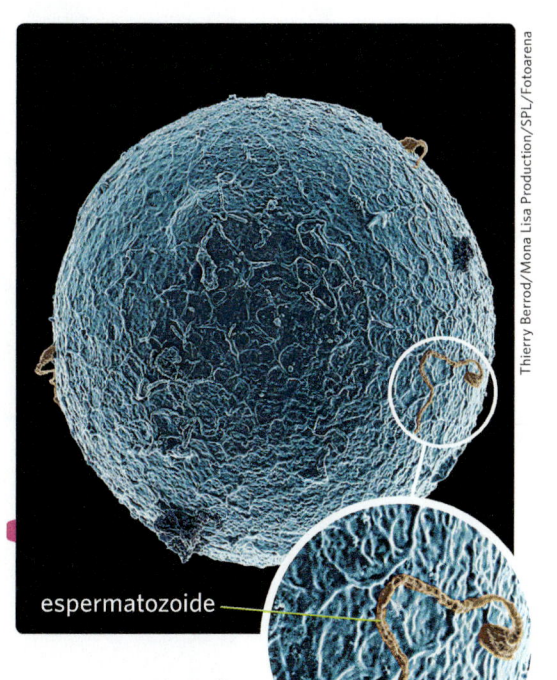

Após a descoberta do DNA como material genético, um novo desafio inspirou os cientistas: descobrir como é a estrutura da molécula de DNA.

Inicialmente, vários pesquisadores realizaram experimentos para descobrir quais eram os componentes químicos que formavam o DNA. Após diversos estudos, descobriu-se que o DNA é formado por vários nucleotídeos, cada um deles composto por:

- um carboidrato chamado desoxirribose;
- um composto de fósforo, chamado fosfato;
- um composto de nitrogênio, chamado base nitrogenada.

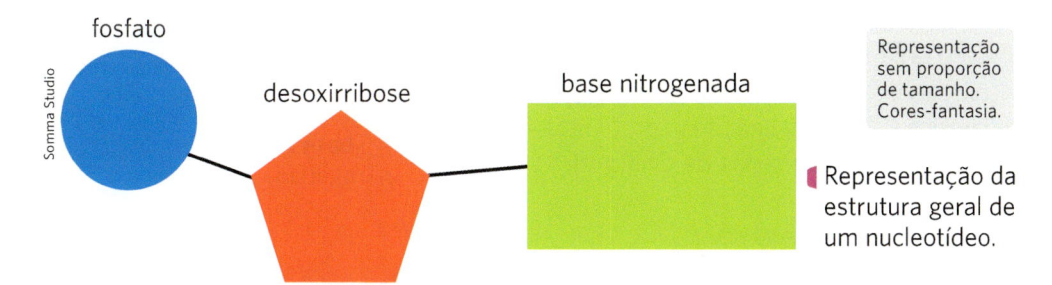

Representação sem proporção de tamanho. Cores-fantasia.

Representação da estrutura geral de um nucleotídeo.

As bases nitrogenadas que formam o DNA podem ser de quatro tipos diferentes: timina (T), adenina (A), guanina (G) ou citosina (C).

Rosalind Elsie Franklin, em 1942.

Na metade do século XX, vários pesquisadores procuravam descobrir como os nucleotídeos estavam organizados para formar a molécula de DNA. Por volta de 1950, o pesquisador austríaco Erwin Chargaff (1905-2002) fez vários experimentos e concluiu que a molécula de DNA sempre contém a mesma quantidade de adenina e timina e a mesma quantidade de guanina e citosina. Nessa época, a química britânica Rosalind Elsie Franklin (1920-1958) produziu imagens da molécula de DNA utilizando uma técnica com raios X.

Com base nas descobertas de Chargaff sobre os nucleotídeos e nas anotações e imagens produzidas por Rosalind Franklin, além dos estudos de outros pesquisadores, o cientista estadunidense James Dewey Watson (1928-) e o cientista britânico Francis Crick (1916-2004) propuseram modelo para a molécula de DNA.

O modelo proposto por Watson e Crick ficou conhecido como dupla hélice e é aceito até hoje. Veja abaixo.

James D. Watson (à esquerda) e Francis Crick, com o modelo de parte de uma molécula de DNA, em 1951.

DNA

De acordo com o modelo de dupla hélice, a molécula de DNA é formada por duas fitas unidas entre si, semelhantes a uma escada em espiral. As laterais das fitas são formadas pelas desoxirriboses e pelos fosfatos. As bases nitrogenadas localizam-se na região central e ligam uma fita à outra. A base nitrogenada adenina (A) de uma fita sempre faz ligação com uma timina (T) da outra fita. Já a base nitrogenada guanina (G) sempre se liga a uma citosina (C). Essas ligações combinadas explicam os resultados de Chargaff.

Representação sem proporção de tamanho. Cores-fantasia.

desoxirribose
fosfato
base nitrogenada

Fonte de pesquisa: Anthony J. F. Griffiths e outros. *Introdução à genética*. 9. ed. Rio de Janeiro: Guanabara Koogan, 2008. p. 230-232.

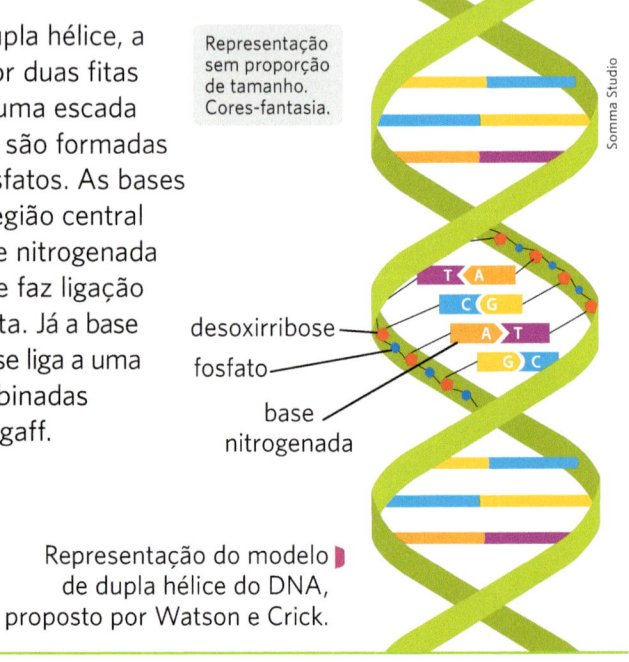

Representação do modelo de dupla hélice do DNA, proposto por Watson e Crick.

O modelo de dupla hélice também foi capaz de explicar as imagens obtidas por Rosalind Elsie Franklin e outros pesquisadores, em seus experimentos com raios X. O padrão de bandas (em preto), observado na imagem, pode determinar características sobre a estrutura da molécula de DNA. O X formado pelas bandas, por exemplo, indica a natureza helicoidal do DNA.

Imagem da molécula de DNA, obtida por Rosalind Elsie Franklin, em seus experimentos com raios X.

Conhecer o modelo da estrutura da molécula de DNA foi importante para a compreensão dos mecanismos envolvidos na hereditariedade.

4 Você já sabe que o DNA contém as informações genéticas. Agora, como você acha que essa estrutura armazena essas informações?

A questão que você respondeu acima também intrigava os cientistas. Como vimos, o DNA apresenta uma sequência de bases nitrogenadas (adenina, timina, guanina e citosina). Algumas dessas sequências de bases nitrogenadas orientam a produção de diferentes proteínas. As proteínas são os principais constituintes das células e participam tanto de sua estrutura quanto de seu funcionamento. Assim, o DNA contém informações relacionadas a muitas de nossas características.

Alguns trechos do DNA contêm informações para a produção de moléculas que exercem funções específicas no organismo, como as proteínas. Esses trechos são chamados **genes**. Uma proteína consiste em uma ou mais cadeias de aminoácidos, ligados em sequência.

A produção das proteínas é orientada pelo DNA e auxiliada por outras moléculas, como o ácido ribonucleico (RNA). Embora as informações genéticas estejam armazenadas no DNA, o RNA é essencial para que essas informações se manifestem como características nos seres vivos. Isso porque certos tipos de RNA participam do processo de produção de proteínas nos seres vivos, traduzindo as informações contidas no DNA, selecionando os aminoácidos específicos e orientando a união deles para formar as proteínas.

O RNA apresenta algumas diferenças em relação ao DNA. O RNA contém o carboidrato ribose, em vez de desoxirribose, e apresenta a base nitrogenada uracila (U), em vez de timina. Além disso, ele é formado por uma única fita.

O ácido ribonucleico pode ser de diferentes tipos e realizar diferentes papéis na célula.

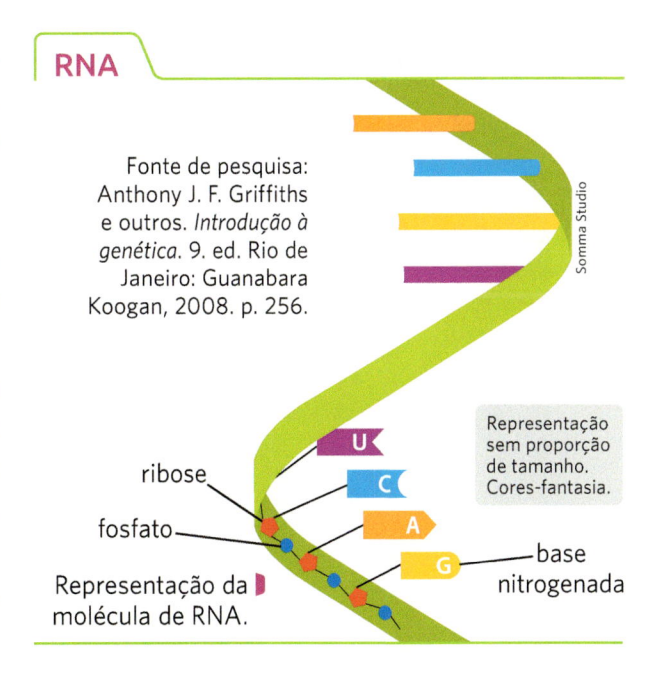

Fonte de pesquisa: Anthony J. F. Griffiths e outros. *Introdução à genética*. 9. ed. Rio de Janeiro: Guanabara Koogan, 2008. p. 256.

Representação da molécula de RNA.

Representação sem proporção de tamanho. Cores-fantasia.

Cromossomos

O DNA presente no núcleo encontra-se organizado em estruturas chamadas **cromossomos**. Cada cromossomo humano contém vários genes. Veja o esquema abaixo.

Representação sem proporção de tamanho. Cores-fantasia.

Cromossomo

A maior parte das moléculas de DNA das células eucarióticas encontra-se no interior do núcleo, onde elas se associam a proteínas, formando a chamada cromatina.

A cromatina se condensa e se organiza em estruturas chamadas cromossomos. Essas estruturas são visíveis, principalmente durante a divisão celular, quando se encontram altamente condensadas.

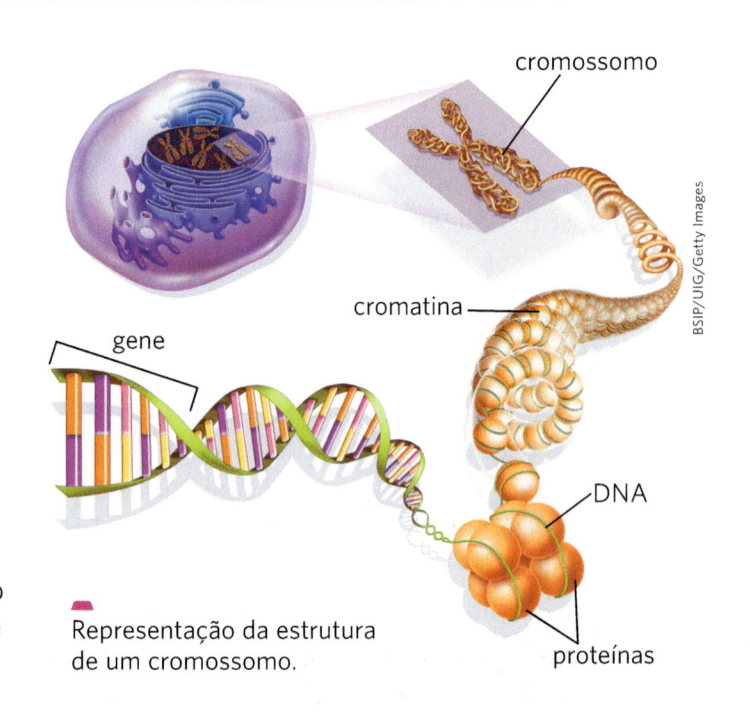

Representação da estrutura de um cromossomo.

O conjunto de informações genéticas de um ser vivo é chamado **genótipo**. A expressão do genótipo resulta em certas características, como cor da pele, cor do cabelo, tipo sanguíneo e altura. Tais características nos seres vivos correspondem ao seu **fenótipo**, o qual pode sofrer influência de outros fatores, além dos genéticos.

Na imagem ao lado, por exemplo, podemos observar duas gêmeas idênticas que apresentam o mesmo genótipo, porém fenótipos diferentes. Nesse caso, a gêmea **A** tingiu os cabelos com uma coloração mais escura que a sua cor natural, observada na gêmea **B**. A gêmea **B**, por sua vez, cortou o cabelo, deixando-o mais curto que o da gêmea **A**. Assim, essas características não são determinadas apenas pelo genótipo, mas sofrem influência do estilo e gosto de cada uma das gêmeas.

gêmeas idênticas

A forma e o número de cromossomos podem variar de uma espécie para outra. Nos seres humanos, por exemplo, as **células somáticas** são formadas por 46 cromossomos organizados aos pares, ou seja, elas possuem 23 pares de cromossomos. O ovócito e o espermatozoide contêm um representante de cada par, totalizando 23 cromossomos. Quando ocorre a fecundação, forma-se um zigoto com 46 cromossomos, garantindo assim a manutenção do número cromossômico da espécie.

O conjunto de cromossomos de um indivíduo é chamado **cariótipo**. No caso dos seres humanos, temos 23 pares de cromossomos. Cada um dos cromossomos que forma um par chama-se **cromossomo homólogo** – um dos cromossomos homólogos vem do pai e outro vem da mãe.

Para analisar o cariótipo de um indivíduo, os cromossomos são observados com o auxílio de microscópio durante a fase da divisão celular, na qual eles estão duplicados e mais condensados. Os cromossomos são fotografados e as imagens obtidas são manipuladas em computador, isolando cada um dos cromossomos. Em seguida, no caso da espécie humana, os cromossomos semelhantes são pareados e organizados em ordem decrescente de tamanho, em 22 pares de cromossomos homólogos e 2 cromossomos sexuais.

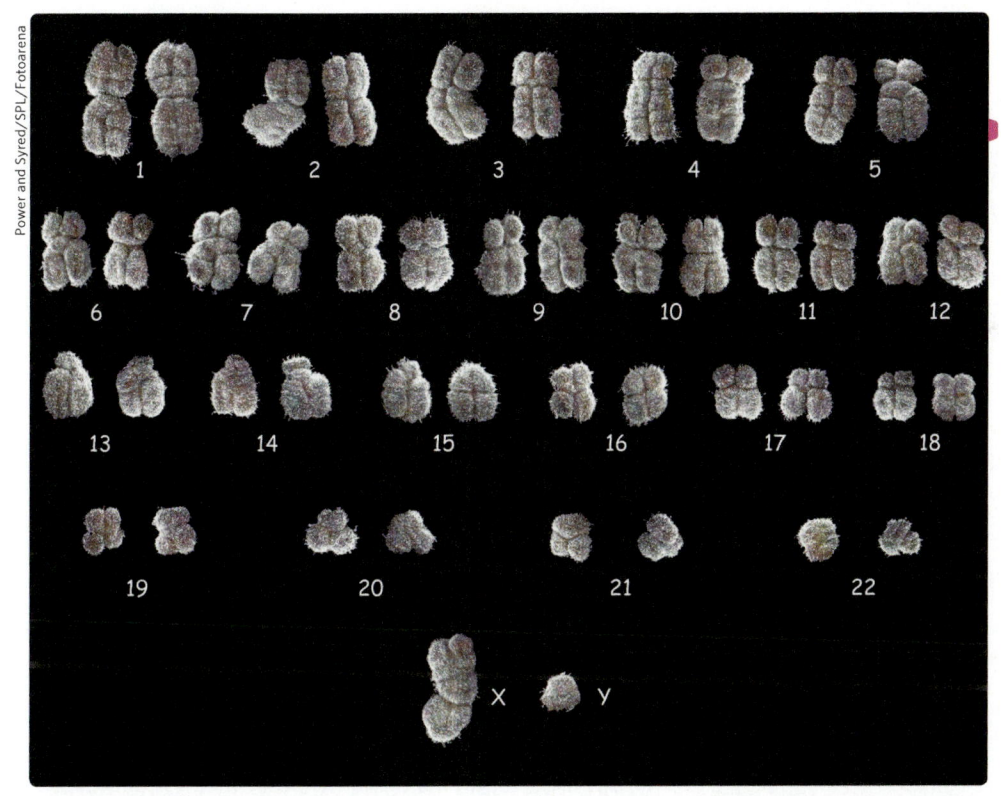

Cariótipo de ser humano do sexo masculino. Fotografia obtida por microscópio e aumentada cerca de 75 000 vezes. O par de cromossomos número **1**, por exemplo, é formado por um cromossomo proveniente do ovócito e um proveniente do espermatozoide que deram origem ao indivíduo. O mesmo ocorre com os demais pares. Nesse caso, os cromossomos sexuais são X e Y.

Os cromossomos homólogos são semelhantes na forma e no tamanho e carregam o mesmo conjunto de genes. Se um dos cromossomos do par número **1**, por exemplo, possui um gene que atua na determinação da forma como os cabelos são distribuídos na cabeça, o cromossomo homólogo deve conter um gene para essa mesma característica. Esses genes correspondentes, que se localizam na mesma posição nos cromossomos homólogos, são chamados **genes alelos**.

Os experimentos de Mendel

Como citado anteriormente, os trabalhos realizados por Mendel foram essenciais para entender a hereditariedade. No século XIX, décadas antes de se conhecer a estrutura do DNA, ele realizou diversos experimentos e percebeu que as características herdadas nos seres vivos são determinadas por fatores hereditários. Com o avanço da Ciência e após muitos experimentos e debates científicos, verificou-se que esses fatores hereditários são os genes, contidos na molécula de DNA.

Para realizar seus experimentos, Mendel trabalhava com uma espécie de ervilha, conhecida como ervilha-de-jardim, que apresenta diferentes características observáveis. Veja alguns exemplos dessas características estudadas por Mendel no quadro abaixo.

Característica	Possibilidades	
Textura da semente	Lisa	Rugosa
Cor da semente	Amarela	Verde
Altura do caule	Alto	Baixo
Cor da flor	Branca	Púrpura
Cor da vagem	Verde	Amarela

Representações sem proporção de tamanho. Cores-fantasia.

Fonte de pesquisa: Neil A. Campbell e outros. *Biology*. 8. ed. San Francisco: Pearson Benjamin Cummings, 2009. p. 265.

Além da variação das características, as ervilhas de Mendel podiam realizar autofecundação, ou seja, sua reprodução podia envolver gametas produzidos pela mesma planta. Em seus experimentos, Mendel promovia artificialmente a fecundação cruzada, isto é, ele transportava os grãos de pólen – que contêm os gametas masculinos – de uma planta para outra.

Frutos e sementes de ervilha-de-jardim (*Psium sativum*), espécie estudada por Mendel.

A partir de agora, vamos estudar alguns dos experimentos de Mendel que auxiliaram na elaboração das leis da hereditariedade. Veja abaixo um esquema que descreve um desses experimentos.

Experimento de Mendel

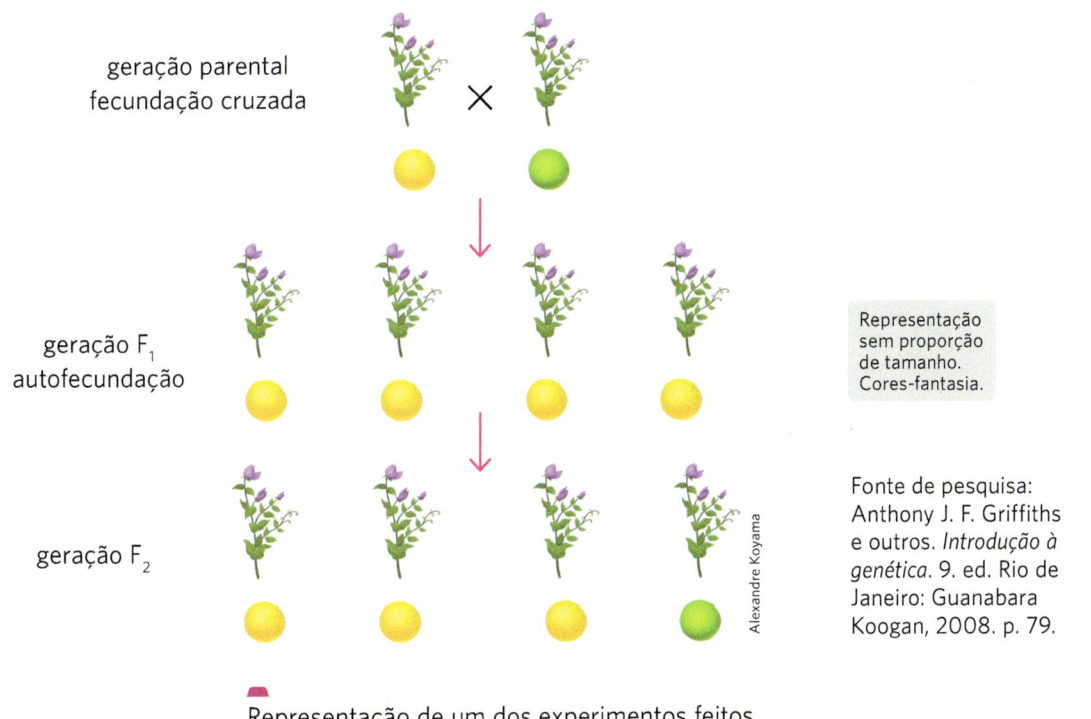

geração parental
fecundação cruzada

geração F_1
autofecundação

geração F_2

Representação sem proporção de tamanho. Cores-fantasia.

Fonte de pesquisa: Anthony J. F. Griffiths e outros. *Introdução à genética*. 9. ed. Rio de Janeiro: Guanabara Koogan, 2008. p. 79.

Representação de um dos experimentos feitos por Mendel utilizando ervilhas.

Nesse experimento, Mendel utilizou plantas de ervilha-de-jardim que produziam sementes amarelas e outras que produziam com sementes verdes. Essa geração inicial é chamada **geração parental**.

Mendel então realizou a fecundação cruzada, ou seja, transferiu pólen de flores das plantas que produziam sementes amarelas para flores das plantas que produziam sementes verdes. Ele também transferiu pólen de flores de plantas que produziam sementes verdes para flores de plantas que produziam sementes amarelas.

Após a fecundação, ele observou que as sementes produzidas pelos descendentes desses cruzamentos eram todas amarelas. Esses primeiros descendentes foram chamados **geração F_1**.

Por fim, Mendel cultivou plantas das sementes da geração F_1 e permitiu que se reproduzissem por autofecundação, obtendo a segunda geração, chamada geração F_2. Nessa segunda geração, ele obteve sementes amarelas e sementes verdes, em uma proporção de três sementes amarelas para cada verde.

Mendel realizou experimentos semelhantes ao descrito acima, analisando outras características da ervilha, e obteve resultados com proporções semelhantes. Para explicar seus resultados, Mendel propôs que essas características seriam determinadas por fatores hereditários, que passam de uma geração para outra. Cada planta teria um par desses fatores.

Utilizando a terminologia atual da Genética, não existente na época de Mendel, poderíamos dizer que esse par de fatores são os genes alelos.

Grande parte dos seres vivos eucarióticos apresenta células com dois alelos de cada gene. Isso ocorre porque essas células apresentam um par de cada tipo de cromossomo da espécie.

Os genes alelos podem ser dominantes ou recessivos, dependendo do efeito desse alelo na expressão de determinado fenótipo. Convencionalmente, o alelo dominante é representado por uma letra maiúscula e o alelo recessivo é representado por uma letra minúscula.

Dessa maneira, no caso da cor da semente ervilha-de-jardim, o alelo dominante que determina a cor amarela será chamado **A** e o alelo recessivo que determina a cor verde da semente será chamado **a**.

O esquema a seguir representa o experimento de Mendel, citado na página anterior, agora com a representação do genótipo de cada indivíduo. Esse experimento é formado por duas etapas. Veja a seguir.

Experimento de Mendel – 1ª etapa

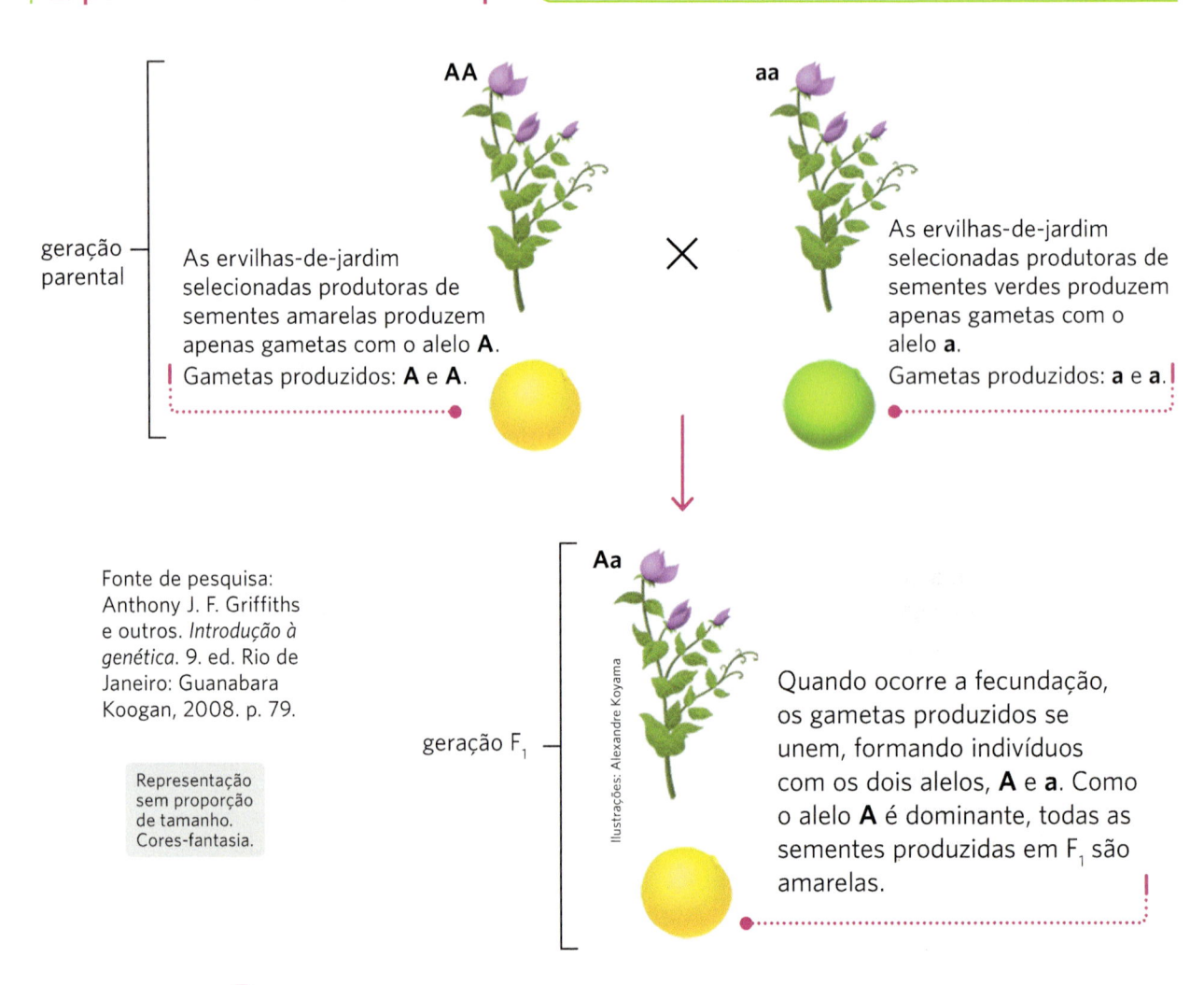

geração parental

AA
As ervilhas-de-jardim selecionadas produtoras de sementes amarelas produzem apenas gametas com o alelo **A**.
Gametas produzidos: **A** e **A**.

×

aa
As ervilhas-de-jardim selecionadas produtoras de sementes verdes produzem apenas gametas com o alelo **a**.
Gametas produzidos: **a** e **a**.

Fonte de pesquisa: Anthony J. F. Griffiths e outros. *Introdução à genética*. 9. ed. Rio de Janeiro: Guanabara Koogan, 2008. p. 79.

Representação sem proporção de tamanho. Cores-fantasia.

geração F_1

Aa

Ilustrações: Alexandre Koyama

Quando ocorre a fecundação, os gametas produzidos se unem, formando indivíduos com os dois alelos, **A** e **a**. Como o alelo **A** é dominante, todas as sementes produzidas em F_1 são amarelas.

Representação do experimento de Mendel com ervilhas-de-jardim produtoras de sementes amarelas e com ervilhas-de-jardim produtoras de sementes verdes.

Em uma segunda etapa do experimento, as plantas obtidas no cruzamento da primeira etapa foram cruzadas entre si. Veja a seguir.

Experimento de Mendel – 2ª etapa

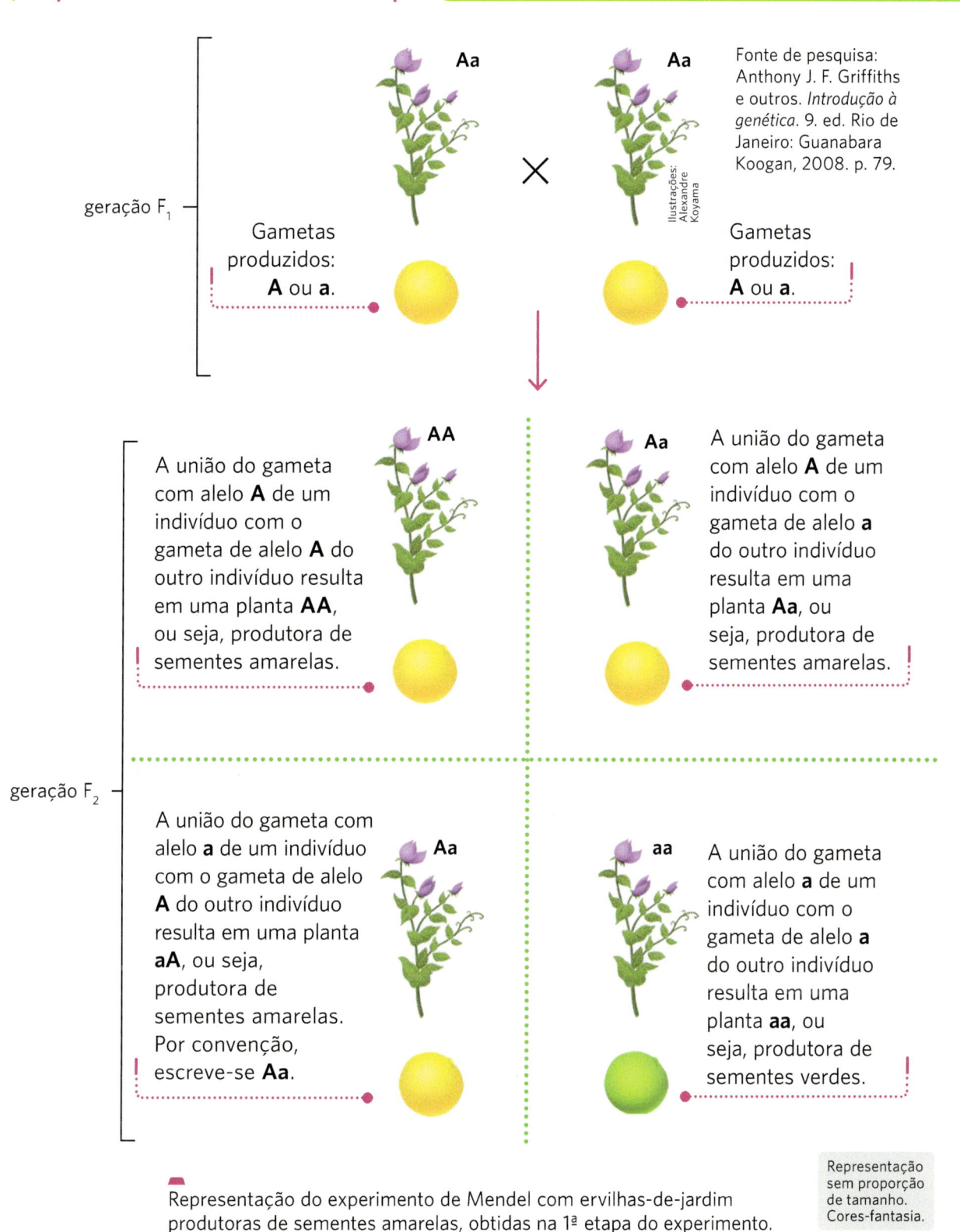

geração F_1

Aa × Aa

Gametas produzidos: **A** ou **a**.

Gametas produzidos: **A** ou **a**.

Fonte de pesquisa: Anthony J. F. Griffiths e outros. *Introdução à genética*. 9. ed. Rio de Janeiro: Guanabara Koogan, 2008. p. 79.

Ilustrações: Alexandre Koyama

geração F_2

AA — A união do gameta com alelo **A** de um indivíduo com o gameta de alelo **A** do outro indivíduo resulta em uma planta **AA**, ou seja, produtora de sementes amarelas.

Aa — A união do gameta com alelo **A** de um indivíduo com o gameta de alelo **a** do outro indivíduo resulta em uma planta **Aa**, ou seja, produtora de sementes amarelas.

Aa — A união do gameta com alelo **a** de um indivíduo com o gameta de alelo **A** do outro indivíduo resulta em uma planta **aA**, ou seja, produtora de sementes amarelas. Por convenção, escreve-se **Aa**.

aa — A união do gameta com alelo **a** de um indivíduo com o gameta de alelo **a** do outro indivíduo resulta em uma planta **aa**, ou seja, produtora de sementes verdes.

Representação do experimento de Mendel com ervilhas-de-jardim produtoras de sementes amarelas, obtidas na 1ª etapa do experimento.

Representação sem proporção de tamanho. Cores-fantasia.

Com base nos resultados de seus experimentos, Mendel formulou uma afirmação que ficou conhecida como **Primeira Lei de Mendel**. Utilizando os termos atuais da Genética, essa lei afirma que os alelos de um determinado gene se separam durante a meiose. Assim, cada gameta contém apenas um dos alelos de cada gene.

Algumas características dos seres humanos são transmitidas entre as gerações de maneira semelhante à cor das sementes nas ervilhas-de-jardim, usadas por Mendel em seus experimentos.

Por exemplo, nos seres humanos, um determinado gene condiciona o formato do lóbulo da orelha. Essa característica é determinada por um gene que apresenta dois tipos de alelos, que serão representados pelas letras **B** e **b**. O alelo do tipo **B** está relacionado a lóbulos da orelha soltos, enquanto o tipo **b** está relacionado a lóbulos da orelha presos no pescoço. Veja as fotografias abaixo.

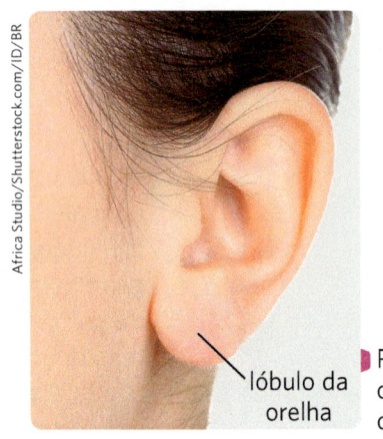

▌Pessoa com o lóbulo da orelha solto.

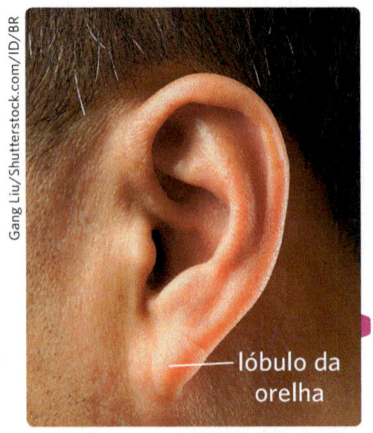

▌Pessoa com o lóbulo da orelha preso ao pescoço.

Sabendo-se o genótipo dos pais, é possível calcular a probabilidade de determinado genótipo ocorrer nos descendentes. Isso pode ser feito com o auxílio do chamado **Quadrado de Punnett**. Esse quadrado é um diagrama em que são inseridos os possíveis alelos presentes nos gametas dos pais e os possíveis genótipos formados a partir desse cruzamento.

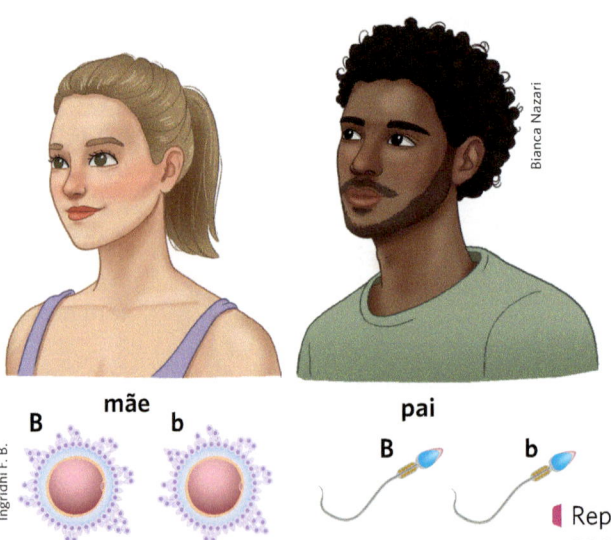

Considere os pais com os genótipos **Bb** para a característica do formato do lóbulo da orelha. Em relação ao formato do lóbulo da orelha, o pai produzirá espermatozoides de dois tipos: com alelo **B** ou com alelo **b**. De maneira semelhante, a mãe produzirá dois tipos de ovócitos: os que contêm o alelo **B** e os que contêm o alelo **b**.

Representação sem proporção de tamanho. Cores-fantasia.

▌Representação dos alelos presentes nos gametas produzidos por um casal.

Agora, construindo o Quadrado de Punnett, temos:

Como você pode observar nesse quadrado, há quatro encontros possíveis: um originará um zigoto **BB**, dois originarão zigotos **Bb** e um encontro dará origem a um zigoto **bb**. Observe que os indivíduos originados de zigotos que possuem apenas alelos do tipo **b** apresentarão o formato do lóbulo da orelha preso ao pescoço.

Como os genótipos **BB** e **Bb** resultam em lóbulo da orelha solto, o casal tem 3 chances em 4, ou seja, 75%, de que seu descendente também apresente esse formato do lóbulo da orelha. Já a probabilidade de o casal ter um descendente com o lóbulo da orelha preso ao pescoço é de 1 em 4 chances, ou seja, 25%.

Fonte de pesquisa: Keith L. Moore e T. V. N. Persaud. *Embriologia básica*. 6. ed. Rio de Janeiro: Elsevier, 2004. p. 14.

Quadrado de Punnett

	gameta masculino **B**	**b**
gameta feminino **B**	**BB** lóbulo da orelha solto	**Bb** lóbulo da orelha solto
b	**Bb** lóbulo da orelha solto	**bb** lóbulo da orelha preso

Representação sem proporção de tamanho. Cores-fantasia.

5 Caso um dos pais apresentasse genótipo **bb** para a característica do formato do lóbulo da orelha, qual seria a probabilidade de um de seus descendentes apresentar o fenótipo de lóbulo da orelha preso ao pescoço? Para responder a esta questão, construa em seu caderno um Quadrado de Punnett representando essa situação.

Como você pode perceber no Quadrado de Punnett acima, em relação ao formato do lóbulo da orelha, cada filho apresentará uma combinação de dois alelos para essa característica: **BB**, **Bb** ou **bb**.

> Os indivíduos que apresentam os mesmos alelos de um gene são chamados **homozigotos**. Nesse caso, os indivíduos **BB** e **bb** são homozigotos para o formato do lóbulo da orelha.

> Os indivíduos que apresentam alelos diferentes de um gene são chamados **heterozigotos**. Nesse caso, os indivíduos **Bb** são heterozigotos para o formato do lóbulo da orelha.

6 Sabendo-se que os alelos podem ser dominantes e recessivos e analisando o exemplo apresentado na página anterior, explique com suas palavras o que é alelo dominante e alelo recessivo.

Essa constituição de alelos que o indivíduo apresenta refere-se ao seu genótipo para essa característica. Já a expressão do genótipo (lóbulo da orelha solto ou preso ao pescoço) corresponde ao seu fenótipo.

7 Observe novamente o Quadrado de Punnett apresentado no início desta página e identifique o genótipo e o fenótipo dos pais e dos possíveis zigotos que serão formados.

Atividades

1. Em 1962, nove anos após a publicação de seu artigo sobre a molécula de DNA, Watson e Crick receberam o prêmio Nobel em reconhecimento por sua contribuição científica. Sobre a estrutura do DNA, responda às questões a seguir.

   a) Qual a importância dos trabalhos de Erwin Chargaff e Rosalind Franklin na descoberta da estrutura do DNA?

   b) No caderno, ilustre o modelo de dupla hélice proposto por Watson e Crick para a molécula de DNA, identificando cada um de seus componentes.

   c) Explique, com suas palavras, o que é o gene.

2. Leia o texto a seguir e responda às questões.

   > A investigação de crimes e a resolução de processos jurídicos têm na Ciência forense uma grande aliada para desvendar e esclarecer o que de fato ocorreu no momento do crime. Os peritos forenses examinam vestígios e utilizam as mais diversas ferramentas de diferentes áreas do conhecimento, como a Biologia, a Física, a Química, a Psiquiatria e a Computação.
   > Uma amostra muito pequena de pele, saliva, sangue ou sêmen dos envolvidos em um crime pode ser utilizada pela genética para reconhecer essas pessoas. Nos laboratórios de pesquisas credenciados pela justiça, os profissionais especializados também podem analisar as impressões digitais e realizar exames de DNA cada vez mais precisos e com amostras cada vez menores de suspeitos e vítimas.

   a) Por que é possível identificar uma pessoa a partir da análise do DNA?

   b) Por que o exame de DNA pode ser feito com diferentes amostras do corpo, como as citadas no texto?

   c) As impressões digitais são resultado do padrão das cristas epidérmicas, que se formam na superfície das palmas das mãos e dos pés. Faça uma pesquisa sobre por que essa característica pode ser utilizada na identificação de indivíduos.

   d) Interprete a afirmação do seguinte texto:

   > "Os avanços genéticos são tão vastos que, por meio do material genético de um indivíduo envolvido em um crime, pode ser possível determinar até a sua aparência física."

3. Em um de seus experimentos, inicialmente, Mendel cruzou ervilhas-de-jardim produtoras de sementes lisas com ervilhas-de-jardim produtoras de sementes rugosas. Na primeira geração, obteve plantas produtoras de sementes lisas. Prosseguiu seu experimento e permitiu a autofecundação das plantas produtoras de sementes lisas da primeira geração. Na segunda geração, Mendel obteve sementes lisas e sementes rugosas, na proporção de três sementes lisas para cada semente rugosa.

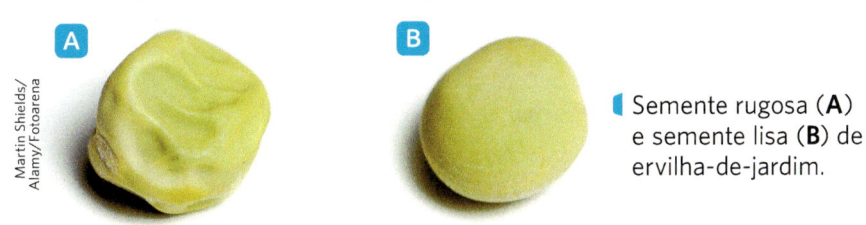

Semente rugosa (**A**) e semente lisa (**B**) de ervilha-de-jardim.

a) A textura da semente (lisa ou rugosa) é uma característica determinada por um gene com dois alelos (**L** e **ℓ**). Sabendo-se que a característica lisa é dominante, escreva os genótipos dos cruzamentos que representam este experimento de Mendel. Indique a geração parental, a geração F_1 e a geração F_2.

b) Agora, a partir do item anterior, escreva o fenótipo de cada um dos genótipos apresentados.

c) Para explicar resultados como os apresentados nesse experimento, Mendel elaborou uma afirmação que ficou conhecida como a Primeira Lei de Mendel. Com suas palavras, explique essa lei.

4. Reescreva as sentenças a seguir no caderno, substituindo as letras em destaque pelos termos adequados, apresentados no quadro abaixo. Uma mesma palavra pode ser usada mais de uma vez.

núcleo	fenótipo	cromossomos	cariótipo		cromatina
DNA	proteínas	genótipo	genes	nucleotídeos	dupla hélice

a) O **A** é o material genético dos seres vivos. De acordo com o modelo aceito atualmente, essa molécula tem formato de **B** e é composta por muitos **C**.

b) Nas células humanas, a maior parte do **D** encontra-se no **E**, onde se associa a **F**, formando a **G**.

c) Com exceção dos gametas, as células humanas apresentam 23 pares de **H**. O conjunto de todas essas estruturas em uma célula é chamado **I**.

d) Alguns trechos de **J** contêm informações para a produção de moléculas que exercem funções específicas no organismo, como as **K**. Esses trechos são chamados **L** e são os responsáveis por muitas das características observadas nos organismos e que são transmitidas ao longo das gerações.

e) O conjunto de informações genéticas de um indivíduo é chamado **M**. Já a manifestação dessas informações genéticas, as quais podem sofrer influência do ambiente, é chamada **N**.

5. A fotografia ao lado representa um experimento em que um cravo branco adquiriu pigmentação azul após absorver água com corante natural. Analise as afirmações abaixo sobre esse experimento e, no caderno, indique quais são verdadeiras e quais são falsas, justificando sua resposta.

a) O genótipo do cravo foi alterado durante o experimento.

b) Provavelmente, esse cravo tem alelos que resultam em coloração branca e azul das pétalas, isso explica a alteração da cor.

c) O cravo possui genes que codificam proteínas relacionadas à sua pigmentação branca.

Cravo com pigmentação azul nas pétalas após absorver água com corante azul.

6. Leia a manchete abaixo.

RO recebe autorização para plantio de algodão transgênico

Portal DBO, 9 out. 2018. Disponível em: <https://portaldbo.com.br/ro-recebe-autorizacao-para-plantio-de-algodao-transgenico/>. Acesso em: 30 out. 2018.

a) Faça uma pesquisa sobre o que são transgênicos.

b) Como a alteração de genes pode resultar em mudanças nas características dos seres vivos?

7. A ilustração abaixo representa uma fita da molécula de DNA.

A T T C C G G A T G C A G C C A T

Representação de sequência de nucleotídeos de fita simples de DNA.

a) Reescreva em seu caderno a sequência de bases nitrogenadas dessa fita e, em seguida, escreva a sequência de bases nitrogenadas da fita complementar à ilustrada, para que se forme a fita dupla de DNA.

b) Que tipo de alteração é necessário fazer na fita ilustrada para que ela represente uma molécula de RNA?

Heredograma

Para facilitar o estudo das características genéticas em uma família, é comum a construção de diagramas chamados **heredogramas**. Por meio desses diagramas, é possível identificar o parentesco entre as pessoas de uma família e analisar as chances de um casal ter um descendente com determinadas características, como a ocorrência de uma doença hereditária.

O heredograma a seguir apresenta a transmissão do alelo relacionado a uma doença chamada anemia falciforme na família de Lucas. Essa doença causa uma deformação no formato das hemácias, o que compromete o transporte de gás oxigênio no organismo.

A anemia falciforme está relacionada a um gene que apresenta dois alelos, representados aqui como **F** (dominante) e **f** (recessivo). As pessoas com as constituições genéticas **FF** e **Ff** não desenvolvem a doença, já as pessoas **ff** apresentam a anemia falciforme. Veja abaixo.

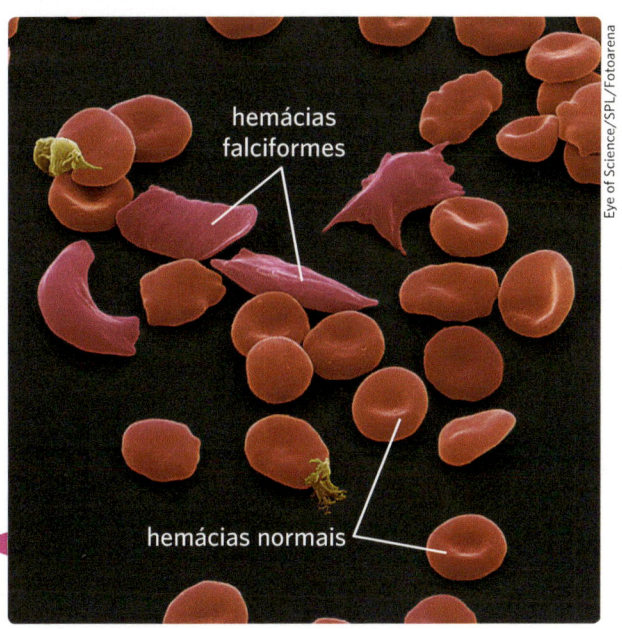

Hemácias normais e hemácias falciformes. Fotografia obtida por microscópio e colorizada por computador. Imagem aumentada cerca de 3 000 vezes.

Heredograma

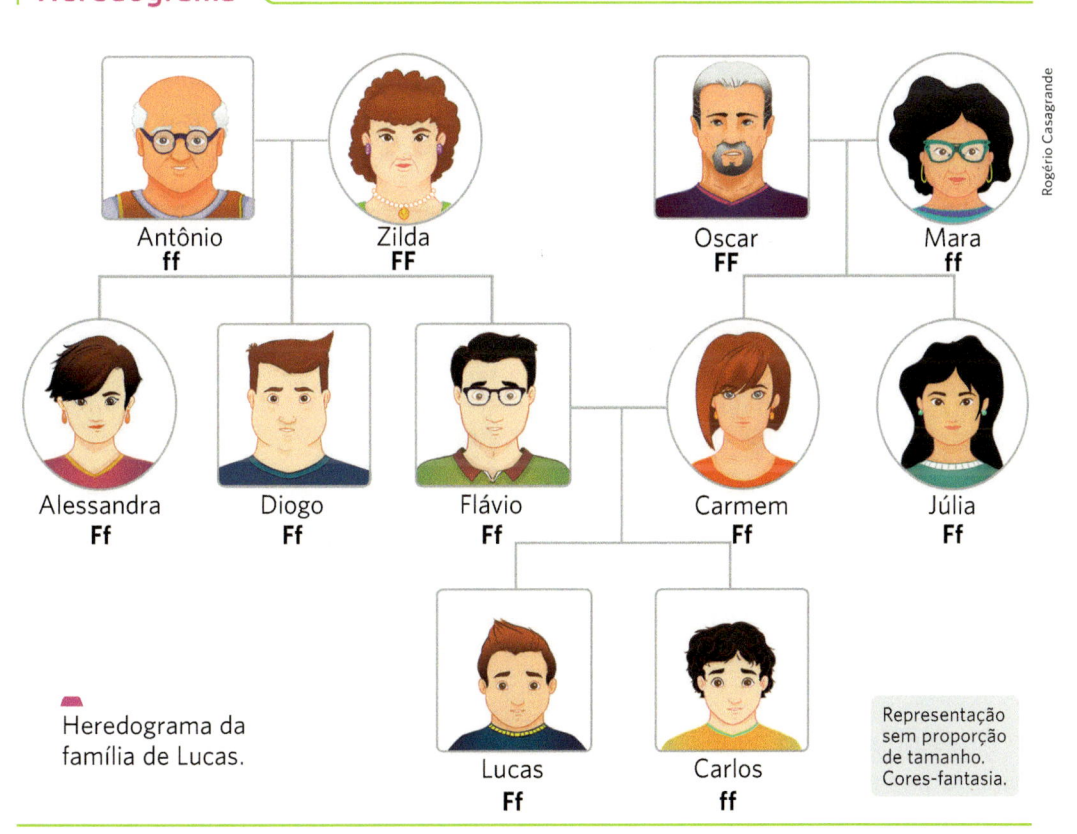

Heredograma da família de Lucas.

Antônio ff — Zilda FF
Oscar FF — Mara ff

Alessandra Ff
Diogo Ff
Flávio Ff
Carmem Ff
Júlia Ff

Lucas Ff
Carlos ff

Representação sem proporção de tamanho. Cores-fantasia.

1 Com base no heredograma da página anterior, responda aos itens a seguir.

   a) Quem são os pais de Lucas?
   b) Quem são os avós paternos de Lucas? E os maternos?
   c) O que Carmem é de Julia?
   d) Quais pessoas têm anemia falciforme?
   e) Qual é o genótipo e o fenótipo de Diogo e Alessandra?
   f) Quais integrantes da família são homozigotos?
   g) Carlos apresenta anemia falciforme. Quais as chances de os pais de Carlos terem outro filho com essa doença?

Para a construção de um heredograma, como o que analisamos na página anterior, são utilizados alguns símbolos-padrão. Veja a seguir alguns deles.

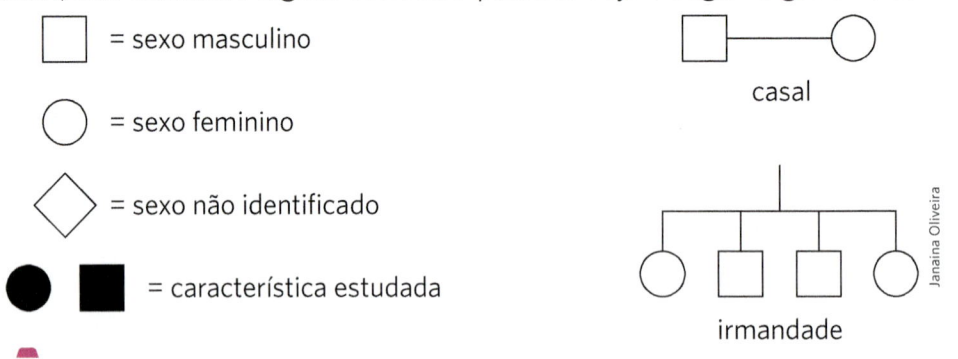

☐ = sexo masculino

○ = sexo feminino

◇ = sexo não identificado

● ■ = característica estudada

casal

irmandade

Padrões de representação em heredogramas.

Agora, vamos conhecer outra característica determinada geneticamente – a forma de distribuição do cabelo – e analisar por meio de um heredograma como o gene dessa característica é transmitido aos descendentes.

Um dos alelos do gene que determina a distribuição de cabelo pode condicionar uma distribuição em forma de V, conhecida como bico de viúva. Já o outro alelo pode condicionar uma distribuição regular do cabelo. Veja as imagens abaixo.

Pessoa com distribuição do cabelo conhecida como bico de viúva.

Pessoa com distribuição regular do cabelo.

A distribuição do cabelo chamada bico de viúva é uma característica determinada por um alelo dominante e não está ligada ao sexo, ou seja, a probabilidade de um homem e de uma mulher apresentar esta característica é a mesma.

Para a característica de distribuição de cabelo, vamos considerar que o alelo dominante é representado pela letra **C** e o alelo recessivo pela letra **c**.

2 Quais são os possíveis genótipos e os respectivos fenótipos para essa característica?

Agora, vamos considerar o exemplo a seguir.

Daniela e seu irmão Alan possuem distribuição do cabelo do tipo bico de viúva, enquanto seus outros irmãos Jonas e Ricardo possuem distribuição regular do cabelo. Daniela e Alan herdaram de seu pai José um alelo **c** e de sua mãe Josiane, um alelo **C**. Jonas e Ricardo herdaram um alelo **c** do pai e um alelo **c** da mãe. Daniela se casou com Cláudio, que apresenta distribuição do cabelo regular.

Observe o heredograma ao lado que apresenta a transmissão do alelo relacionado ao bico de viúva na família de Daniela.

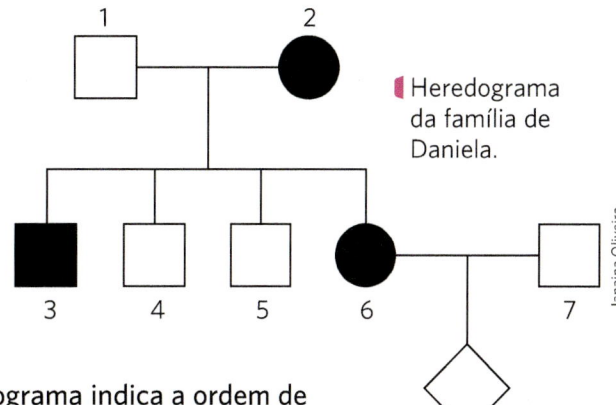

Heredograma da família de Daniela.

3 A ordem em que os irmãos aparecem no heredograma indica a ordem de nascimento, estando os mais velhos à esquerda. Sabendo-se que Jonas é mais velho que Ricardo, identifique cada um dos membros da família de Daniela no heredograma acima, relacionando o nome ao número correspondente.

4 Sabendo-se que a condição bico de viúva é uma característica dominante, determine o genótipo de cada um dos membros da família de Daniela.

A análise de heredogramas pode ser auxiliada por outras ferramentas, como o Quadrado de Punnett, estudado anteriormente. Considere a seguinte situação: Daniela está grávida. Como ela e Cláudio podem descobrir qual é a probabilidade de seu filho ou filha apresentar distribuição de cabelo do tipo bico de viúva? Veja abaixo.

Observando o quadrado ao lado, você pode perceber que Cláudio formará apenas gametas com alelo **c**, enquanto Daniela produzirá gametas com alelo **C** e gametas com alelo **c**.

Assim, há quatro encontros possíveis: dois originarão zigotos **Cc** e dois originarão zigotos **cc**. Ou seja, o casal tem 2 chances em 4 (50%) de que seu descendente apresente a distribuição de cabelo do tipo bico de viúva.

Fonte de pesquisa: Keith L. Moore e T. V. N. Persaud. *Embriologia básica*. 6. ed. Rio de Janeiro: Elsevier, 2004. p. 14.

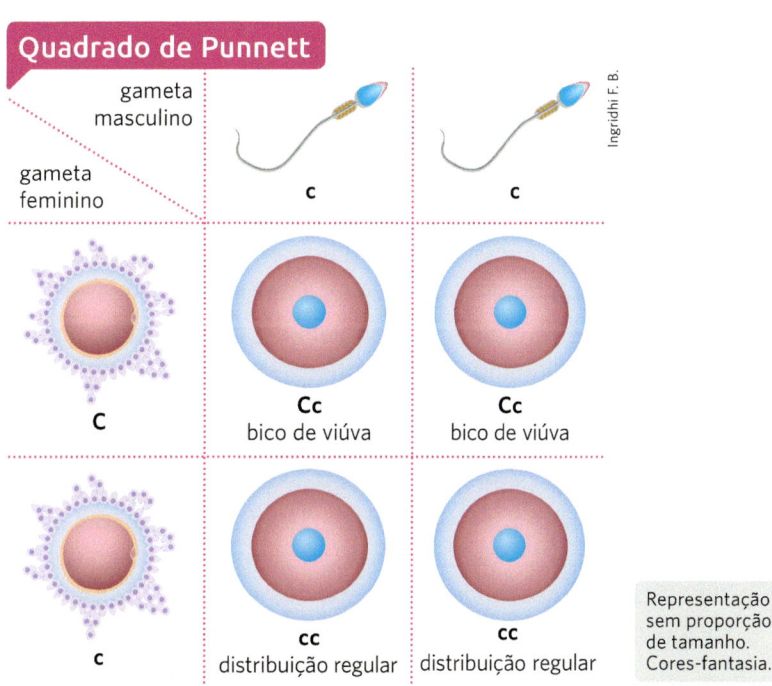

Quadrado de Punnett

gameta feminino \ gameta masculino	c	c
C	Cc bico de viúva	Cc bico de viúva
c	cc distribuição regular	cc distribuição regular

Representação sem proporção de tamanho. Cores-fantasia.

Cromossomos e determinação do sexo

5 Como você acha que é determinado o sexo biológico no ser humano?

Como você estudou anteriormente, o cariótipo do ser humano é composto por 46 cromossomos, organizados em 23 pares. Desses, um par é de cromossomos sexuais, que estão diretamente relacionados com a determinação do sexo biológico no ser humano.

Nos indivíduos do sexo feminino, o par de cromossomos sexuais é formado por dois cromossomos X. Já nos indivíduos do sexo masculino observa-se um cromossomo X e um cromossomo Y. A determinação do sexo biológico dos seres humanos ocorre no momento da fecundação. Veja o esquema abaixo.

Determinação do sexo biológico

Representação da determinação do sexo biológico em seres humanos.

Representação sem proporção de tamanho. Cores-fantasia.

Fonte de pesquisa: Keith L. Moore e T. V. N. Persaud. *Embriologia básica*. 6. ed. Rio de Janeiro: Elsevier, 2004. p. 14.

Durante a produção dos gametas, a mulher (**A**) produz apenas um tipo de ovócito, que apresenta o cromossomo X. Já o homem (**B**) pode produzir tanto espermatozoides com cromossomo X quanto espermatozoides com cromossomo Y.

O sexo biológico é determinado pelo espermatozoide que fertiliza o ovócito. Assim, se o ovócito for fecundado por um espermatozoide X, o zigoto formado será XX, e dará origem a um indivíduo do sexo feminino. Se o ovócito for fecundado por um espermatozoide Y, o zigoto formado será XY, e o indivíduo em formação será do sexo masculino.

A união dos gametas masculino e feminino pode dar origem a zigotos XX ou XY na mesma proporção, ou seja, a possibilidade de a fecundação resultar na formação de um zigoto XX é igual à possibilidade de formar um zigoto XY. Assim, pode-se afirmar que a probabilidade de nascer um descendente do sexo feminino é de 50% e a probabilidade de nascer um descendente do sexo masculino também é de 50%.

A determinação do sexo biológico em outros animais

Como você estudou anteriormente, nos seres humanos o sexo biológico é determinado pelos cromossomos sexuais X e Y, mas esse padrão não se aplica a todos os animais. Veja a seguir alguns exemplos.

No gafanhoto, a determinação do sexo biológico depende da presença de um cromossomo sexual X. As fêmeas apresentam um cromossomo X a mais, sendo XX. Já os machos apresentam apenas um cromossomo X, sendo X0. Dessa maneira, a determinação do sexo da prole de gafanhotos depende da presença ou não do cromossomo X no gameta masculino.

Nas aves e em alguns peixes e insetos, os cromossomos sexuais são chamados Z e W.

As fêmeas possuem um cromossomo Z e um cromossomo W. Os machos, por sua vez, possuem um par de cromossomos Z.

Diferentemente dos seres humanos, nesses animais o sexo do novo indivíduo é determinado pelo cromossomo sexual presente no ovócito. Assim, se o espermatozoide se unir a um ovócito com cromossomo sexual Z, o zigoto formado será ZZ, e dará origem a um indivíduo do sexo masculino. Se o espermatozoide se unir a um ovócito com cromossomo sexual W, o zigoto formado será ZW, e o indivíduo em formação será do sexo feminino.

Além da variação do tipo de cromossomo sexual envolvido na determinação do sexo biológico, em alguns animais, o sexo biológico sofre influência de fatores ambientais.

Em répteis, como tartarugas, crocodilianos e alguns lagartos, por exemplo, a determinação do sexo está relacionada à temperatura do ambiente. Nesses animais, o sexo biológico depende da temperatura em que os embriões ficam expostos durante o seu desenvolvimento.

Nos crocodilianos, altas temperaturas de incubação produzem machos e baixas temperaturas produzem fêmeas.

Já nas tartarugas, a temperatura de incubação superior a 30 °C origina fêmeas e inferior a esse valor produz machos.

comprimento do adulto: aproximadamente 2,5 m

comprimento do adulto: aproximadamente 1,5 m

Filhote de jacaré-do-papo-amarelo eclodindo do ovo.

Filhote de tartaruga-verde eclodindo do ovo.

Em alguns insetos, como as abelhas, por sua vez, a determinação do sexo dos indivíduos depende da ocorrência ou não de fecundação. Gametas femininos não fecundados se desenvolvem em indivíduos machos, conhecidos como zangões. Quando ocorre a fecundação, o zigoto formado dará origem a uma fêmea.

Síndromes genéticas

Para que ocorra a formação dos gametas, algumas células presentes nos testículos e nos ovários passam por um processo de divisão celular, conhecido como meiose. Como você já estudou, células com 46 cromossomos originam gametas com 23 cromossomos. Veja abaixo um esquema simplificado desse processo.

Meiose

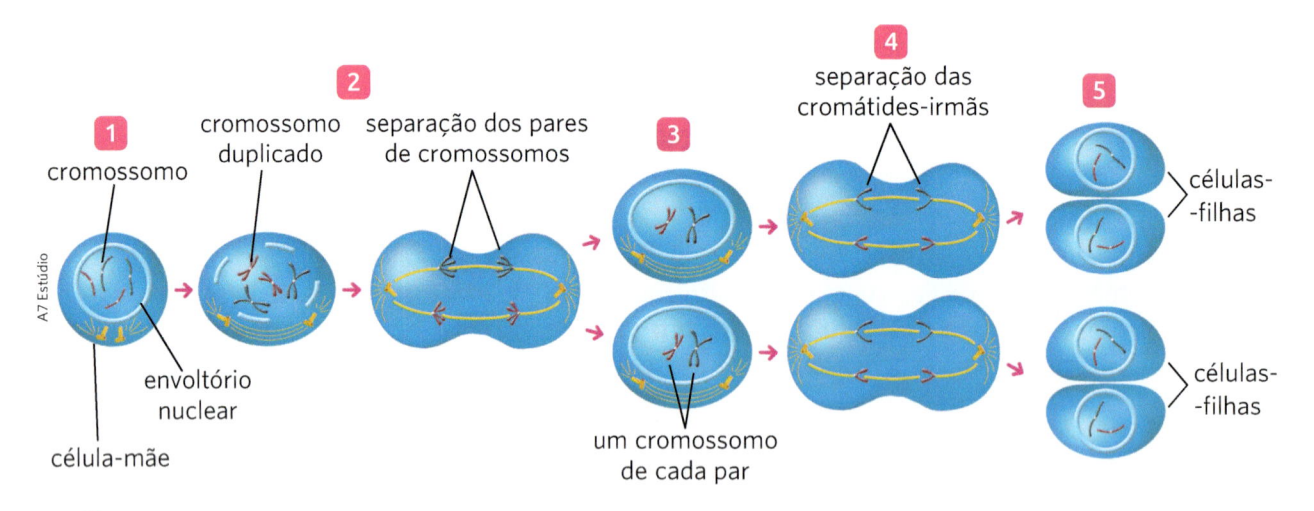

1 cromossomo / envoltório nuclear / célula-mãe
2 cromossomo duplicado / separação dos pares de cromossomos
3
4 separação das cromátides-irmãs / um cromossomo de cada par
5 células-filhas / células-filhas

Representação simplificada da divisão celular por meiose em uma célula hipotética composta por dois cromossomos.

Fonte de pesquisa: Neil A. Campbell e outros. *Biology*. 8. ed. San Francisco: Pearson Benjamin Cummings, 2009. p. 254-255.

Representação sem proporção de tamanho. Cores-fantasia.

1 Antes de iniciar a meiose, a célula-mãe duplica seus cromossomos. Essas cópias são chamadas cromátides-irmãs e permanecem unidas uma à outra.

2 Durante a meiose, o envoltório nuclear também se desfaz. Os pares de cromossomos homólogos, já duplicados, pareiam-se. Proteínas presentes no citoplasma se ligam a cada um dos cromossomos homólogos duplicados, separando-os.

3 Ao final da primeira fase da meiose, formam-se duas células, cada uma com um dos cromossomos homólogos duplicados. Isso permite que os cromossomos homólogos de origem materna e paterna se separem em diferentes células-filhas.

4 Na segunda fase da meiose, ocorre uma nova divisão celular, na qual há separação de cada uma das cromátides dos cromossomos duplicados.

5 Ao final da meiose, formam-se quatro células-filhas, cada uma com metade da quantidade de cromossomos da célula-mãe. Isso acontece porque cada célula-filha recebe apenas um cromossomo de cada par.

Durante a formação dos gametas humanos na meiose podem ocorrer algumas falhas, como a separação inadequada dos cromossomos homólogos. Essas falhas resultam em gametas com uma quantidade maior ou menor de cromossomos do que o número que caracteriza os gametas dos seres humanos (23 cromossomos). Além disso, os cromossomos podem perder fragmentos e apresentar outras alterações em sua estrutura. Como resultado, formam-se gametas com alterações cromossômicas.

Alterações cromossômicas

1 No início da meiose, os cromossomos estão duplicados (**A**). Por uma falha no sistema de divisão celular, um dos pares de cromossomos homólogos não se separa e eles migram para um dos polos da célula (**B**). Como resultado, uma das células-filhas não apresenta um dos cromossomos duplicados (**C**), enquanto a outra apresenta dois cromossomos duplicados de um mesmo par (**D**). Na segunda fase da meiose, as cromátides-irmãs se separam (**E**), formando quatro células-filhas, os gametas. Duas dessas células (**F** e **G**) não apresentam um dos cromossomos, originando gametas com 22 cromossomos, enquanto as outras duas (**H** e **I**) apresentam um cromossomo a mais, originando gametas com 24 cromossomos.

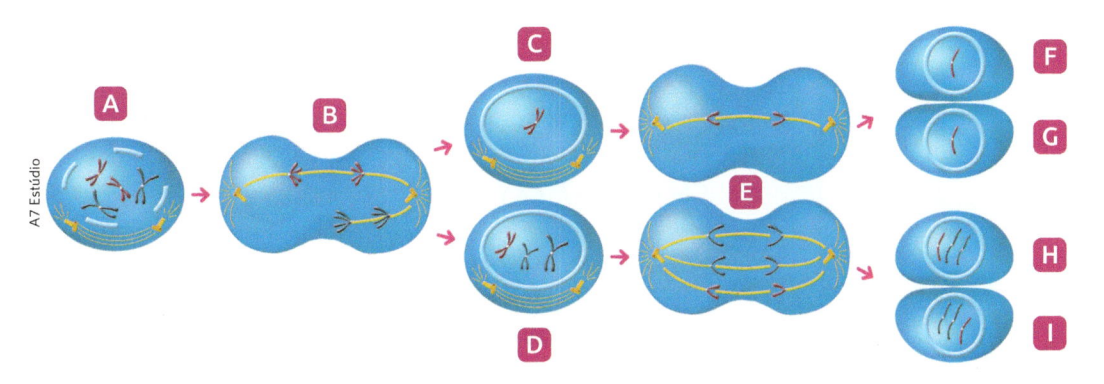

Fontes de pesquisa: Neil A. Campbell e outros. *Biology*. 8. ed. San Francisco: Pearson Benjamin Cummings, 2009. p. 254-255. Anthony, J. F. Griffiths e outros. *Introdução à genética*. 9. ed. Tradução de Paulo A. Motta. Rio de Janeiro: Guanabara Koogan, 2008. p. 485.

2 Por exemplo, caso um ovócito com 24 cromossomos seja fecundado por um espermatozoide com 23 cromossomos, ocorre a formação de um zigoto com 47 cromossomos. Essa alteração cromossômica é transmitida para as demais células do organismo, formadas pela divisão mitótica do zigoto.

Fonte de pesquisa: Keith L. Moore e T. V. N. Persaud. *Embriologia básica*. 6. ed. Rio de Janeiro: Elsevier, 2004. p. 14.

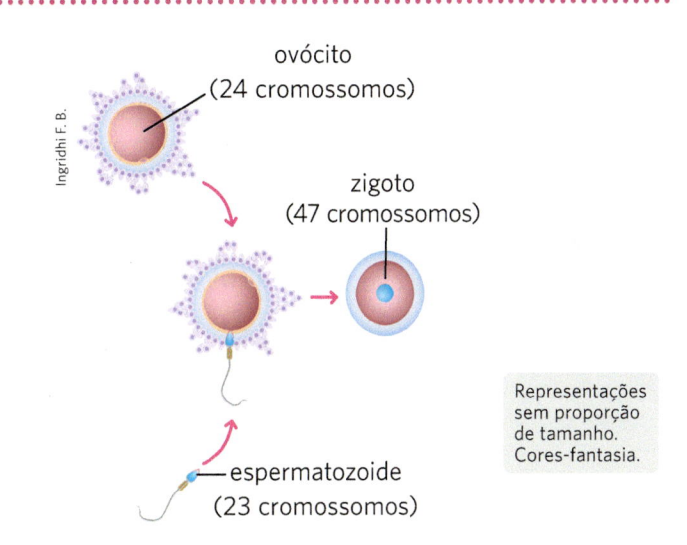

ovócito (24 cromossomos)
zigoto (47 cromossomos)
espermatozoide (23 cromossomos)

Representações sem proporção de tamanho. Cores-fantasia.

Representação da formação de gametas com alterações cromossômicas a partir de uma célula hipotética com dois cromossomos (**1**) e de um zigoto de ser humano com alteração cromossômica (**2**).

Após a fecundação, as alterações cromossômicas dos gametas são mantidas no zigoto e, consequentemente, em todas as células que vão compor o novo indivíduo.

Na maioria das vezes, quando o zigoto apresenta uma alteração no número de cromossomos, ele não se desenvolve. No entanto, em alguns casos, dependendo de qual cromossomo sofreu alteração, o zigoto se desenvolverá e dará origem a um novo ser humano com uma síndrome genética.

A síndrome genética é uma condição identificada por um conjunto de sinais físicos e outras características resultantes da constituição genética variada. A tabela abaixo apresenta algumas dessas síndromes.

Síndromes genéticas humanas		
Síndrome	Característica genética	Sinais físicos e outras características
Turner	Caracteriza-se pela ausência de um cromossomo sexual X no genótipo. Cariótipo: 45, X0.	Mulher com ovários pouco desenvolvidos resultando em esterilidade, ou seja, incapacidade de se reproduzir; baixa estatura; pescoço alargado; deficiência auditiva.
Klinefelter	Caracteriza-se pela adição de um cromossomo sexual X no genótipo masculino. Cariótipo: 47, XXY.	Homem com testículos pouco desenvolvidos resultando em esterilidade; mamas desenvolvidas; estatura elevada.
Triplo X	Caracteriza-se pela presença de um cromossomo sexual X extra no genótipo feminino. Cariótipo: 47, XXX.	De maneira geral, as mulheres com essa síndrome não apresentam alterações no fenótipo. Quando presentes, essas alterações incluem fertilidade reduzida e discreto comprometimento intelectual.
Patau	Caracteriza-se pela adição de um cromossomo 13 no genótipo, o que pode ocorrer em ambos os sexos. Cariótipo: 47, XX,+13 ou 47, XY, +13.	Indivíduo com deficiência intelectual e comprometimento da audição; fenda labial e/ou do palato; problemas cardíacos.
Edward	Caracteriza-se pela adição de um cromossomo 18 no genótipo, o que pode ocorrer em ambos os sexos. Cariótipo: 47, XX, +18 ou 47, XY, +18.	Indivíduo com malformação de diversos órgãos; orelhas, mandíbula e boca pequenas.

Fonte de pesquisa: D. Peter Snustad e Michael J. Simmons. *Fundamentos de genética*. 4. ed. Tradução de Paulo A. Motta. Rio de Janeiro: Guanabara Koogan, 2008. p. 120.

Como você pôde perceber na tabela acima, as alterações cromossômicas podem ocorrer tanto em cromossomos sexuais como nos demais pares de cromossomos.

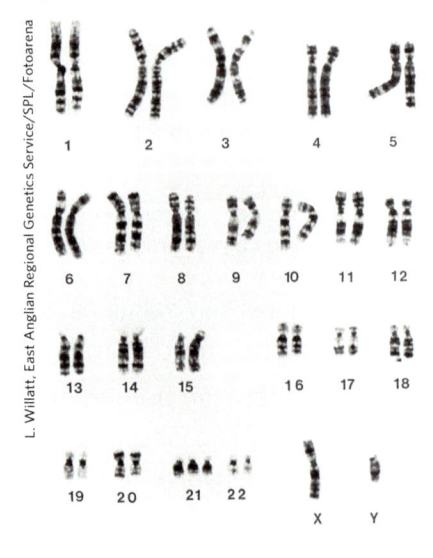

Além dessas síndromes, podemos citar a síndrome de Down. Essa condição genética é bastante conhecida e se caracteriza pela presença de um cromossomo 21 a mais no cariótipo.

As pessoas com síndrome de Down apresentam um conjunto de sinais físicos, como baixa estatura e articulações frouxas, crânio e narinas mais largos, língua espessa, mãos pequenas e apenas um vinco nas palmas das mãos.

◀ Cariótipo de uma pessoa do sexo masculino com síndrome de Down, caracterizado pela presença de 47 cromossomos, sendo 3 cromossomos 21.

Além das condições físicas citadas na página anterior, em geral, as pessoas com síndrome de Down apresentam certa dificuldade de aprendizagem e de desenvolvimento intelectual. No entanto, assim como as demais pessoas, elas são capazes de aprender, ensinar e interagir com os outros, bem como praticar esportes, estudar e trabalhar.

Leia os trechos de reportagem abaixo.

Fisiculturista baiano com síndrome de Down treina para primeira competição

Aos 36 anos, Tiago Vieira Pinto começou a se preparar há 3 meses, com auxílio de dois treinadores, em Ilhéus, no sul do estado. Não há nenhum atleta com síndrome de Down registrado no país.

G1, 18 set. 2018. Disponível em: <https://g1.globo.com/ba/bahia/noticia/2018/09/18/fisiculturista-baiano-com-sindrome-de-down-treina-para-primeira-competicao.ghtml>. Acesso em: 30 out. 2018.

Por sonho, jovem com síndrome de Down supera limitações e cursa graduação em Educação Física no Acre

Rayssa também pretende dar aulas para crianças carentes e cursar música. Jovem está no 6º período do curso e diz que se sente feliz com decisão.

G1, 21 mar. 2018. Disponível em: <https://g1.globo.com/ac/acre/noticia/por-sonho-jovem-com-sindrome-de-down-supera-limitacoes-e-cursa-graduacao-em-educacao-fisica-no-acre.ghtml>. Acesso em: 30 out. 2018.

Primeira educadora brasileira com síndrome de Down é homenageada no Rio de Janeiro

Seguindo o Objetivo número dez da Agenda 2030 da ONU – que trata da redução das desigualdades em todo o mundo –, uma cerimônia no Rio de Janeiro destacou a importância da inclusão social. Débora Seabra, primeira educadora do Brasil com síndrome de Down, foi homenageada com a Medalha Tiradentes.

OnuBr, 7 jun. 2018. Disponível em: <https://nacoesunidas.org/primeira-educadora-brasileira-com-sindrome-de-down-e-homenageada-no-rio-de-janeiro/>. Acesso em: 30 out. 2018.

Independentemente da condição de uma pessoa, todos têm os mesmos direitos. Assim, é preciso haver inclusão social e condições adequadas para que todas as pessoas possam exercer seus direitos e deveres como cidadãos.

6 Você conhece alguma pessoa com síndrome de Down? Em caso afirmativo, conte aos colegas se essa pessoa trabalha, estuda e pratica algum tipo de esporte.

Pessoa com síndrome de Down aprendendo o ofício da marcenaria.

Ampliando fronteiras

Bioética: reflexão sobre a Ciência

- Para você, o que é ética?

Os avanços da Ciência têm ocorrido de forma muito rápida nos últimos anos. Atualmente, já é possível sequenciar o DNA de uma pessoa e mostrar a probabilidade de seus descendentes desenvolverem determinada doença, ou até mesmo manipular em laboratório os genes e cromossomos de um organismo e inclusive transferir genes entre espécies diferentes – os transgênicos são um exemplo real dessa possibilidade.

Esses avanços nos colocam diante de questões como: os seres humanos têm o direito de modificar o genótipo de outra espécie? O sequenciamento genético pode ser utilizado para excluir pessoas do mercado de trabalho? É adequado selecionar artificialmente os embriões que vão se desenvolver de acordo com as características físicas previamente identificadas por análise do material genético? Como controlar a aplicação dessas tecnologias?

Como nos mostram essas questões, é importante que os cientistas e a sociedade reflitam sobre aspectos éticos relacionados aos avanços das pesquisas científicas e sobre a aplicação desses conhecimentos em áreas como a Biologia e a Medicina.

Foi com esse objetivo que, no início do século XX, começou o desenvolvimento de um novo campo de estudo: a **Bioética**. Esse campo é multidisciplinar e, portanto, envolve áreas como a Filosofia, a Biologia, a Medicina e a Psicologia. De maneira geral, a Bioética estimula a reflexão de práticas relacionadas à vida.

A fim de facilitar a reflexão, cientistas dessa área propuseram alguns princípios. Veja a seguir alguns deles.

Beneficência

De acordo com o princípio da beneficência, as ações devem beneficiar outras pessoas, acima de qualquer outro interesse. Por exemplo, ao desenvolver um estudo, um cientista deve esclarecer os benefícios de sua pesquisa para a sociedade. Isso deve estar acima dos interesses pessoais do pesquisador.

Não maleficência

O princípio da não maleficência diz respeito a não prejudicar intencionalmente os outros, isto é, não causar um dano intencional a um ser vivo. Alguns procedimentos, como no desenvolvimento de medicamentos, podem estar associados à possibilidade de ocorrência de danos aos seres vivos. Assim, quando é necessário testá-los, é essencial que os pesquisadores sigam normas que garantam o menor dano possível aos seres vivos submetidos aos testes com os medicamentos.

Representação sem proporção de tamanho. Cores-fantasia.

Representação de situações que envolvem a bioética.

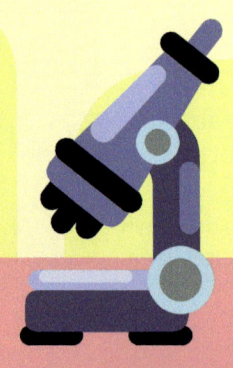

Justiça

Quem deve se beneficiar com os avanços tecnológicos? E quem deve arcar com os riscos desses avanços? A fim de responder dúvidas como essas, a Bioética propõe uma discussão sobre o princípio da justiça. De acordo com esse princípio, devemos refletir sobre a distribuição dos benefícios de uma pesquisa ou tecnologia. Todos, independentemente de classe social, sexo ou etnia, devem ser tratados de forma justa em relação à tecnologia, na relação médico e paciente ou no desenvolvimento de pesquisas.

Respeito à pessoa

O princípio de respeito à pessoa busca valorizar a autonomia de cada indivíduo. Ou seja, cada pessoa tem o direito de saber o que se passa com seu próprio corpo e de decidir o que fazer com ele. Sua opinião deve ser ouvida e respeitada. Ao participar de testes laboratoriais para o desenvolvimento de um produto, por exemplo, uma pessoa deve ser informada sobre os riscos e benefícios desses testes. No caso de um procedimento médico, a opinião do paciente deve ser ouvida e respeitada pela equipe médica.

Os princípios da Bioética constituem um caminho para a reflexão que deve ser feita não apenas pelos cientistas, mas também por toda a sociedade.

1. Em sua opinião, é importante a sociedade refletir sobre os avanços científicos e tecnológicos? Por quê?

2. Analise a situação abaixo.
   Joana é uma mulher adulta com boa saúde intelectual. O médico descobriu que ela está com uma grave doença. Na consulta seguinte, Joana vai ao médico com o marido. Em sua opinião, o médico deve comunicar o diagnóstico da doença à Joana ou ao marido dela? Justifique sua resposta.

3. Com um colega, pensem em situações do dia a dia em que podemos utilizar os princípios da Bioética para refletir sobre nossas ações. Em seguida, elaborem um texto relatando a reflexão que vocês fizeram.

4. Em grupo, faça uma pesquisa sobre um assunto que desperte polêmica, como os produtos transgênicos e as células-tronco. Identifiquem qual a polêmica envolvida nessa questão e como a Bioética poderia contribuir com uma reflexão a respeito. Depois, apresentem as informações coletadas aos demais colegas e debatam o tema.

Atividades

1. O nanismo é caracterizado por um crescimento anormal, resultando em uma estatura bem mais baixa que a dos demais adultos da mesma população. Há vários tipos de nanismo. Em um deles, denominado acondroplasia, essa característica está relacionada a um gene com dois alelos: **D** e **d**. O heredograma abaixo representa essa característica em uma família. Os genótipos representados com fundo azul são de pessoas com acondroplasia.

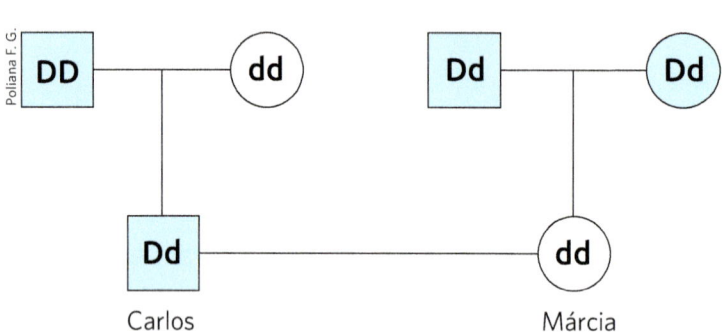

pessoa com nanismo

a) Analisando o heredograma acima, identifique se a ocorrência de nanismo por acondroplasia é condicionada por um alelo dominante ou por um alelo recessivo. Em seguida, justifique sua resposta.

b) Calcule as chances de Carlos e Márcia terem um descendente com nanismo em razão da acondroplasia.

c) Analise o genótipo dos pais de Carlos. Se Carlos tivesse um irmão, ele apresentaria esse tipo de nanismo? Justifique sua resposta.

d) Analisando o genótipo dos pais de Carlos e dos pais de Márcia, podemos afirmar que as chances desses casais terem outro descendente com esse tipo de nanismo é a mesma? Justifique sua resposta.

e) Elabore em seu caderno um heredograma incluindo um descendente de Márcia e Carlos com nanismo do tipo acondroplasia.

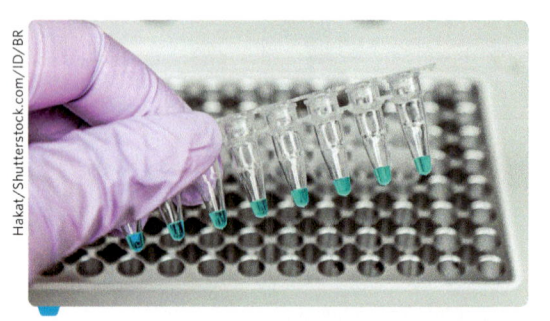

Parte de um dos procedimentos realizados durante a análise de amostras de DNA para um teste de paternidade. Em cada tubo, há DNA e substâncias necessárias para a análise.

2. Em muitos casos, quando há dúvidas em relação à paternidade, é possível realizar testes de DNA. Nesses testes, analisa-se o DNA em células da mãe, do filho e do suposto pai biológico. Caso exista determinada porcentagem de correspondência entre o DNA do filho e o do suposto pai, é detectada a paternidade. Esse exame apresenta 99,9999% de confiabilidade.

Explique, com suas palavras, como é possível identificar o pai biológico de uma criança a partir da análise do DNA.

3. Observe os cariótipos abaixo.

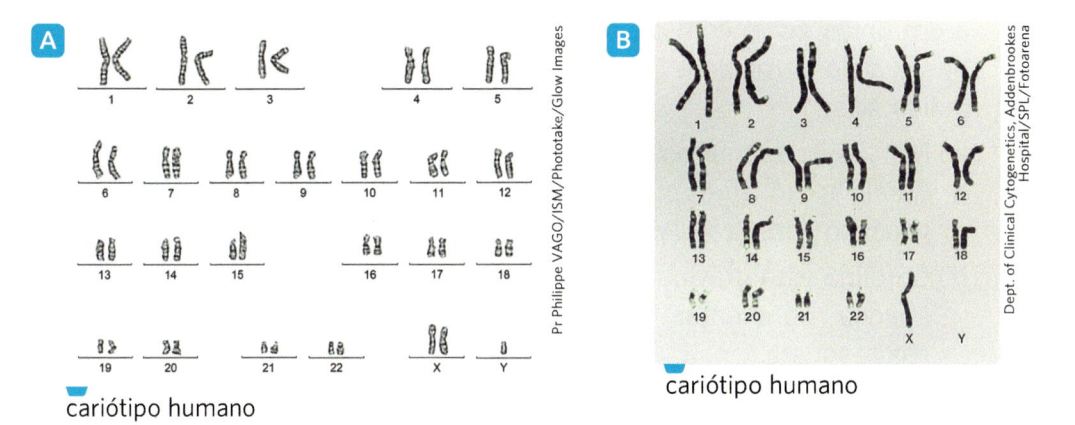

A cariótipo humano

B cariótipo humano

a) As pessoas representadas pelos cariótipos **A** e **B** apresentam alguma síndrome genética? Justifique sua resposta.

b) Caso a sua resposta ao item **a** tenha sido que uma ou ambas as pessoas dos cariótipos acima apresentam uma síndrome genética, identifique o tipo de síndrome que acomete essa(s) pessoa(s).

c) Escreva a representação de cada um dos cariótipos apresentados acima.

4. Observe abaixo o heredograma de uma família onde há casos de albinismo. Essa característica hereditária está relacionada a um alelo recessivo (**a**). Nas pessoas com albinismo ocorre a ausência do pigmento melanina no corpo.

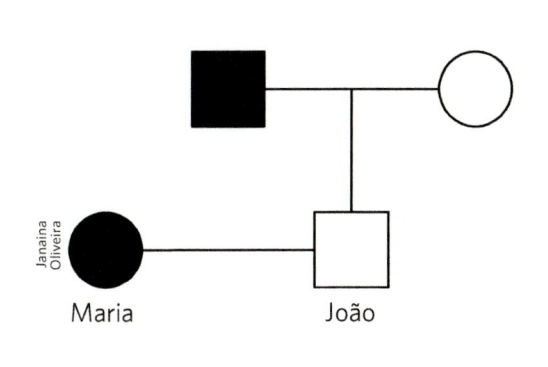

pessoa com albinismo

a) Observando o heredograma e conhecendo o genótipo de João, determine o genótipo dos pais dele.

b) Sabendo-se que João é heterozigoto para essa característica, qual é a probabilidade de Maria e João terem um descendente com albinismo?

c) Se o descendente de João e Maria se casar com uma pessoa homozigota dominante, quais são as chances de terem descendentes com albinismo? Justifique sua resposta.

5. A fotografia ao lado mostra uma característica conhecida como polidactilia. Ela está relacionada a um único gene, com dois alelos, **P** e **p**, sendo que o alelo dominante (**P**) é o responsável pela polidactilia.

a) Marcos apresenta polidactilia e é homozigoto. Carolina não apresenta polidactilia. Qual é o genótipo desse casal para essa característica?

b) Carolina está grávida. Quais as chances de a criança apresentar polidactilia? Justifique sua resposta.

Pés de pessoa com polidactilia. Pessoas com essa característica apresentam dedos a mais nos pés e/ou nas mãos.

6. A Fundação Síndrome de Down, com sede em Campinas (SP), oferece apoio às pessoas com essa síndrome e aos seus familiares. O texto abaixo foi feito por essa fundação para esclarecer os mitos e a realidade da pessoa com síndrome de Down.

Mitos e realidades

Síndrome de Down é doença. Mito ou Realidade?
Mito: A Síndrome de Down não é uma doença e não deve ser tratada como tal. É preciso olhar para as pessoas além da Síndrome de Down, pois as características individuais são inerentes a todos os seres humanos.
[...]
Pessoas com Síndrome de Down podem trabalhar. Mito ou Realidade?
Realidade: As pessoas com Síndrome de Down devem trabalhar, pois o trabalho é essencial para a construção de uma identidade adulta. O trabalho faz parte da sua realização pessoal. Atualmente, há muitas oportunidades de trabalho para as pessoas com deficiência devido às políticas públicas.
[...]

Mitos e realidades. *Fundação Síndrome de Down*. Disponível em: <www.fsdown.org.br/sobre-a-sindrome-de-down/mitos-e-realidades/>. Acesso em: 30 out. 2018.

Artista com síndrome de Down em seu estúdio em Paris, França, em 2015.

a) Caracterize, quanto ao cariótipo, uma pessoa com Síndrome de Down.

b) Identifique no texto uma frase que justifique por que as pessoas com essa síndrome não devem ser discriminados.

c) Cite atitudes que todo cidadão deve adotar em relação às pessoas com Síndrome de Down, para contribuir com sua inserção na sociedade.

CAPÍTULO 4

Evolução dos seres vivos

1 Para você, o que é evolução?

A preguiça-gigante viveu em regiões da América do Sul há aproximadamente 500 a 8 500 anos. Esse animal tinha cerca de 6 metros de comprimento e pesava entre 4 e 5 toneladas. A imagem **A** apresenta o fóssil do esqueleto de uma preguiça-gigante e a imagem **B** mostra uma representação de como era esse animal extinto.

Esqueleto de preguiça-gigante, exposto no Museu de História Natural, nos Estados Unidos, em 2014.

Representação de uma preguiça-gigante com o seu filhote.

Representação sem proporção de tamanho. Cores-fantasia.

2 Você conhece outros exemplos de seres vivos que foram extintos? Em caso afirmativo, comente com seus colegas.

3 Para fazer a reconstituição de um ser vivo já extinto, como no caso da preguiça-gigante, os cientistas realizam vários estudos, entre eles a análise de fósseis. Para você, o que é um fóssil?

4 Mesmo com a ocorrência da extinção de alguns seres vivos, como a preguiça-gigante, atualmente há uma grande variedade de espécies na Terra. Em sua opinião, como isso é possível?

Como você já estudou, a história da vida na Terra começou entre 3,5 e 4,0 bilhões de anos atrás, aproximadamente, quando surgiram os primeiros seres vivos no planeta. Desde então, esses seres vêm evoluindo, ou seja, sofrendo modificações, o que permite o surgimento de novas espécies, bem como a extinção de outras. Assim, a vida está em constante evolução na Terra. A grande variedade de seres vivos existentes atualmente pode ser explicada pelo processo de evolução das espécies.

As teorias evolutivas

Ao estudar as diferentes teorias e hipóteses sobre a origem da vida na Terra, vimos que, de maneira geral, elas defendem que os primeiros seres vivos eram simples. No entanto, se olharmos ao nosso redor, veremos uma grande variedade de seres vivos, muitos com estrutura e metabolismo complexos.

Depois de tentar entender como os seres vivos surgiram na Terra, outra questão intrigava os cientistas que investigavam a história da vida terrestre: como surgiram tantas espécies? A resposta para essa e outras questões pode ser encontrada no estudo da evolução dos seres vivos.

Durante muitos séculos, a ideia predominante era a de que as espécies permaneciam imutáveis, ou seja, não sofriam mudanças desde a sua criação. Essa ideia, chamada **fixismo**, afirmava que a Terra sempre apresentou as mesmas características, reflexo da criação por um ser ou força superior.

No final do século XVIII, uma das explicações bastante aceitas do fixismo era a **escala natural**. De acordo com essa explicação, todos os seres vivos e elementos não vivos do planeta foram criados em uma sequência ordenada, do mais simples ao mais complexo. Assim, seria possível observar essa hierarquia da criação, que se iniciaria com elementos não vivos (como rochas e minerais), seguiria para plantas, animais invertebrados, animais vertebrados e o ser humano. Como você pode perceber, essa explicação fixista posicionava o ser humano no topo da escala, ocupando o nível mais elevado de complexidade.

Muitos naturalistas importantes aceitavam o fixismo e a escala natural, como o sueco Carl von Linné (1707-1778), que propôs um sistema de classificação e nomenclatura dos seres vivos, utilizado até hoje.

Representação da escala natural, publicada em 1512 na obra *Liber de ascensu et descensu intellectus*, do teólogo e filósofo espanhol Ramon Llull (1232-1315).

Com o desenvolvimento da ciência experimental no final do século XVIII, o fixismo começou a ser questionado. Novas descobertas e estudos, como o dos fósseis, fizeram que a ideia de que os seres vivos sofrem mudanças ao longo do tempo e que os seres vivos do passado não eram iguais aos da atualidade tomasse forma. Ou seja, podem ocorrer mudanças nos seres vivos ao longo das gerações, isto é, ocorre a evolução.

Fóssil de parte do esqueleto de dinossauro do gênero *Lufengosaurus*, do período Jurássico, encontrado em um sítio de escavação na China, em 2015. Os animais desse gênero eram herbívoros, podiam atingir até seis metros de altura e viveram no período Jurássico, há aproximadamente 200 e 195 milhões de anos atrás.

Uma das teorias científicas que buscou explicar a modificação dos seres vivos ao longo do tempo foi proposta pelo naturalista francês Jean-Baptiste Pierre Antoine de Monet, Cavaleiro de Lamarck (1744-1829). As primeiras hipóteses de Lamarck sobre a evolução dos seres vivos foram publicadas em 1802. Porém, sua obra mais conhecida, o livro *Filosofia zoológica*, só foi publicada em 1809. Ele defendia a ideia de que a evolução é um processo linear, dos seres vivos mais simples para os mais complexos.

Charles Thevenin. Retrato de Jean-Baptiste de Monet, 1802-1803. Óleo sobre tela. Coleção particular.

Evolução segundo Lamarck

De acordo com Lamarck, os organismos mais simples, como os microrganismos, eram gerados pelo processo de geração espontânea. Naturalmente, esses seres vivos se tornariam cada vez mais complexos ao longo das gerações, formando uma sequência linear, do mais simples para o mais complexo. Dessa maneira, os organismos mais simples teriam se originado mais recentemente por geração espontânea, enquanto espécies complexas teriam se originado há mais tempo, ou seja, estariam evoluindo por um período de tempo mais longo.

Fonte de pesquisa: Diogo Meyer e Charbel Niño El-Hani. *Evolução*: o sentido da biologia. São Paulo: Editora Unesp, 2005. p. 21. (Coleção Paradidáticos; Série Evolução).

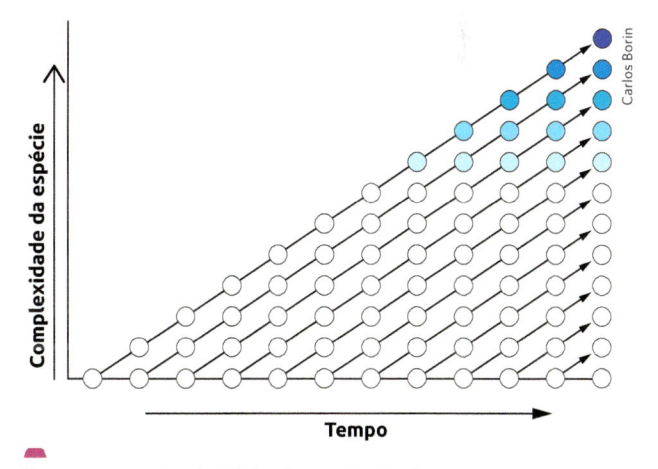

Representação da ideia de evolução linear proposta por Lamarck. Cada um dos círculos brancos apresentados no eixo X representa as espécies mais simples, formadas por geração espontânea. Os círculos azuis representam os organismos mais complexos. À medida que os seres vivos simples evoluem com o passar do tempo, o tom de azul se torna mais escuro.

Lamarck defendia a evolução linear dos seres vivos. No entanto, ao tentar organizar esses seres em sequência linear, ele percebeu que algumas espécies não se encaixariam em um esquema evolutivo linear. Para explicar essa observação, ele defendeu que determinadas espécies se desviariam da sequência linear para se adaptar ao ambiente em que vivem e recorreu a duas ideias já existentes e difundidas entre a comunidade científica daquela época: o uso e desuso e a herança de características adquiridas.

A **ideia do uso e desuso** afirmava que as estruturas do organismo que são utilizadas com maior frequência pelo indivíduo tendem a se desenvolver mais. Já as estruturas menos utilizadas pelo indivíduo se desenvolveriam menos e poderiam até mesmo desaparecer da população.

A **ideia da herança de características adquiridas** afirmava que as modificações desenvolvidas nos indivíduos como resultado do uso e desuso de determinadas estruturas seriam transmitidas aos seus descendentes.

Para facilitar a compreensão dessas ideias, vamos analisar uma característica das girafas – o comprimento do pescoço – do ponto de vista das ideias do uso e desuso e da herança de características adquiridas. Veja abaixo.

Ideia do uso e desuso

Representação sem proporção de tamanho. Cores-fantasia.

Fonte de pesquisa: Understanding Evolution. *University of California - Museum of Paleontology.* Disponível em: <https://evolution.berkeley.edu/evolibrary/article/0_0_0/history_09>. Acesso em: 5 nov. 2018.

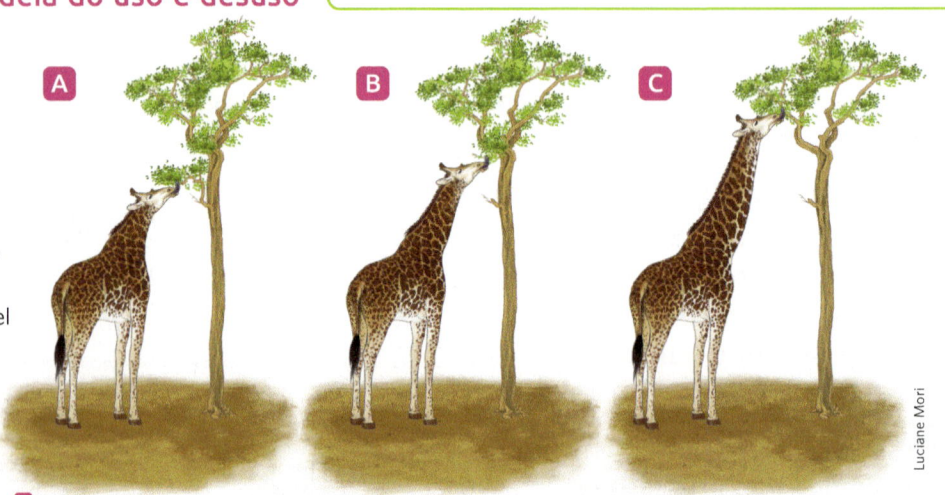

Representação de situação hipotética do desenvolvimento do pescoço comprido das girafas de acordo com as ideias de uso e desuso e com a herança de características adquiridas.

Supondo que as primeiras girafas não apresentavam pescoço comprido (**A**). Ao longo da história, em um determinado ambiente, as folhas das árvores das quais as girafas se alimentavam e que se encontravam em posições mais baixas, se tornaram escassas, sobrando apenas as folhas em posições altas nas árvores (**B**). Assim, para se alimentar, as girafas tiveram que forçar frequentemente seus pescoços para alcançar as folhas nos galhos mais altos. De acordo com a ideia do uso e desuso, essa ação resultaria no alongamento do pescoço desse animal (**C**). Já de acordo com a ideia da herança das características adquiridas, o "pescoço comprido" seria transmitido ao longo das gerações até resultar na espécie atual.

As ideias de Lamarck não foram totalmente aceitas entre os estudiosos da época, que defendiam o fixismo. No entanto, esse cientista é considerado um dos primeiros a defender que os seres vivos podiam se modificar ao longo do tempo, ou seja, evoluírem.

O avanço do conhecimento sobre os seres vivos resultou em novas teorias para tentar explicar como ocorre a evolução. Entre essas teorias, destaca-se a dos naturalistas ingleses Charles Darwin (1809-1882) e Alfred Russel Wallace (1823-1913).

A evolução dos seres vivos não era aceita pela comunidade científica, nem mesmo por Darwin. Ele começou a refletir sobre a possibilidade de evolução das espécies durante sua viagem a bordo do HMS Beagle, que teve início em dezembro de 1831. Durante essa viagem ao redor do mundo, Darwin fez diversas observações e coletas de materiais que o ajudaram, nos anos seguintes, a desenvolver sua teoria da evolução.

Charles Robert Darwin aos 71 anos de idade, em 1880.

Alfred Russel Wallace aos 55 anos de idade, em 1878.

Um dos locais mais marcantes que Darwin visitou durante a sua viagem foi o arquipélago de Galápagos, no oceano Pacífico. Nesse local, Darwin observou, por exemplo, que os animais de uma ilha eram diferentes dos animais das demais ilhas do arquipélago. Leia o texto a seguir.

[...]

Este animal, creio eu, é encontrado em todas as ilhas do arquipélago; certamente em grande número. Os cágados frequentam de preferência as partes altas e úmidas, mas também ocorrem nos distritos baixos e áridos. Diz-se que as pequenas variações na forma do casco são constantes segundo a ilha que habitam – e também o tamanho médio parece variar de acordo com a localidade. O sr. Lawson garante que, ao ver um cágado, é capaz de afirmar com certeza de que ilha foi trazido. [...]

Richard Keynes. *Aventuras e descobertas de Darwin a bordo do Beagle*. Tradução de Sergio Goes de Paula. Rio de Janeiro: Jorge Zahar Ed., 2004. p. 294.

comprimento: aproximadamente 1,8 m

tartaruga-das-galápagos (*Chelonoidis nigra*)

Além das variações no formato e no tamanho do casco desses répteis, em sua viagem a Galápagos, Darwin notou que algumas aves, conhecidas como tentilhões, de uma ilha eram diferentes das aves presentes em outra ilha e que cada espécie estava adaptada às condições do local em que vivia.

Essas e outras observações feitas durante a viagem levaram Darwin a acreditar que os seres vivos sofriam mudanças ao longo das gerações, ou seja, que eles evoluíam. No entanto, faltava explicar o que causava essa evolução. Desse modo, Darwin elaborou explicações científicas sobre a evolução das espécies com base em observações e evidências. Entre suas ideias estão a ancestralidade comum, a seleção natural e a seleção sexual, as quais serão estudadas a seguir.

Representação de quatro espécies de tentilhões observadas por Darwin, nas ilhas Galápagos.

Ancestral comum

A imagem ao lado representa quatro espécies diferentes de tentilhões de Galápagos, observadas por Darwin. Cada uma dessas espécies habitava uma ilha diferente do arquipélago.

Para explicar a variação do bico entre as espécies, Darwin propôs que indivíduos de uma espécie ancestral comum teriam migrado para as diferentes ilhas. Com o tempo, nos diferentes ambientes, os indivíduos dessa espécie foram se modificando, de geração em geração, dando origem às novas espécies.

De acordo com essa ideia, todos os seres vivos da Terra descenderiam de um ancestral comum. As espécies mais semelhantes entre si apresentam um ancestral comum mais recente, enquanto espécies menos semelhantes apresentam um ancestral comum mais distante em sua história evolutiva. Essas semelhanças não se referem apenas à aparência física, mas também a características internas, como as genéticas. Muitas vezes, a aparência externa não é suficiente para determinar o parentesco evolutivo entre as espécies.

Para entendermos melhor esta ideia, vamos analisar o diagrama abaixo.

Árvore filogenética

Esse diagrama é chamado **árvore filogenética**. Nele, as linhas representam as linhagens descendentes de um ancestral. Os números indicam um ancestral.

Observe que todas as espécies apresentam um ancestral comum (**1**), a partir do qual evoluíram. Dessa maneira, todos apresentam certo grau de parentesco evolutivo. Os piolhos e percevejos estão evolutivamente mais próximos, pois compartilham um ancestral comum exclusivo (**2**) mais recente em suas histórias evolutivas. O ancestral comum (**3**) é compartilhado por besouros, vespas, moscas, pulgas, moscas d'água e mariposas.

Fonte de pesquisa: P. J. Gullan e P. S. Cranston. *Os insetos*: um resumo de entomologia. 3. ed. São Paulo: Roca, 2007. p. 160.

Representação sem proporção de tamanho. Cores-fantasia.

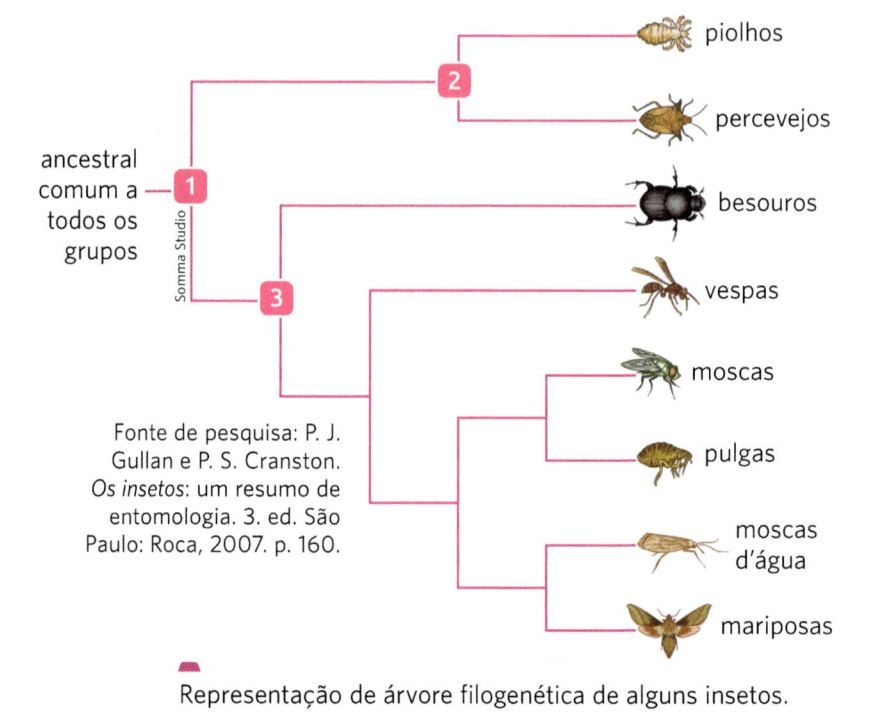

Representação de árvore filogenética de alguns insetos.

Observe as fotografias abaixo.

comprimento: aproximadamente 1,8 m

Onça-pintada (*Panthera onca*), encontrada em várias regiões do Brasil.

comprimento: aproximadamente 1,9 m

Leopardo-africano (*Panthera pardus*), comum em regiões da África e da Ásia.

Como você pode observar nas imagens acima, a onça-pintada e o leopardo-africano apresentam muitas semelhanças entre si, apesar de habitarem regiões distantes na Terra. Isso ocorre porque essas espécies apresentam um ancestral comum recente. De acordo com as ideias de Darwin, os seres vivos existentes são todos aparentados, pois descendem de um ancestral comum, e as novas espécies são fruto de modificações em espécies preexistentes.

Seleção natural

Ao analisar a árvore filogenética da página anterior, note que a história do parentesco evolutivo dos seres vivos não é representada por uma sequência linear, como proposto por Lamarck, mas sim por uma representação similar a uma árvore.

Além de afirmar que todos os seres vivos descendem de um ancestral comum, Darwin formulou teorias para explicar por que as espécies se diferenciaram de seus ancestrais comuns ao longo do tempo. Uma dessas teorias é chamada seleção natural. Veja a seguir algumas observações que Darwin fez a respeito dessa teoria.

- Os recursos essenciais do ambiente, como alimento, são limitados. Assim, os indivíduos de uma espécie competem entre si e com indivíduos de outras espécies por esses recursos.

- Os indivíduos podem se reproduzir, gerando descendentes. No entanto, apenas alguns desses descendentes conseguem sobreviver e atingir a fase reprodutiva.

- Os indivíduos não são todos iguais: há, por exemplo, indivíduos altos, outros baixos, alguns são mais resistentes a certas doenças, enquanto outros são mais susceptíveis a elas. Essas variações nas características podem influenciar a sobrevivência do indivíduo em um ambiente.

Com base nos princípios apresentados acima, Darwin propôs que os indivíduos da mesma espécie já apresentavam certa variação entre si, o que poderia favorecer ou não a sobrevivência deles no ambiente em que viviam. Dessa maneira, os indivíduos mais aptos a sobreviver eram naturalmente selecionados.

Vamos analisar novamente a situação hipotética envolvendo a característica do comprimento do pescoço das girafas, agora do ponto de vista da seleção natural.

Seleção natural

De acordo com a teoria da seleção natural, em um determinado ambiente existiam girafas de pescoço curto e girafas de pescoço mais longo. Estas últimas tinham vantagens em relação às girafas de pescoço curto, pois conseguiam alcançar o alimento no alto das árvores, favorecendo sua sobrevivência, aumentando as chances de reprodução e, consequentemente, a transmissão dessa característica para os seus descendentes (**A**). Já as girafas de pescoço curto não conseguiam alcançar determinadas fontes de alimento, prejudicando sua sobrevivência e, consequentemente, a transmissão dessas características para os seus descendentes (**B**).

Representação sem proporção de tamanho. Cores-fantasia.

Representação de situação hipotética do desenvolvimento do pescoço comprido das girafas de acordo com o processo de seleção natural.

Fonte de pesquisa: The Giraffe's Short Neck. *The Nature Institute*. Disponível em: <http://natureinstitute.org/pub/ic/ic10/giraffe.htm>. Acesso em: 5 nov. 2018.

A variação genética existente em uma mesma espécie é a base para a formação de novas espécies e na qual age a seleção natural. Esse processo não é direcionado, tampouco visa a formação de espécies perfeitas; a seleção natural ocorre ao acaso e apenas "seleciona" características que, para aquele momento e ambiente, favoreçam a sobrevivência e a reprodução dos indivíduos de uma população.

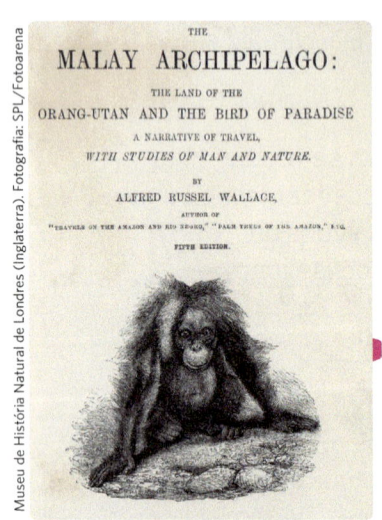

Embora a teoria da evolução por seleção natural seja, muitas vezes, associada apenas a Darwin, o estudo das mudanças dos seres vivos ao longo do tempo ocorria muito antes desse naturalista. Além disso, diversos outros estudiosos contribuíram para a elaboração dessa teoria. Wallace, por exemplo, propôs explicações semelhantes na mesma época.

Página do livro de Alfred Russel Wallace, intitulado *O arquipélago Malaio*. Esse trabalho foi publicado em 1874 e, entre outras importâncias, descreve as observações de Wallace que o levaram a formular sua teoria de evolução, inclusive a teoria da seleção natural como mecanismo de origem de espécies. Esse trabalho foi desenvolvido independentemente de Darwin.

Com o avanço das ciências, várias descobertas foram feitas desde a época de Darwin e Wallace. Por isso, as teorias originais desses estudiosos sofreram algumas alterações, principalmente após os avanços da Genética. No entanto, as teorias de Darwin e Wallace ainda são a base da compreensão da evolução dos seres vivos. A Ciência e suas teorias não são imutáveis; elas podem ser revistas e até mesmo alteradas ou substituídas por outras de acordo com estudos mais recentes.

Resistência a antibióticos

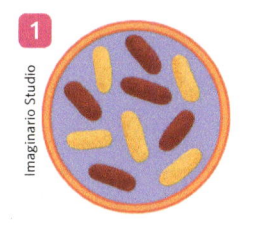

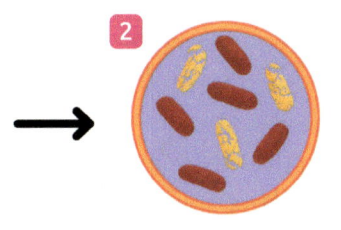

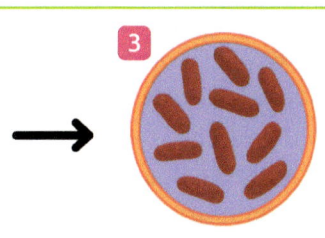

Leia o trecho da reportagem a seguir.

[...]

Infecções produzidas por microrganismos resistentes aos antibióticos conhecidos (resistência antimicrobiana, AMR) estão ocorrendo com frequência crescente no mundo todo. A Organização Mundial da Saúde (OMS ou WHO) considera a AMR uma ameaça à saúde global, pois alguns dos patógenos bacterianos causadores de doenças não respondem aos tratamentos disponíveis. Segundo a OMS (www.who.org) "A resistência antimicrobiana está ocorrendo em todo o mundo, comprometendo nossa capacidade de tratar doenças infecciosas".

O agravamento deste quadro tem várias origens que incluem, entre outros: prescrição inadequada/exagerada de antibióticos, uso elevado de antibióticos pela agroindústria, maior deslocamento global de pessoas infectadas.

[...]

Gustavo B. P. Carreter e Hernan Chaimovich. Resistência a antibióticos, ameaças e avanços. *O Globo*, 14 ago. 2018. Disponível em: <https://blogs.oglobo.globo.com/ciencia-matematica/post/resistencia-antibioticos-ameacas-e-avancos.html>. Acesso em: 5 nov. 2018.

A evolução dos seres vivos é um processo natural. No entanto, algumas ações dos seres humanos podem interferir nesse processo, como é o caso das bactérias resistentes a antibióticos. Com vimos no trecho da reportagem acima, trata-se de um grave problema de saúde pública, pois pode impedir o combate a muitas infecções, dificultando o tratamento e favorecendo a disseminação desses agentes na população. Como surgem as bactérias resistentes a antibióticos? Veja o esquema a seguir.

Resistência a antibióticos

Representação sem proporção de tamanho. Cores-fantasia.

Representação da origem de bactérias resistentes a antibióticos.

Os indivíduos de uma população bacteriana não são todos iguais, isto é, eles apresentam variabilidade genética. Assim, há indivíduos que carregam alelos de resistência ao antibiótico (representados em vermelho) e indivíduos que não possuem esses alelos (representados em amarelo) (**1**). Quando uma pessoa, infectada por essa população de bactérias, consome antibióticos de maneira incorreta e sem necessidade, pode acontecer de esse medicamento eliminar apenas as bactérias mais sensíveis, selecionando as mais resistentes (**2**). A característica de resistência ao antibiótico, presente nas bactérias sobreviventes, é passada de geração para geração e, em pouco tempo, forma-se uma população de bactérias resistentes (**3**), dificultando o tratamento da infecção.

Fonte de pesquisa: Resisting our drugs. *Understanding Evolution*. Disponível em: <https://evolution.berkeley.edu/evolibrary/article/bergstrom_03>. Acesso em: 12 nov. 2018.

O antibiótico não causa a resistência nas bactérias, ele apenas seleciona os indivíduos resistentes à sua ação, que já estavam presentes na população. A automedicação é um risco à saúde e pode prejudicar o tratamento de doenças. Utilize apenas medicamentos indicados por um médico.

Seleção sexual

Além da seleção natural, Darwin propôs a seleção sexual. Nesse processo, as características que aumentam as chances de reprodução de um indivíduo em relação aos demais integrantes da mesma espécie e do mesmo sexo são selecionadas ao longo das gerações. Para entender melhor a seleção sexual, veja os exemplos abaixo.

comprimento: aproximadamente 2 m

Machos de veado-vermelho (*Cervus elaphus*) em uma disputa durante a época de reprodução.

A seleção sexual é comum em espécies nas quais os machos competem pelas fêmeas, como ocorre com o veado-vermelho. Nessa espécie, os indivíduos machos têm chifres grandes, utilizados em disputas com outros machos pelas fêmeas, como a representada na fotografia ao lado. O macho vencedor, em geral, conseguirá se acasalar com a fêmea.

Ao longo da evolução dessa espécie, indivíduos com chifres grandes foram selecionados, pois essa característica lhes conferia vantagem nas disputas com outros machos, aumentando suas chances de reprodução e, consequentemente, de transmitir essa característica aos seus descendentes.

A seleção sexual está relacionada com as diferenças entre machos e fêmeas. Essas diferenças são evidentes nas aves-do-paraíso, por exemplo, em que os machos têm plumagem atrativa para as fêmeas. No período de reprodução, o macho se exibe para a fêmea, que escolhe o indivíduo com o qual vai se reproduzir. De maneira geral, o macho escolhido tem plumagem mais atrativa. Assim, ao longo da evolução dessa espécie, os indivíduos que apresentavam essa característica de plumagem tiveram mais chances de se reproduzir e, consequentemente, de gerar descendentes.

comprimento do corpo do macho: aproximadamente 34 cm

Macho de ave-do-paraíso (*Paradisaea raggiana*).

fêmea

macho

comprimento do corpo da fêmea: aproximadamente 33 cm

Macho de ave-do-paraíso (*Paradisaea raggiana*) se exibindo para fêmea de sua espécie durante período de reprodução.

Note que, na seleção sexual, os atributos relevantes estão relacionados com a reprodução. No caso do veado-vermelho, são os chifres grandes, já no caso da ave-do-paraíso, a plumagem atrativa.

Teoria sintética da evolução

Ainda que as ideias de Darwin sobre a evolução das espécies tenham sido aceitas no meio científico de sua época, elas perderam apoio no final do século XIX. Foi somente a partir da década de 1920 que o darwinismo ressurgiu, por meio do trabalho de cientistas que passaram a incorporar novos conhecimentos, como de anatomia, fisiologia e genética dos seres vivos, às teorias de Darwin. Isso resultou na teoria sintética da evolução ou neodarwinismo, na década de 1940.

As mudanças incorporadas pela teoria sintética da evolução podem ser resumidas em três pontos principais. Veja a seguir.

- A evolução age sobre as características que podem ser herdadas. Essas são passadas de uma geração a outra por meio dos genes, que podem apresentar variações, conhecidas como alelos. Cada indivíduo apresenta diferentes combinações de alelos, as quais estão relacionadas com as variações das características entre os indivíduos de uma população.

- O material genético dos organismos de uma população pode sofrer alterações, como as mudanças na sequência de nucleotídeos que formam o DNA. Tais mudanças são chamadas mutações e podem resultar em novas características em uma população. Além disso, elas podem ser benéficas, prejudiciais ou neutras, assim como podem auxiliar no surgimento de novas espécies ou na eliminação de espécies do ambiente.

- Além da seleção natural e da seleção sexual, a teoria sintética propõe outros mecanismos evolutivos, sendo um deles a deriva genética. De acordo com esse mecanismo, as alterações em uma população podem ocorrer aleatoriamente, ou seja, as alterações na frequência dos genes de uma população podem ocorrer ao acaso.

Para entender melhor a deriva genética, acompanhe o exemplo hipotético abaixo.

Deriva genética

Representação sem proporção de tamanho. Cores-fantasia.

Representação de deriva genética em uma situação hipotética.

Imagine uma população pequena de besouros com a mesma quantidade de indivíduos amarelos e de indivíduos vermelhos (**A**). Considere que um terremoto atingiu o local onde vive essa população de besouros e matou a maior parte dos indivíduos amarelos (**B**). Com isso, a população passou a ter mais indivíduos vermelhos, os quais foram selecionados ao acaso e não por apresentarem uma característica que favorece sua sobrevivência (**C**). Neste caso, se a população recuperar seu tamanho original, os indivíduos amarelos podem existir em menor número na população ou até mesmo deixar de existir.

Fonte de pesquisa: Deriva Genética. *Instituto de Biociências da USP*. Disponível em: <www.ib.usp.br/evosite/evo101/IIIDGeneticdrift.shtml>. Acesso em: 5 nov. 2018.

Atividades

1. Explique, com suas palavras, as ideias a seguir relacionadas à teoria da evolução de Lamarck.

   a) Uso e desuso.

   b) Herança das características adquiridas.

2. A mariposa *Biston betularia* é comum em determinadas regiões da Inglaterra. Os indivíduos desta espécie podem ser claros ou escuros, como os retratados na fotografia ao lado.

   Antes do desenvolvimento industrial, notou-se que a quantidade de indivíduos claros sobre o tronco das árvores era maior que a de indivíduos escuros. Com a industrialização, muita **fuligem** passou a se depositar nos troncos das árvores, deixando-os escuros.

   Nesse cenário, verificou-se que a quantidade de indivíduos escuros tinha aumentado em relação aos de coloração clara. Explique essa mudança na população de mariposas, de acordo com a seleção natural proposta por Darwin e Wallace.

   envergadura: aproximadamente 6 cm

   Mariposas da espécie *Biston betularia* de coloração clara (acima) e escura (abaixo).

3. O caracol terrestre *Cepaea nemoralis* apresenta concha com diversos padrões de cor, como amarelados, amarronzados e avermelhados. Ele serve de alimento para aves, como o tordo-comum. Em ambientes com substrato em tons de marrom, os caracóis com concha amarronzada são menos notados e também menos predados. Já os caracóis com concha avermelhada chamam mais atenção das aves e, portanto, são mais predados.

   Representação sem proporção de tamanho. Cores-fantasia.

   Representação da ave tordo-comum se alimentando de caracol *Cepaea nemoralis* com concha avermelhada.

   • Como você acha que a seleção natural está atuando no exemplo citado acima?

4. Os diagramas a seguir representam o fixismo, a teoria da evolução proposta por Lamarck e a teoria da evolução por seleção natural de Darwin e Wallace. As setas azuis indicam que uma espécie dá origem a outra e a seta vermelha indica que a espécie não sofreu alteração. Analise cada uma dessas imagens e responda à questão.

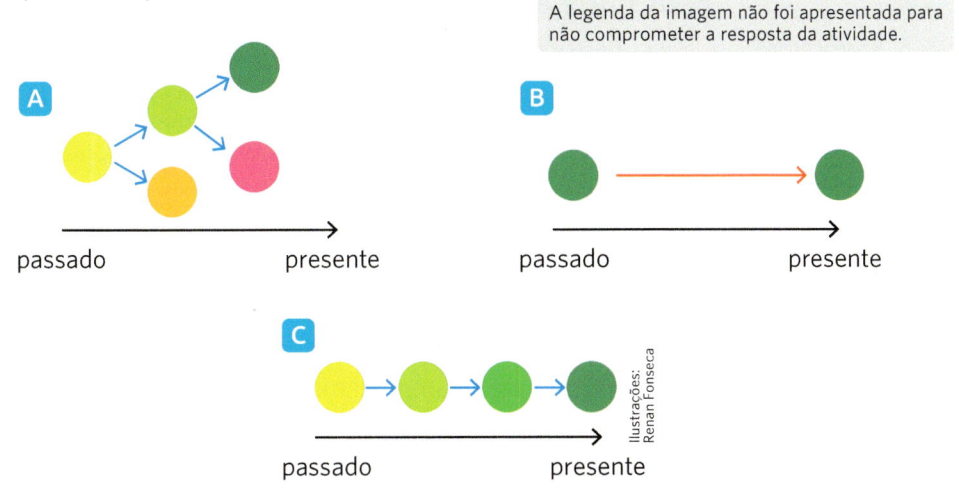

A legenda da imagem não foi apresentada para não comprometer a resposta da atividade.

A
passado → presente

B
passado → presente

C
passado → presente

Ilustrações: Renan Fonseca

- Identifique o diagrama que representa cada uma dessas teorias evolutivas, justificando sua resposta.

5. A falsa-coral se assemelha à coral-verdadeira, uma serpente peçonhenta com veneno tóxico. Essa característica faz que diversos predadores evitem a falsa-coral. Imagine que, no passado, existia uma população ancestral de falsas-corais com diferentes níveis de semelhança com a coral-verdadeira, sendo alguns indivíduos mais semelhantes a essa serpente peçonhenta e outros menos semelhantes. Ou seja, havia uma variação entre as falsas-corais.

comprimento: aproximadamente 1 m
coral-verdadeira
Fabio Colombini/Acervo do fotógrafo

comprimento: aproximadamente 80 cm
falsa-coral
Thomas Marent/Minden Pictures/Fotoarena

a) Você acha que a seleção natural pode interferir na população de falsa-coral? Em caso afirmativo, explique com suas palavras como a seleção natural pode interferir nessa população.

b) Qual é o principal agente seletivo atuando nas populações de falsa-coral?

c) O que você acha que aconteceria com a população das falsas-corais se não houvesse predadores no ambiente?

Evidências da evolução

Leia o trecho da reportagem a seguir.

Fósseis mostram que as borboletas são bem mais antigas do que se pensava

Material recém-descoberto na Alemanha lança luz sobre a evolução desses animais; agora, acredita-se que esses insetos habitem o planeta há mais de 200 milhões de anos.

BBC News, 11 jan. 2018. Disponível em: <https://www.bbc.com/portuguese/geral-42648255>. Acesso em: 19 nov. 2018.

Como você pôde perceber no trecho da reportagem acima, os fósseis podem ajudar a compreender a evolução dos seres vivos. Além do registro fóssil, várias outras evidências dão suporte à evolução biológica, como a anatomia comparada e as análises genéticas. A partir de agora vamos estudar cada uma dessas evidências.

Registro fóssil

Os fósseis são restos ou vestígios de seres vivos do passado que foram preservados ao longo do tempo. Sendo assim, por meio deles é possível conhecer a estrutura de seres vivos extintos, bem como compreender o modo de vida deles. Portanto, o estudo dos fósseis nos ajuda a compreender como eram os seres vivos no passado e, ao compará-los aos atuais, possibilitam identificar as alterações ocorridas ao longo do tempo, ou seja, compreender a evolução dos seres vivos. Veja o exemplo a seguir.

Comparação entre crânios de mamíferos

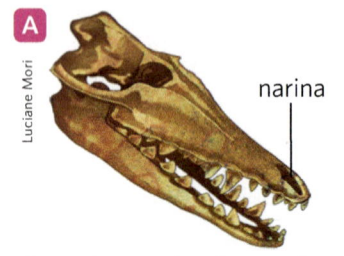

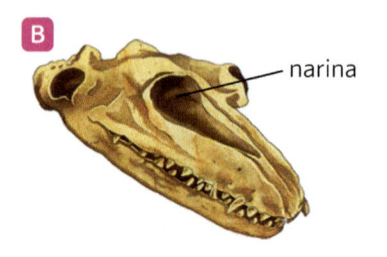

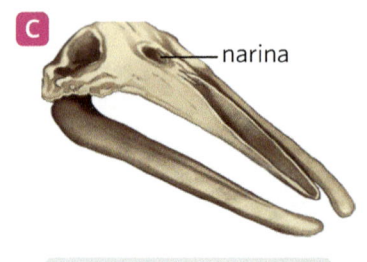

A — narina
B — narina
C — narina

Fonte de pesquisa: Formas de transição. *Instituto de Biociências da USP*. Disponível em: <www.ib.usp.br/evosite/lines/IAtransitional.shtml>. Acesso em: 5 nov. 2018.

Representação sem proporção de tamanho. Cores-fantasia.

Ao analisar os fósseis do crânio de *Pakicetus* (extinto) e compará-lo com o das espécies atuais, os cientistas encontraram evidências (como uma série de especializações da orelha) de que ele é um antepassado primitivo da baleia-cinza. Contudo, as narinas estão em locais diferentes no crânio desses animais: em *Pakicetus* (**A**) estão localizadas em uma região mais anterior, enquanto na baleia-cinza (**C**) se encontram no topo do crânio. Isso levou os pesquisadores a crer que a posição da narina nestes animais havia mudado ao longo do tempo. Ao estudar outros fósseis, os cientistas descobriram a espécie *Aetiocetus* (**B**), antepassado extinto da baleia-cinza, cujas narinas estavam localizadas em uma posição intermediária entre *Pakicetus* e a baleia-cinza. Com isso, *Aetiocetus* (**B**) foi considerada uma forma intermediária entre as duas espécies (**A** e **C**).

Representação comparativa do crânio de três espécies diferentes de mamíferos: **A** - *Pakicetus* (viveu há cerca de 50 milhões de anos); **B** - *Aetiocetus* (viveu há cerca de 25 milhões de anos); **C** - baleia-cinza (espécie atual).

Anatomia comparada

Por meio do estudo comparativo da anatomia dos indivíduos de diferentes espécies podemos conhecer o grau de parentesco evolutivo entre elas.

Quando as estruturas e órgãos são anatomicamente diferentes, desempenham papéis iguais ou diferentes no organismo, mas têm uma origem embrionária comum, temos uma homologia, com estruturas e órgãos homólogos. Essas características podem ajudar os pesquisadores a elaborar a árvore filogenética das espécies, por exemplo, uma vez que as estruturas homólogas indicam alto grau de parentesco evolutivo. Veja abaixo.

Estruturas homólogas

Representação sem proporção de tamanho. Cores-fantasia.

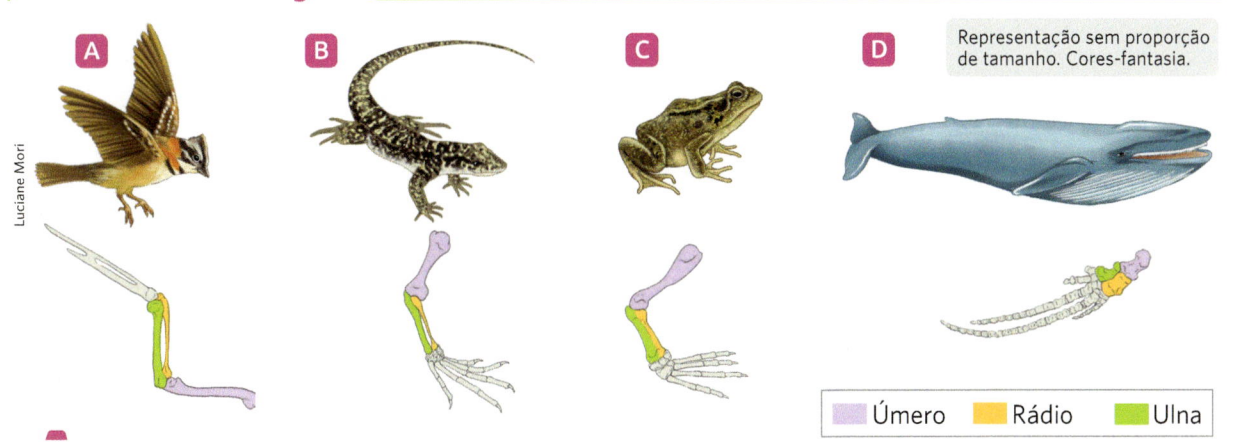

Úmero — Rádio — Ulna

Representação de estruturas do membro anterior de um pássaro (**A**), um lagarto (**B**), um sapo (**C**) e uma baleia (**D**).

Apesar de os animais acima pertencerem a diferentes espécies de vertebrados, em todas elas os membros anteriores são formados pelo mesmo conjunto de ossos e apresentam a mesma origem embrionária. No entanto, esses membros apresentam funções diferentes.

Fonte de pesquisa: Homologies. *University of California*. Disponível em: <http://evolution.berkeley.edu/evolibrary/article/0_0_0/lines_04>. Acesso em: 5 nov. 2018.

Alguns órgãos ou estruturas desempenham o mesmo papel no organismo, porém apresentam origem embrionária distinta; eles são chamados análogos e, assim como as homologias, fornecem evidências evolutivas dos seres vivos. As asas dos morcegos e das borboletas são exemplos de órgãos análogos.

Análises genéticas

O DNA é a estrutura que carrega as informações genéticas passadas de uma geração a outra. Desse modo, seu estudo pode identificar o parentesco evolutivo entre espécies diferentes.

Ao estudar os genes dos seres humanos, por exemplo, os pesquisadores concluíram que apresentamos 32% de genes em comum com todos os seres vivos eucarióticos e 21% em comum com todos os seres vivos, incluindo as bactérias. Isso indicaria que o ancestral comum entre os seres humanos e os outros seres eucarióticos é mais recente do que o ancestral comum entre nós e as bactérias.

A evolução e a espécie humana

Leia o trecho da reportagem a seguir.

Homens da idade da pedra faziam obturações dentárias há 13 mil anos

Arqueólogos encontram dentes escavados e preenchidos com betume

[...] Os pesquisadores encontraram buracos "escavados", provavelmente com ferramentas de pedras afiadas, até a polpa dentária, num procedimento que deve ter sido muito doloroso. [...]
O betume servia para tapar a cavidade, enquanto a palha, provavelmente, fornecia alguma ação antisséptica. [...]

Homens da idade da pedra faziam obturações dentárias há 13 mil anos. *O Globo*, 13 abr. 2017. Sociedade. Disponível em: <https://oglobo.globo.com/sociedade/historia/homens-da-idade-da-pedra-faziam-obturacoes-dentarias-ha-13-mil-anos-21204885>. Acesso em: 5 nov. 2018.

Como você pôde perceber no texto acima, o ser humano pré-histórico era capaz de raciocinar, encontrando soluções para determinados problemas, e utilizar ferramentas de pedra. Aliás, o uso de ferramentas é a principal característica do *Homo habilis*, que viveu na África há cerca de 2 milhões de anos e, atualmente, é considerada a espécie mais antiga do gênero *Homo*, ao qual pertence o ser humano moderno (*Homo sapiens*).

O *Homo habilis* e outras espécies desse gênero viveram em um período conhecido como pré-história ou Idade da pedra, que se estende da origem dos primeiros **hominídeos** até o desenvolvimento da escrita, há cerca de 5,5 mil anos.

Representação de hominídeos durante a pré-história fabricando ferramentas de pedra. Esse período é conhecido como Paleolítico ou da pedra lascada.

Ao longo do tempo geológico, os seres vivos evoluíram e deram origem a novas espécies, entre elas, a *Homo sapiens*. Antes de estudarmos a evolução e origem dessa espécie, vamos conhecer algumas de suas características.

Seres humanos modernos

Ao serem classificados, os seres vivos são organizados em níveis. Veja, no esquema a seguir, o exemplo da classificação biológica dos seres humanos (*Homo sapiens*).

Classificação biológica do ser humano

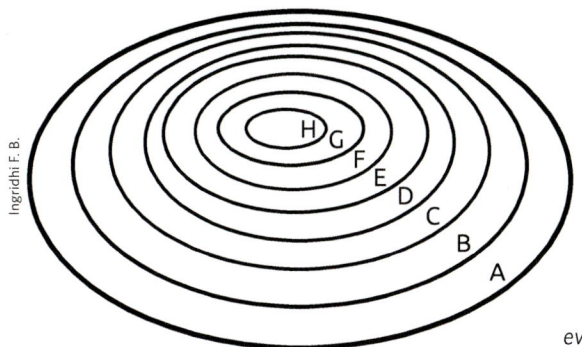

A - Domínio: Eukarya
B - Reino: Animal
C - Filo: Cordados
D - Classe: Mamíferos
E - Ordem: Primatas
F - Família: Hominídeos
G - Gênero: *Homo*
H - Espécie: *Homo sapiens*

Fonte de pesquisa: Ernst Mayr. *O que é a evolução*. Rio de Janeiro: Rocco, 2009. p. 45.

Representação dos níveis de organização da classificação biológica do ser humano.

Como você pôde ver na imagem acima, o ser humano pertence à ordem dos primatas. Essa ordem se caracteriza, de maneira geral, pelo hábito arbóreo, mãos e pés com capacidade de segurar e manipular objetos, garras modificadas em unhas, olhos voltados para frente e comportamento social. Entre os primatas existe o grupo dos hominídeos, que surgiu entre 8 e 5 milhões de anos atrás e ao qual pertence o ser humano. Os hominídeos são caracterizados pelo andar bípede, ou seja, caminham com a postura ereta e sobre os dois pés, pela coluna vertebral ereta, ausência de cauda, encéfalo proporcionalmente grande e ossos do maxilar e mandíbula menores.

Andar bípede

Durante a evolução, o andar bípede e a posição ereta possibilitaram ao ser humano o manuseio de objetos, pois assim suas mãos ficaram livres.

As curvaturas em forma de S da coluna vertebral contribuem para sustentar o peso da parte superior do corpo, permitindo o andar bípede.

Além disso, modificações na estrutura dos ossos do quadril e nas junções do fêmur com esses ossos, bem como modificações nos pés, contribuíram para que pudéssemos caminhar e correr sem usar as mãos.

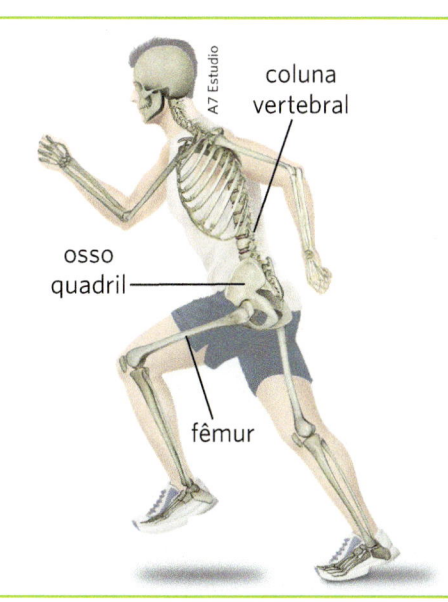

Fonte de pesquisa: Steve Parker. *O livro do corpo humano*. Barueri: Ciranda Cultural, 2007. p. 40.

Representação sem proporção de tamanho. Cores-fantasia.

Representação de ser humano correndo, com destaque para o esqueleto.

A coluna vertebral do ser humano apresenta uma alteração em relação à coluna dos mamíferos quadrúpedes. Veja abaixo.

Andar de mamífero quadrúpede

Representação sem proporção de tamanho. Cores-fantasia.

A coluna vertebral de um quadrúpede não apresenta curvatura em forma de S e a junção do fêmur com o osso do quadril tem um posicionamento diferente do observado no ser humano.

Fonte de pesquisa: *Cat Anatomy Tutorial*. Kenyon College. Department of Biology. Disponível em: <http://biology.kenyon.edu/heithausp/cat-tutorial/welcome.htm>. Acesso em: 6 nov. 2018

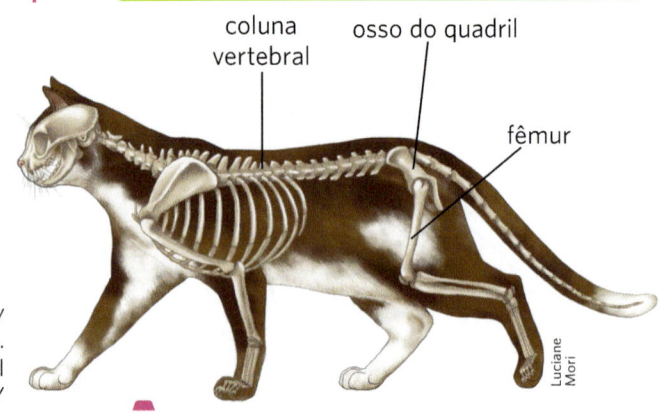

Representação de um mamífero quadrúpede (gato) caminhando.

Em relação às modificações nos pés, que contribuíram para a locomoção bípede, podemos citar os ossos do tornozelo alinhados e paralelos aos dedos, além de o polegar do pé não ser opositor aos demais, como ocorre entre determinados primatas, como o orangotango.

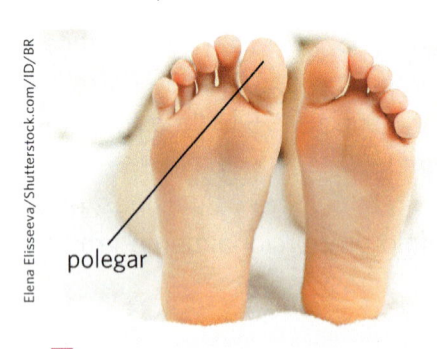

Pés humanos sem dedo opositor.

Pé de orangotango com dedo opositor.

Outras espécies de animais são capazes de caminhar sobre dois pés. Entretanto, o ser humano é o único totalmente bípede e capaz de sustentar essa posição por longas distâncias.

Assim como outros primatas, o ser humano tem a habilidade de manipular objetos com as mãos.

1 Compare a sua mão com a mão de um chimpanzé-pigmeu, um exemplo de primata, mostrada na fotografia ao lado. Cite algumas semelhanças entre elas.

Mão de um chimpanzé-pigmeu.

A disposição do polegar, oposta aos demais dedos, facilita o manuseio de objetos. Além disso, o polegar é proporcionalmente maior quando comparado ao de outros animais.

Embora outros animais também possuam o polegar opositor, eles não apresentam a mesma habilidade em manipular objetos que os seres humanos. Além disso, a disposição dos ossos da mão permite ao ser humano manipular ferramentas com maior precisão e amplitude de movimentos.

Ser humano tocando violão. É preciso ter agilidade e precisão ao dedilhar as cordas do violão. Características anatômicas da mão humana possibilitam a execução de atividades que requerem habilidades como esta.

Outra característica do ser humano está relacionada ao volume do encéfalo. Esse órgão se encontra no interior do crânio e que exerce diferentes papéis no organismo, como controlar e regular outros órgãos do corpo, interpretar estímulos do ambiente e integrar e armazenar informações.

Ao estudar crânios de grupos ancestrais dos seres humanos modernos, foi possível identificar que, ao longo do tempo, houve aumento no volume do encéfalo, o que provavelmente permitiu o desenvolvimento de relações sociais mais complexas e o aperfeiçoamento da linguagem.

Além disso, o aumento do volume do encéfalo teria possibilitado ao ser humano aprender a fabricar e manipular ferramentas complexas, facilitando sua sobrevivência em diferentes ambientes. Observe as imagens abaixo.

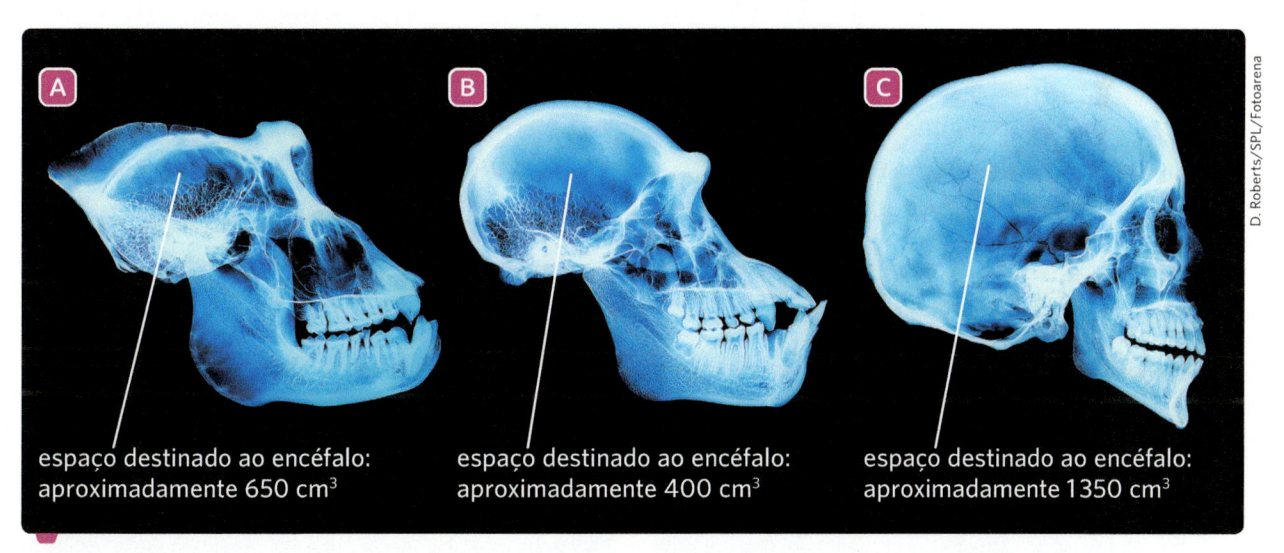

A espaço destinado ao encéfalo: aproximadamente 650 cm^3

B espaço destinado ao encéfalo: aproximadamente 400 cm^3

C espaço destinado ao encéfalo: aproximadamente 1350 cm^3

Radiografias do crânio de um gorila (**A**), de um chimpanzé (**B**) e de um ser humano (**C**) com indicação do volume médio do encéfalo para cada uma dessas espécies. Os crânios representados estão sem proporção de tamanho.

2 Gorila, chimpanzé e ser humano são exemplos de primatas. Observando as imagens e as informações acima, o que você pode dizer a respeito do encéfalo desses animais? E em relação ao formato da face?

97

Juntamente com o desenvolvimento de técnicas e ferramentas complexas, os seres humanos passaram a realizar grandes transformações no ambiente, em geral, para suprir necessidades, como alimentação, obtenção de energia e moradia. Essa maneira de modificar o ambiente em que vive é diferente de outros seres vivos. Basta olhar ao seu redor. As modificações do ser humano estão por toda parte.

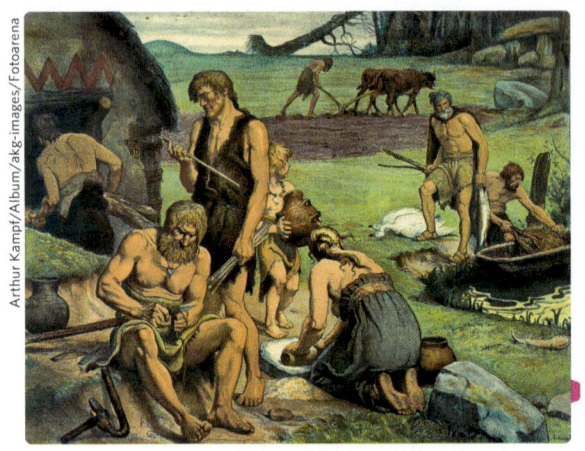

Há cerca de 12 mil anos, o ser humano aprendeu a cultivar vegetais e a criar animais, aumentando suas possibilidades de sobrevivência. Além disso, essa inovação permitiu que os indivíduos não precisassem se deslocar por grandes distâncias para caçar e coletar alimentos. Como consequência, o ser humano começou a construir moradias e foi possível a formação das primeiras comunidades.

Representação do período em que o ser humano começou a criar animais e cultivar plantas.

O desenvolvimento da capacidade de raciocínio e de comunicação permite ao ser humano viver em uma sociedade complexa. A espécie humana moderna desenvolveu uma rica linguagem simbólica com um conjunto de palavras e representações expressas por gestos, desenhos, letras e números, o que possibilitou uma comunicação elaborada. Esse desenvolvimento também possibilitou que o ser humano fosse capaz de criar uma tradição oral muito antes da invenção da escrita.

3 Cite duas formas de comunicação que você geralmente utiliza no seu dia a dia.

A capacidade de comunicação também auxiliou na transmissão de conhecimentos ao longo das gerações, possibilitando a consolidação de uma cultura, que é característica da espécie humana. Neste contexto, cultura se refere aos conhecimentos aprendidos, compartilhados e propagados em uma população. Entre os seres humanos, o compartilhamento da cultura pode ocorrer de diversas maneiras. Veja abaixo dois exemplos.

Debate em sala de aula na capital do estado de São Paulo, em 2018. Na escola, os estudantes entram em contato com conhecimentos de várias épocas e locais do mundo.

Alunos cuidando de horta orgânica, no município de Juína, estado do Mato Grosso, em 2018. A transmissão da cultura também ocorre quando é aprendido um ofício.

Evolução do *Homo sapiens*

Estima-se que os primeiros primatas com características semelhantes às do ser humano, como a postura ereta e o andar bípede, tenham surgido entre 8 milhões e 5 milhões de anos atrás. Esses primatas estão extintos, no entanto, algumas de suas características são conhecidas graças ao estudo dos fósseis.

Em 2001, foi descoberto o fóssil *Sahelanthropus tchadensis*, considerado por muitos paleontólogos como o fóssil mais antigo de uma espécie com algumas características humanas, como dentes caninos menos proeminentes e posição da coluna vertebral abaixo do crânio, sugerindo que o andar era bípede. Acredita-se que ele tenha entre 6 e 7 milhões de anos.

Outro gênero provavelmente ancestral do ser humano é o *Australopithecus*. Esses primatas viviam nas savanas africanas e se locomoviam de forma bípede. Porém, ainda viviam nas árvores e possuíam braços longos.

A espécie *Australopithecus afarensis* é uma das mais conhecidas desse gênero. O primeiro fóssil dessa espécie foi encontrado na Etiópia, no continente africano, e estima-se que esse ancestral tenha vivido entre 3,9 milhões e 2,9 milhões de anos atrás. Trata-se de uma jovem com cerca de um metro de altura, chamada pelos cientistas de Lucy.

Representação de Lucy feita com base em informações inferidas de fósseis.

Uma alteração marcante que pode ser percebida na história dos prováveis ancestrais do ser humano é a transição do bipedalismo e da vida nas árvores dos *Australopithecus* para o bipedalismo terrestre do gênero *Homo*.

De acordo com estudos atuais, os primeiros fósseis do gênero *Homo* datam de cerca de 2 milhões de anos. No início, esses fósseis foram todos considerados da espécie *Homo habilis*. No entanto, como o tamanho dos crânios encontrados era variável, os indivíduos com crânios maiores foram agrupados em outra espécie, a *Homo rudolfensis*.

Representação do crânio (acima) e da face (abaixo) de *Homo rudolfensis* elaborada de acordo com evidências fósseis. Essa espécie viveu há aproximadamente 2,1 milhões e 1,5 milhão de anos.

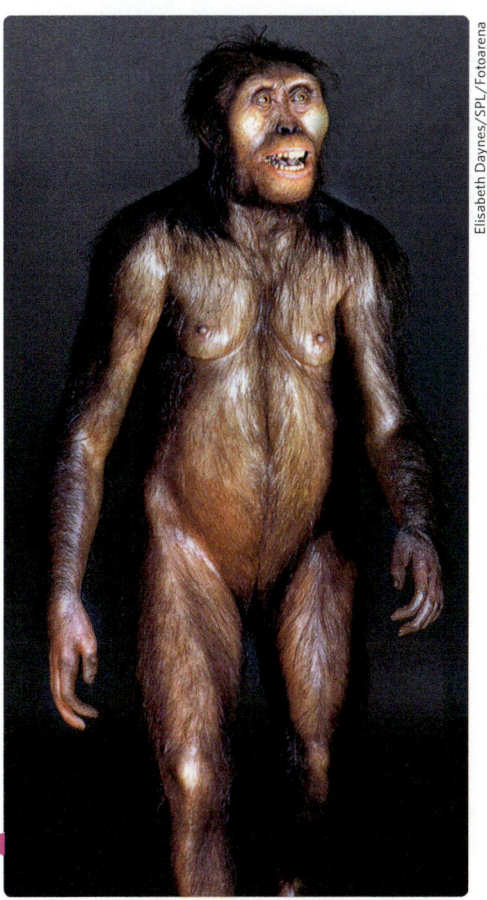

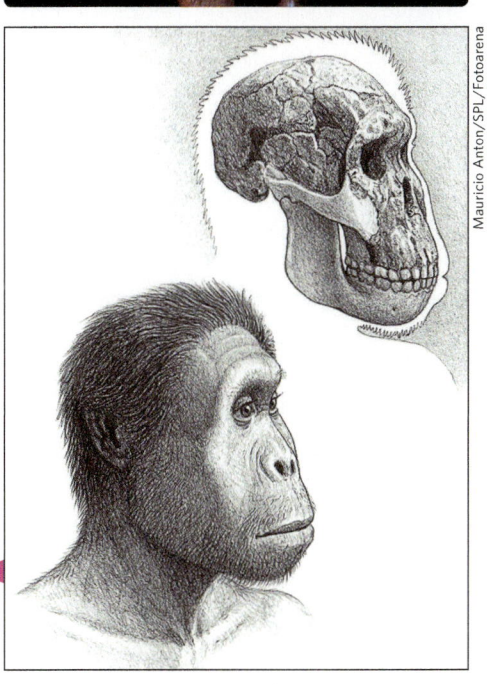

Outra espécie, o *Homo erectus*, teria vivido entre 2 milhões e 200 mil anos atrás e teria entre 1,3 m e 1,65 m de altura. Essa espécie apresenta algumas características semelhantes ao ser humano e que não eram observadas nos hominídeos anteriores, como os braços mais curtos em relação ao corpo. Seu crânio era cerca de 50% maior do que o dos primatas do gênero *Australopithecus*.

Os *Homo erectus* utilizavam ferramentas simples feitas de rocha e também eram hábeis no uso do fogo. Esse foi considerado o primeiro ancestral do ser humano a se espalhar pelo planeta, ocupando o norte da China, o sudoeste da Ásia, parte da Europa e toda a África.

Representação de *Homo erectus* feita com base em estudos de fósseis.

Acredita-se que populações de *Homo erectus* que habitavam a Europa e o Oriente deram origem à espécie *Homo neanderthalensis*, conhecida popularmente como o homem de Neandertal. Essa espécie viveu, possivelmente, entre 250 mil e 30 mil anos atrás e tinha entre 1,5 m e 1,7 m de altura.

Evidências fósseis indicam que esses hominídeos eram robustos, com membros mais espessos que os observados nos seres humanos e sua alimentação era composta de alimentos duros. Fabricavam diversas ferramentas e utilizavam roupas feitas de pele de animais.

Representação de *Homo neanderthalensis* elaborada com base no estudo de fósseis.

Alguns milhares de anos depois, o homem de Neandertal teria sido extinto, provavelmente devido às mudanças climáticas ou às interferências causadas pelo *Homo erectus*.

Acredita-se que o *Homo sapiens* tenha surgido há cerca de 150 mil ou 200 mil anos e tenha se originado de populações africanas de *Homo erectus*. Conhecidos como homens do Cro-Magnon, o grupo de *Homo sapiens* que colonizou a Europa possuía uma cultura complexa e deixou diversas pinturas em cavernas.

A organização social do *Homo sapiens* é mais complexa quando comparada à de outras espécies do gênero *Homo*. Além disso, tal espécie desenvolveu uma comunicação falada complexa.

O *Homo sapiens* apresenta crânio bastante volumoso, o maior proporcionalmente ao tamanho do corpo, entre todos os primatas. O tecido nervoso exige grande gasto energético do ser humano, tanto para o crescimento do encéfalo como para a sua manutenção.

Pintura em caverna feita por homens do Cro-Magnon durante o Pleistoceno. Essas pinturas nos ajudam a compreender como era a sociedade daquela época.

Alguns ancestrais dos seres humanos alimentavam-se de frutos e raízes cruas, o que resultava em uma dieta pobre em energia. Houve um momento na história evolutiva em que os nossos ancestrais passaram a se alimentar de carne, aproveitando restos de caça de outros animais ou aprendendo a caçá-los, em grupos e com o uso de ferramentas que produziam. Isso aumentou o valor energético de sua dieta, uma vez que a carne fornece mais energia ao organismo que os alimentos vegetais.

Estudos indicam que os ancestrais do ser humano teriam aprendido a cozinhar alguns alimentos, como as raízes e os tubérculos, que, quando cozidos, fornecem mais energia do que crus. Essas mudanças na dieta contribuíram para a evolução do encéfalo humano.

Embora as informações sobre a evolução humana e o modo de vida dos nossos antepassados sejam reveladas pelo estudo de fósseis, essas descobertas são fragmentadas, de maneira que ainda existem muitas lacunas a ser preenchidas. Cada nova descoberta pode confirmar, complementar ou reconstruir as informações que temos hoje.

O que se sabe é que a evolução da espécie humana, assim como a das demais espécies de seres vivos, não foi linear, com uma espécie substituindo a outra. Embora atualmente *Homo sapiens* seja a única espécie do gênero *Homo* existente, muitas espécies coexistiram no ambiente, como *Homo habilis* e *Homo rudolfensis*.

Representação de Luzia, fóssil mais antigo de *Homo sapiens* encontrado no Brasil. Estima-se que se tratava de uma mulher de mais ou menos 20 anos, que teria vivido há cerca de 11 mil anos.

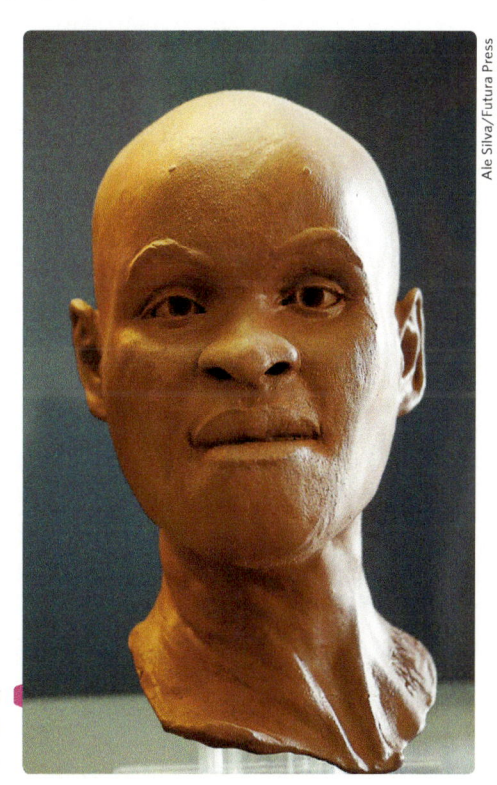

Ampliando fronteiras

Cultura e educação

Educar é um ato de ensinar e aprender. Por isso, está intimamente relacionado com a cultura que, entre outras características, envolve a transmissão de conhecimento ao longo das gerações. Assim, a cultura de cada povo é transmitida aos jovens por meio da educação.

Como você estudou neste capítulo, a cultura é uma característica do ser humano. Ela pode ser transmitida aos integrantes de uma comunidade de diferentes formas, como pela linguagem falada e escrita, pelas manifestações artísticas e pelas crenças religiosas.

A fala é uma das maneiras mais antigas de transmissão da cultura na educação dos jovens. Essa é uma característica do ser humano moderno: a capacidade de emitir sons articulados e a eles atribuir significados, formando a fala. Existem povos africanos em que a educação dos jovens é realizada apenas oralmente, pelos contadores de histórias.

Representação de um griô contando história a crianças. Os griôs são contadores de histórias de origem africana. São os mestres portadores do conhecimento dos elementos da cultura, que os transmitem oralmente, por meio de histórias.

O ser humano tem o andar bípede e, por isso, suas mãos ficam livres para carregar alimentos e a prole, bem como segurar instrumentos e materiais, como aqueles utilizados para fazer desenhos. Os desenhos em rochas feitos antes da invenção da escrita mostram que a caça fazia parte da cultura de muitos povos. Além disso, por meio desses desenhos é possível conhecer os tipos de animais que viviam naqueles ambientes e os tipos de armas utilizadas para caçá-los. A prática da caça era aprendida observando os mais velhos.

Representação de pinturas em rochas simbolizando a caça.

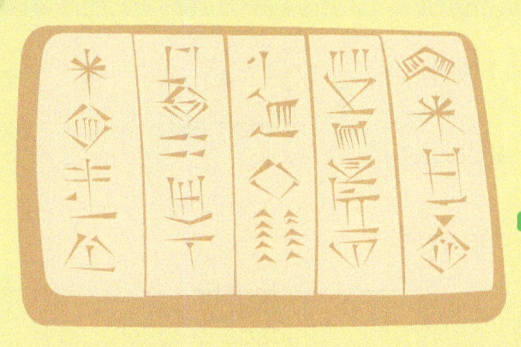

Representação de placa com escrita pictográfica.

A invenção da escrita foi um dos importantes eventos associados ao desenvolvimento da humanidade. Para criá-la, o ser humano atribuiu significado às imagens e com elas desenvolveu a escrita pictográfica. Um exemplo dessa escrita é a feita em placas de argila, há cerca de 10 mil anos, por povos da Mesopotâmia, para registrar conhecimentos, técnicas, leis, normas de conduta e até receitas de preparo de alimentos.

Hoje sabemos como era a cultura dos egípcios e como ela era transmitida aos jovens observando os murais do Egito Antigo e traduzindo os hieróglifos, um tipo de escrita pictográfica.

Representação de mural egípcio.

Ao longo do tempo, novos elementos foram inseridos à cultura dos povos e o modo de educar também sofreu alterações. A invenção da prensa de Gutenberg, em 1450, por exemplo, permitiu a impressão de livros, revistas, jornais, folhetos e cartazes. Isso possibilitou que um número cada vez maior de pessoas tivesse acesso à educação. Com o desenvolvimento da internet, o conhecimento se tornou ainda mais acessível e, atualmente, as informações podem ser transmitidas e acessadas em tempo real.

Representação das inovações ocorridas no acesso à informação ao longo do tempo.

Rodrigo Gafa

1. Escreva, com suas palavras, o que é cultura e cite alguns exemplos de elementos culturais.
2. Como a cultura é transmitida ao longo das gerações?
3. Qual a importância da educação na manutenção da cultura de um povo?
4. Apesar de atualmente o acesso à educação ser mais fácil, se comparado aos tempos passados, você acha que atualmente ela é acessível a todos? Caso sua resposta seja negativa, quais os possíveis efeitos dessa situação?

Representação sem proporção de tamanho. Cores-fantasia.

103

Atividades

1. Observe na imagem ao lado a relação filogenética entre alguns primatas.

a) Que número representa o ancestral comum a todos esses seres vivos?

b) A espécie **4** se diferenciou antes das espécies **5** e **6**?

c) O número **2** representa o ancestral comum a **3** e **4**?

d) Qual é a primeira espécie a se diferenciar na evolução desse grupo de primatas?

e) Quem é mais próximo evolutivamente, as espécies **2**, **3** e **4** ou as espécies **5** e **6**? Justifique sua resposta.

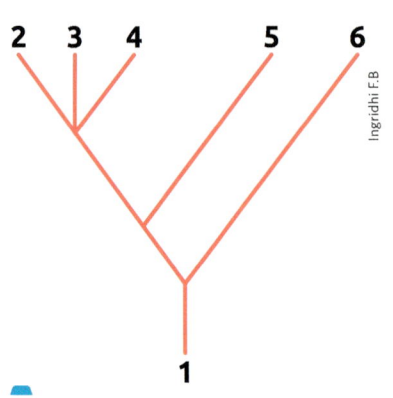

Representação da relação filogenética entre alguns primatas.

Fonte de pesquisa: Douglas J. Futuyma. *Biologia evolutiva*. 2. ed. Ribeirão Preto: FUNPEC-RP, 2002. p. 536.

2. Observe a árvore filogenética abaixo.

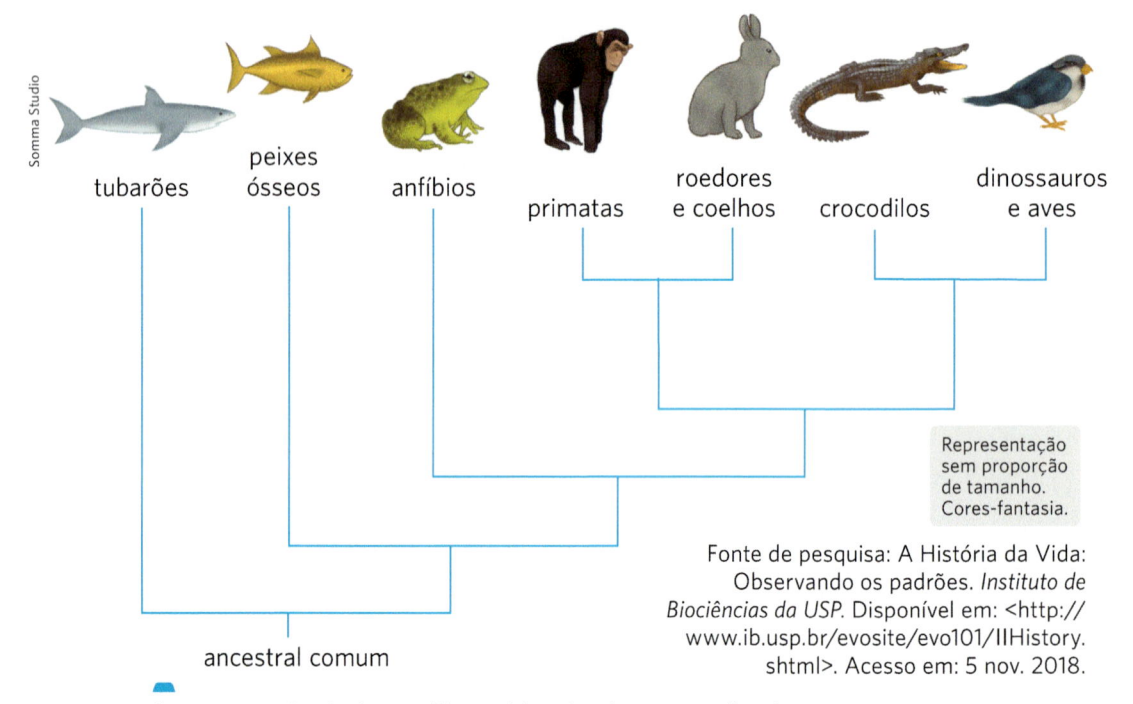

Representação sem proporção de tamanho. Cores-fantasia.

Fonte de pesquisa: A História da Vida: Observando os padrões. *Instituto de Biociências da USP*. Disponível em: <http://www.ib.usp.br/evosite/evo101/IIHistory.shtml>. Acesso em: 5 nov. 2018.

Representação da árvore filogenética de alguns vertebrados.

a) Observando essa imagem, Ana, uma aluna do 9º ano, fez a seguinte afirmação: "Os primatas apresentam um ancestral comum mais próximo evolutivamente dos anfíbios do que dos roedores e coelhos". Você concorda com a afirmação de Ana? Justifique sua resposta.

b) Em seguida, Ana fez outra afirmação: "As aves têm grau de parentesco evolutivo maior com os roedores e os coelhos do que com os primatas". Essa afirmação está correta ou incorreta? Justifique sua resposta.

c) De acordo com a árvore filogenética acima, quais os seres vivos com parentesco evolutivo mais próximo dos primatas e com parentesco evolutivo mais distante?

3. Nas imagens a seguir, podemos observar folhas modificadas em espinhos e folhas modificadas em brácteas. Mesmo sendo aparentemente muito diferentes, essas estruturas são homólogas. Explique, com suas palavras, o que isso significa e por que estas são evidências da evolução.

espinhos de um cacto

Brácteas em inflorescência da flor-bico-de-papagaio.

4. Leia e interprete um trecho da reportagem que narra as pesquisas do paleoantropólogo Lee Berger e a descoberta do *Homo naledi*, na Caverna Rising Star, na África do Sul.

> [...] Quatro crânios parciais foram encontrados — provavelmente dois masculinos e dois femininos. No que se refere à morfologia geral, claramente parecem avançados o bastante para serem incluídos entre os *Homo*. No entanto, as caixas cranianas são minúsculas — apenas 560 centímetros cúbicos para os machos e 465 para as fêmeas, bem menos que a média de 900 centímetros cúbicos do *H. erectus*, e menos que a metade da nossa própria caixa craniana. Um cérebro volumoso é indispensável para a condição humana, a marca característica de uma espécie que evoluiu e sobreviveu graças à inteligência. Essas criaturas não são exatamente humanas. [...]
>
> Em alguns aspectos, o novo hominídeo da Caverna Rising Star está ainda mais próximo aos seres humanos modernos que o *Homo erectus*. Para Berger e colegas, fica evidente que pertence ao gênero *Homo*, ainda que distinto de todos os outros membros. Por isso, não lhes resta outra saída além de propor a criação de uma nova espécie, batizada de *Homo naledi*, numa alusão à gruta onde foram achados os ossos — na língua local, o soto do sul, *naledi* significa "estrela".
> [...]

Jamie Shreeve. Mistério humano. *National Geographic Brasil*, São Paulo, Abril, n. 187, p. 33-35, 2015.

a) Identifique uma característica do novo fóssil que o torna mais próximo do *Homo sapiens* e uma característica que o torna mais distante dessa espécie.

b) Por que os pesquisadores propuseram a criação de uma nova espécie para classificar o fóssil descoberto?

c) Os fósseis não são encontrados com facilidade e, quando encontrados, dificilmente estão bem conservados e completos. Esse fato pode influenciar os estudos científicos? Como?

CAPÍTULO 5
Diversidade biológica

Leia a tira a seguir.

Alexandre Beck. *Armandinho Três*. Florianópolis: A. C., 2014. p. 48.

— ENTÃO QUANDO VOCÊ CRESCER VAI CUIDAR DA NATUREZA?!
— ESPERO QUE SIM! DEPENDE DE VOCÊS!
— TENTEM NÃO DESTRUIR TUDO ATÉ LÁ!

1 O que a personagem Armandinho quis dizer no último quadrinho?

2 Em sua opinião, como você pode contribuir para cuidar da natureza?

A Terra apresenta uma grande biodiversidade. No entanto, não se sabe o número exato de espécies de seres vivos existentes. A determinação desse número é uma tarefa complexa que se baseia em estimativas, já que a maior parte das espécies ainda não foi descoberta. Atualmente, cerca de 1,5 milhão de espécies já foram descritas e muito pouco se sabe a respeito do estado de conservação dessas espécies.

Glossário

Grande parte dessa diversidade biológica é encontrada no Brasil, que é considerado o país com maior biodiversidade da Terra e onde se encontra um grande número de **espécies endêmicas**. Muito dessa biodiversidade se deve às diferenças ambientais do país, incluindo florestas, regiões semiáridas e de clima subtropical, por exemplo.

Vista aérea da floresta Amazônica, no município de Novo Airão, estado do Amazonas, em 2017.

Caatinga, no município de Carnaúba dos Dantas, estado do Rio Grande do Norte, em 2018.

A biodiversidade atual, mesmo que ainda não completamente conhecida pelo ser humano, é resultado de cerca de 4 bilhões de anos de evolução. Durante esse tempo, os processos evolutivos, como a seleção natural, foram atuando sobre as variações existentes nas populações, resultando em novas espécies.

A evolução das espécies é um processo natural, assim como a extinção delas. Ao longo do tempo geológico, foram observadas várias extinções em massa que reduziram drasticamente o número de espécies de seres vivos na Terra. No entanto, esse processo está sendo acelerado pelo ser humano. Alguns cientistas, inclusive, consideram que a Terra está em direção à sua próxima extinção em massa, que irá eliminar grande parte das espécies até o próximo século.

Leia as manchetes a seguir.

Desmatamento do Cerrado pode levar à extinção de 1.140 espécies de plantas

O Globo, 18 out. 2018. Disponível em: <https://oglobo.globo.com/sociedade/sustentabilidade/desmatamento-do-cerrado-pode-levar-extincao-de-1140-especies-de-plantas-23152986>. Acesso em: 8 nov. 2018.

Processo de extinção atualmente é mil vezes mais rápido do que antes

Galileu, 12 jul. 2018. Disponível em: <https://revistagalileu.globo.com/Ciencia/noticia/2018/07/processo-de-extincao-atualmente-e-mil-vezes-mais-rapido-do-que-antes.html>. Acesso em: 8 nov. 2018.

Perda da biodiversidade pode levar à extinção da espécie humana

Diário de Notícias, 3 nov. 2018. Disponível em: <https://www.dn.pt/vida-e-futuro/interior/perda-da-biodiversidade-pode-levar-a-extincao-da-especie-humana-10127224.html>. Acesso em: 8 nov. 2018.

3 Além do desmatamento citado na primeira manchete, que outras atividades humanas podem causar a extinção dos seres vivos?

4 Em sua opinião, como a perda da biodiversidade pode levar à extinção da espécie humana?

Como você pôde perceber nas manchetes acima, a extinção acelerada dos seres vivos é uma triste realidade que ameaça a biodiversidade da Terra e que é resultado principalmente de ações humanas. Essas ações incluem desmatamento, queimadas, tráfico de animais silvestres, poluição do solo, do ar e dos corpos-d'água, caça e pesca predatórias e extrativismo predatório.

Entre 2009 e 2014 o Instituto Chico Mendes de Conservação da Biodiversidade (ICMBio) desenvolveu um projeto para avaliar o estado de conservação das espécies da fauna brasileira. Foram avaliadas 8 922 espécies de vertebrados e 3 332 de invertebrados. Deste total de espécies, 1 173 estão ameaçadas de extinção no Brasil e 10 são consideradas extintas. Veja o quadro abaixo.

Bioma brasileiro	Espécies ameaçadas	Espécies endêmicas ameaçadas
Floresta Amazônica	183	122
Pantanal	36	1
Mata Atlântica	598	428
Caatinga	136	46
Cerrado	307	123
Pampas	79	36

Fonte de pesquisa: Brasil. Ministério do Meio Ambiente. *Sumário Executivo do Livro Vermelho da Fauna Brasileira Ameaçada de Extinção*. Disponível em: <http://www.icmbio.gov.br/portal/images/stories/comunicacao/publicacoes/publicacoes-diversas/dcom_sumario_executivo_livro_vermelho_ed_2016.pdf>. Acesso em: 8 nov. 2018.

Unidades de conservação

Leia o trecho da reportagem a seguir.

Governo cria cinco unidades de conservação

[...]

"O ano de 2018 já pode ser considerado histórico para o ICMBio com a criação dessas unidades. Somente com as três Resex, vamos beneficiar mais de 13 mil famílias que vivem nesses locais de pesca artesanal, além da preservação de toda a biodiversidade destas áreas", comemora o presidente do ICMBio, Ricardo Soavinski. Segundo ele, as três Resex, que somam mais de 400 mil hectares, protegem uma grande biodiversidade como peixes, tartarugas, espécies marinhas, aves ameaçadas, aves migratórias, área de ninhais, área de lagos e importantes manguezais.

[...]

Brasil. Ministério do Meio Ambiente. *Governo cria cinco unidades de conservação*. Brasília, 6 abr. 2018. Disponível em: <http://www.icmbio.gov.br/portal/ultimas-noticias/20-geral/9543-governo-cria-cinco-unidades-de-conservacao>. Acesso em: 8 nov. 2018.

5 Resex (Reserva Extrativista) é um tipo de unidade de conservação. Para você, o que são unidades de conservação?

6 Qual é a importância das unidades de conservação para a biodiversidade?

7 O texto cita que mais de 13 mil famílias serão beneficiadas com a criação das Resex. Como você acha que as unidades de conservação podem beneficiar essas famílias?

A destruição dos hábitats é uma das principais causas de extinção das espécies e, consequentemente, de redução da biodiversidade. Isso porque, ao eliminar os ambientes naturais, as espécies perdem os locais de abrigo e de reprodução e as fontes de alimento, por exemplo, prejudicando sua permanência no ambiente. Além de causar danos à biodiversidade, a destruição dos ambientes naturais pode prejudicar populações humanas, como as comunidades pesqueiras e extrativistas, que dependem diretamente de recursos da natureza.

Em 2000 foi sancionada a lei n. 9 985 que, entre outras providências, institui o Sistema Nacional de Unidades de Conservação (SNUC). As Unidades de Conservação (UCs) são áreas do território nacional e seus recursos ambientais, como fauna, flora, solo, corpos-d'água e ar, com características naturais consideradas relevantes, e que são protegidas por lei. Veja, a seguir, alguns dos objetivos das unidades de conservação.

- Contribuir para a manutenção da biodiversidade.
- Promover o desenvolvimento sustentável.
- Garantir recursos naturais para a subsistência de muitas famílias brasileiras.
- Associar desenvolvimento e conservação do meio ambiente.
- Proteger o patrimônio natural do país.
- Proteger e recuperar ecossistemas degradados e seus recursos hídricos.
- Promover a educação ambiental.

As unidades de conservação podem ser divididas em dois grupos principais. Veja abaixo.

Unidades de Proteção Integral

O objetivo dessas unidades é a preservação dos ambientes naturais, sendo proibida a ocupação humana nos locais e permitido apenas o uso indireto de seus recursos, como para pesquisas científicas.

Unidades de Uso Sustentável

O objetivo dessas unidades é associar a conservação dos ambientes naturais com o uso sustentável de seus recursos. Nessas unidades é permitida a ocupação humana.

A seguir vamos conhecer algumas categorias de unidades de conservação de cada um desses grupos.

Unidades de Proteção Integral

As Unidades de Proteção Integral incluem as seguintes categorias: Estação Ecológica (ESEC), Reserva Biológica (REBIO), Parque Nacional (PARNA), Monumento Natural (MONAT) e Refúgio de Vida Silvestre (RVS). De maneira geral, todas essas categorias visam à proteção da biodiversidade, permitindo a realização de pesquisas científicas e visitação do público para fins educacionais. As intervenções humanas são permitidas apenas para fins de recuperação e manejo das áreas.

A **Estação Ecológica** Taiamã, por exemplo, está localizada no estado do Mato Grosso, protegendo a biodiversidade de parte do Pantanal. Nela encontram-se várias espécies ameaçadas de extinção, como a onça-pintada, a ariranha e o cervo-do-pantanal. Há um predomínio de aves e peixes, como o pintado, o dourado e o jaú.

A **Reserva Biológica** Atol das Rocas, por exemplo, é uma unidade de conservação marinha que pertence ao estado do Rio Grande do Norte. Nessa reserva são encontradas espécies de lagostas, caranguejos, corais, peixes, como o tubarão-lixa e o tubarão-limão, e animais ameaçados de extinção, como a tartaruga-de-pente e a tartaruga-verde, além de aves como os trinta-réis, os atobás e as viuvinhas.

Estação Ecológica do Taiamã, no município de Cáceres, estado do Mato Grosso, em 2015.

Vista aérea da Reserva Biológica Atol das Rocas, no estado do Rio Grande do Norte, em 2016.

Os **Parques Nacionais** são áreas de beleza cênica, abertas à visitação pública. Nessas áreas é permitido o desenvolvimento de atividades educacionais e de turismo ecológico. Quando as unidades dessa categoria são criadas em municípios e estados, recebem o nome de Parques Municipais e Parques Estaduais, respectivamente.

O Parque Nacional Serra da Capivara, por exemplo, está localizado no estado do Piauí. Nele, são encontrados sítios arqueológicos com pinturas em rochas feitas por grupos pré-históricos. Além disso, essa unidade de conservação protege parte da diversidade biológica do bioma da Caatinga, abrigando espécies vegetais, como cactos e bromélias, e animais, como tatu-bola, veado-catingueiro, tamanduás, serpentes e cutias.

Pessoa fotografando pinturas em rochas do Parque Nacional Serra da Capivara, no município de São Raimundo Nonato, estado do Piauí, em 2018.

Os **Monumentos Naturais** são áreas destinadas à proteção e à preservação de ambientes naturais com características únicas de beleza cênica. Essas áreas podem ser públicas ou particulares. Nesse último caso, é necessário que seja possível conciliar os objetivos da unidade de conservação com a utilização dos recursos naturais pelo proprietário da área. Caso isso não seja possível, a área deve ser desapropriada.

O Monumento Natural Atalaia é uma área com dunas, restingas, manguezais, lagos e praias localizado no estado do Pará. Essa área sofreu intensa degradação em razão da ocupação do ser humano e as atividades turísticas desenvolvidas no local. A vegetação inclui diferentes espécies de mangue, como o mangue-vermelho, o mangue-amarelo e o mangue-preto. Essas áreas são importantes locais de reprodução de crustáceos, moluscos e peixes.

Dunas e vegetação litorânea que compõem o Monumento Natural Atalaia, no município de Salinópolis, estado do Pará, em 2015.

O principal objetivo das unidades de conservação do tipo **Refúgio de Vida Silvestre** é garantir condições para as espécies da flora e da fauna locais ou migratórias viverem e se reproduzirem. Podem incluir áreas particulares, desde que o uso da área pelo proprietário não interfira nos objetivos da unidade.

comprimento: aproximadamente 2,5 m

O Refúgio de Vida Silvestre Ilha dos Lobos, por exemplo, está localizado no estado do Rio Grande do Sul. Nessa área são encontradas principalmente espécies animais, como o lobo-marinho-do-sul e o leão-marinho-do-sul que utilizam a ilha para descansar e se alimentar. Além desses mamíferos, a ilha também abriga aves marinhas, como o trinta-réis-real, o trinta-réis-de-bico-vermelho e o trinta-réis-de-bico-amarelo.

Leão-marinho-do-sul na Ilha dos Lobos, estado do Rio Grande do Sul, em 2016.

Unidades de Uso Sustentável

As Unidades de Uso Sustentável incluem as seguintes categorias: Área de Proteção Ambiental (APA), Área de Relevante Interesse Ecológico (Arie), Floresta Nacional (Flona), Reserva Extrativista (Resex), Reserva de Fauna (REF), Reserva de Desenvolvimento Sustentável (RDS) e Reserva Particular do Patrimônio Natural (RPPN).

De maneira geral, esse grupo de unidades de conservação visa à conservação da biodiversidade em conjunto com as **populações tradicionais**, que realizam atividades sustentáveis nessas áreas. Dependendo da categoria considerada, elas podem ser públicas ou privadas.

As **Áreas de Proteção Ambiental**, geralmente, são extensas. As normas e restrições para a ocupação humana e uso da área são determinadas pelo órgão gestor responsável pela APA ou pelo proprietário, no caso de a área ser privada.

A Área de Proteção Ambiental Serra do Lajeado, por exemplo, está localizada no estado do Tocantins. Nela encontram-se várias cachoeiras, ribeirões e córregos de águas geladas e cristalinas. Sua criação contribui com a conservação da fauna, da flora e dos recursos hídricos disponíveis.

Vista aérea da Área de Proteção Ambiental Serra do Lajeado, no estado do Tocantins, em 2016.

As **Áreas de Relevante Interesse Ecológico** são, geralmente, pouco extensas e a ocupação humana é reduzida ou até mesmo ausente. Essas áreas apresentam características ambientais consideradas únicas, como a presença de espécies raras da flora e da fauna.

A Área de Relevante Interesse Ecológico Mata de Santa Genebra, no estado de São Paulo, por exemplo, corresponde a uma área no bioma da Mata Atlântica. Antes da criação dessa Arie, essa região foi intensamente devastada pelo ser humano. Atualmente, apresenta mais de 120 mil metros quadrados de área em processo de restauração florestal. Além disso, é o refúgio de diversas espécies animais, como o bugio e o macaco-prego.

Vista aérea da Área de Relevante Interesse Ecológico Mata de Santa Genebra, no município de Campinas, estado de São Paulo, em 2014.

As **Reservas Extrativistas** são áreas públicas onde é permitida a exploração sustentável dos recursos naturais por populações tradicionais. Assim, além de auxiliar na conservação da biodiversidade, essas unidades visam garantir os meios de subsistência dessas famílias, bem como valorizar sua cultura e suas tradições. Além do extrativismo, as famílias que vivem nessas reservas podem criar animais de pequeno porte e praticar a agricultura de subsistência. A caça e a exploração mineral são proibidas, enquanto a exploração de madeira é permitida apenas de modo sustentável e em casos específicos.

Há dois tipos de Resex: as florestais e as marinhas. Veja a seguir.

Nas Reservas Extrativistas Florestais são permitidas atividades como o extrativismo vegetal de partes de plantas, por exemplo, frutos, sementes e folhas.

Nas Reservas Extrativistas Marinhas são permitidas a pesca e a coleta de seres vivos marinhos ou pertencentes às áreas de mangue, como peixes, moluscos e crustáceos.

Morador com cachos de açaí na Reserva Extrativista Tapajós-Arapiuns, no município de Santarém, estado do Pará, em 2017.

Pescador de camarão na Reserva Extrativista Marinha de Cururupu, no município de Apicum, estado do Maranhão, em 2016.

Glossário

As **Reservas de Fauna** são áreas onde há predomínio de espécies nativas de animais terrestres e aquáticos, residentes ou migratórios, e, por isso, são destinadas à conservação da fauna. Nelas, a caça é proibida, mas é possível desenvolver pesquisas e visitação ao local. De acordo com o Cadastro Nacional de Unidades de Conservação, do Ministério do Meio Ambiente, até o ano de 2018, o Brasil não apresentava unidades de conservação desse tipo cadastradas.

Nas **Reservas de Desenvolvimento Sustentável** é permitida a exploração dos componentes do ecossistema pelas comunidades tradicionais que vivem na área, desde que realizada de maneira sustentável. Além disso, é permitida a substituição de parte da cobertura vegetal por espécies cultiváveis.

A Reserva de Desenvolvimento Sustentável Mamirauá, por exemplo, está localizada no estado do Amazonas. Nela, habitam comunidades ribeirinhas que vivem da produção da farinha de mandioca, da pesca e do turismo de base comunitária. Essas comunidades também desempenham um papel importante, juntamente com os pesquisadores, para a conservação dos recursos naturais dessa área.

Pousada Uacari, do Programa de Ecoturismo de Base Comunitária da Reserva de Desenvolvimento Sustentável Mamirauá, no município de Uarini, estado do Amazonas, em 2015.

As **Florestas Nacionais** são áreas com cobertura florestal e que possuem diversidade de espécies nativas. Em caso de áreas privadas, elas devem ser desapropriadas. Nesse tipo de unidade de conservação é permitida apenas a ocupação por populações tradicionais, que habitavam a região antes da criação da unidade. As pesquisas nessas áreas são incentivadas e a visitação do público permitida, desde que seguindo regulamentações do órgão gestor.

A Floresta Nacional do Tapajós, por exemplo, está localizada no estado do Pará e suas praias, rios e árvores de grande porte atraem muitos turistas. Essa unidade de conservação é abrigo de comunidades tradicionais e indígenas, que têm como uma das principais fontes de renda a extração do látex.

Comunidade Maguary na Floresta Nacional do Tapajós, no município de Belterra, estado do Pará, em 2016.

As **Reservas Particulares do Patrimônio Natural** são áreas privadas destinadas à conservação da biodiversidade. Nessas áreas é permitida a pesquisa científica e a visitação turística, recreativa e educacional. A criação dessa unidade de conservação é realizada por iniciativa do proprietário da área.

A Reserva Particular do Patrimônio Natural Salto Morato, por exemplo, está localizada no estado do Paraná. Essa unidade de conservação abriga parte da Mata Atlântica e possui vários atrativos turísticos, como trilhas e uma cachoeira de aproximadamente 130 m de altura.

Cachoeira Salto Morato na Reserva Particular do Patrimônio Natural Salto Morato, no município de Guaraqueçaba, estado do Paraná, em 2017.

▶ **Aprenda mais**

No município ou estado em que você vive existem unidades de conservação? No site *Cadastro Nacional de Unidades de Conservação*, do Ministério do Meio Ambiente, você pode fazer uma busca por unidades existentes em cada estado ou por categoria, por exemplo.

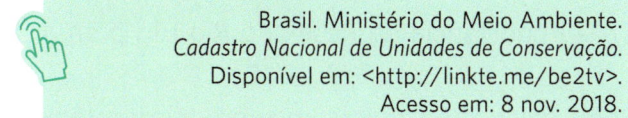

Brasil. Ministério do Meio Ambiente. *Cadastro Nacional de Unidades de Conservação*. Disponível em: <http://linkte.me/be2tv>. Acesso em: 8 nov. 2018.

8 Agora que você conhece os diferentes tipos de unidades de conservação e sua importância para a conservação da biodiversidade, em sua opinião, por que é tão importante manter a diversidade de espécies?

A biodiversidade é essencial para o equilíbrio dos ambientes e para a conservação do patrimônio natural do Brasil e do mundo. Além disso, como afirmado em uma das manchetes da página **107**, ela também é importante para a sobrevivência da espécie humana. Os componentes do ecossistema estão interligados. Assim, a remoção de parte deles, como as espécies de seres vivos, prejudica a estabilidade do ecossistema. Como resultado, prejudicam-se as condições adequadas à vida, como clima e qualidade do ar e da água.

Atividades

1. Leia o trecho da reportagem a seguir.

Extrativistas movimentam economia em áreas protegidas no Rio Xingu

[...] Entre os produtos trabalhados pelas comunidades extrativistas da região, além da valorizada castanha-do-pará, comercializada com casca e desidratada, e derivados do produto, como óleo e farinha de castanha, estão também óleo e farinha de babaçu, sementes florestais e borracha, vendida em bloco e em manta.

[...]

O Rio Novo está localizado na Estação Ecológica onde começa a Reserva Extrativista (Resex) do Rio Iriri, na região da Terra do Meio, entre os rios Xingu e Iriri, formada por áreas protegidas que somam 8 milhões de hectares. Os encontros entre os cantineiros para negociar produtos e discutir preços também aproximou os moradores de diferentes áreas que ficavam muitas vezes isolados uns dos outros devido às grandes distâncias.

[...]

A utilização do capital de giro permite que os extrativistas recebam o pagamento assim que entregam a castanha na cantina. Antes eles tinham que esperar até sete meses para receber o dinheiro pelo produto coletado, devido a uma logística complexa de transporte e venda dos produtos.

[...]

Leandro Melito. Extrativistas movimentam economia em áreas protegidas no Rio Xingu. *EBC*, 26 out. 2018. Agência Brasil. Disponível em: <http://agenciabrasil.ebc.com.br/geral/noticia/2018-10/extrativistas-movimentam-economia-em-areas-protegidas-no-rio-xingu>. Acesso em: 8 nov. 2018.

a) O texto cita duas categorias de unidades de conservação: a Estação Ecológica e a Reserva Extrativista. Essas duas categorias pertencem ao mesmo grupo de unidades de conservação?

b) Explique com suas palavras o que são Resex e cite seus principais objetivos.

c) Qual é a importância das Resex para a conservação do meio ambiente e sua biodiversidade?

d) De acordo com o texto, qual é a importância da Resex do Rio Iriri para a comunidade local?

e) Forme um grupo com outros dois colegas e conversem sobre a importância do extrativismo sustentável para as populações tradicionais e para o meio ambiente.

2. Os efeitos da perda da biodiversidade sobre a espécie humana são inúmeros. Um deles se refere à disponibilidade de alimentos. De acordo com a Organização das Nações Unidas para a Alimentação e a Agricultura (FAO), 75% da alimentação humana depende, direta ou indiretamente, de animais polinizadores, principalmente abelhas. No entanto, esses insetos estão sendo eliminados dos ambientes pela ação humana.

• Faça uma pesquisa sobre as principais causas da extinção das abelhas. Em seguida, converse com os colegas sobre esse assunto.

3. No seu caderno, relacione cada uma das categorias de unidades de conservação apresentadas na coluna da esquerda com suas informações correspondentes, na coluna da direita.

1 Reserva Particular do Patrimônio Natural.

2 Estação Ecológica.

3 Refúgio de Vida Silvestre.

4 Área de Relevante Interesse Ecológico.

5 Reserva de Desenvolvimento Sustentável.

A Área que garante condições para espécies da flora e da fauna, locais ou migratórias, viverem e se reproduzirem.

B Área onde é permitida a exploração dos componentes do ecossistema pelas comunidades tradicionais que vivem na área, desde que realizada de maneira sustentável.

C Área geralmente pouco extensa e onde a ocupação humana é reduzida ou até mesmo ausente. De maneira geral, apresenta característica ambiental considerada relevante, como a presença de espécies raras da flora e da fauna.

D Área privada destinada à conservação da biodiversidade, sendo permitida a pesquisa científica e a visitação turística, recreativa e educacional.

E Área de proteção integral destinada à conservação da biodiversidade e à realização de pesquisas científicas.

4. O Monumento Natural das Ilhas Cagarras, no estado do Rio de Janeiro, localiza-se próximo à praia de Ipanema. Por esse motivo, sofreu intensa interferência humana, como atividade turística e sobrepesca, também chamada pesca predatória. Essa unidade de conservação apresenta elevada diversidade biológica, inclusive de espécies endêmicas e é um importante local de refúgio para as aves migratórias e onde muitas delas se reproduzem, além de representar um dos últimos remanescentes de Mata Atlântica em ilhas.

Vista aérea do Monumento Natural das Ilhas Cagarras, no estado do Rio de Janeiro, em 2017.

a) Essa unidade de conservação é do tipo proteção integral ou de uso sustentável?

b) O que é pesca predatória? Se necessário, faça uma pesquisa.

c) Quais são as principais características desse tipo de unidade de conservação?

d) Com base em sua resposta ao item **b**, explique com suas palavras qual é a diferença entre a pesca predatória e aquela realizada nas Resex marinhas, por exemplo.

Conservação do ambiente

Leia a situação a seguir.

O professor de Ciências realizou uma atividade com os alunos da turma do 9º ano para analisar o bairro em que se localiza a escola. Ele orientou os alunos a observarem o ambiente e verificarem se existem problemas ambientais, fazendo as devidas anotações.

Representação do professor de Ciências e dos alunos do 9º ano observando um terreno no bairro em que se situa a escola.

Na sala de aula, os alunos discutiram sobre os problemas ambientais que identificaram durante o passeio pelo bairro, como o descarte incorreto de resíduos em terrenos baldios e a falta de manutenção em alguns desses terrenos. Nessa discussão, os alunos propuseram soluções para os problemas identificados, as quais foram encaminhadas à Prefeitura Municipal, para tomar as devidas providências.

Representações sem proporção de tamanho. Cores-fantasia.

Representação dos alunos do 9º ano discutindo possíveis soluções para os problemas ambientais identificados no bairro em que se situa a escola.

1. De acordo com a primeira imagem, quais foram os problemas ambientais identificados pelos alunos durante o passeio pelo bairro da escola?
2. Que medidas você proporia para solucionar os problemas ambientais identificados pelos alunos, bem como evitar que eles se repitam?
3. Quais os prejuízos da situação mostrada na primeira imagem, para o ambiente e para as pessoas que vivem no bairro?
4. Qual a situação do bairro em que você vive?

Como vimos na situação da página anterior, o professor de Ciências e seus alunos observaram alguns problemas ambientais no bairro em que se localiza a escola, como o descarte inadequado de resíduos e a falta de manutenção dos terrenos.

O descarte inadequado de resíduos sólidos é um dos causadores da poluição dos solos e das fontes de águas, como rios e oceanos. Atualmente, a sociedade humana produz grande quantidade de resíduos. De acordo com a Organização das Nações Unidas (ONU), anualmente são produzidos mais de 2 bilhões de toneladas de resíduos e, segundo a mesma organização, caso medidas não sejam tomadas, a produção de resíduos chegará a 3,4 bilhões de toneladas em 2050.

Assim, é essencial reduzir a quantidade de resíduos gerados e realizar o descarte correto desses materiais. Como isso é possível? Por meio de medidas individuais e coletivas. Vamos conhecer algumas delas a seguir.

- Seja um consumidor consciente. Antes de comprar algum produto, reflita se você realmente precisa dele.

Antes de comprar material escolar novo, por exemplo, podemos verificar se os materiais do ano anterior podem ser reutilizados.

Materiais escolares reutilizados.

- Quando possível, recuse o uso de materiais descartáveis, como canudos e sacolas e copos plásticos.

Se possível, carregue com você sacolas de tecidos reutilizáveis e canecas.

Caneca de metal e sacola reutilizável de tecido.

- Separe e descarte adequadamente os resíduos gerados em sua residência e demais locais que frequenta.

A separação dos resíduos em recicláveis e material orgânico, possibilita a reciclagem desses materiais, reduzindo a quantidade de resíduos descartados no ambiente e a extração de recursos naturais.

- Os órgãos públicos devem garantir a coleta dos resíduos e investir em projetos de coleta seletiva.

De acordo com o Cempre (Compromisso Empresarial para a reciclagem), em 2016, apenas 18% dos munícipios brasileiros tinham o serviço de coleta seletiva.

Adolescente descartando resíduo em lixeira de coleta seletiva adequada.

Caminhão de coleta seletiva descarregando material na central de triagem de materiais recicláveis, na capital do estado de São Paulo, em 2016.

Além do descarte inadequado de resíduos sólidos, outras ações humanas também provocam a degradação do ambiente, como as atividades industriais e os transportes, que envolvem a queima de combustíveis fósseis. Os gases emitidos por essas atividades poluem o ambiente e prejudicam a saúde dos seres vivos. Veja a seguir algumas medidas que contribuem com a redução da liberação de gases poluentes no ambiente.

As usinas termelétricas e as indústrias devem instalar equipamentos que reduzam a emissão de poluentes no ambiente, como filtros.

A população pode reduzir o uso de veículos. Isso é possível realizando percursos a pé ou de bicicleta, e dando preferência ao transporte coletivo, ao sistema de caronas e ao rodízio de carros.

Usina de geração de energia elétrica, movida a carvão, em Mpumalanga, África do Sul, em 2016. As chaminés dessa usina são equipadas com filtros que reduzem a emissão de poluentes lançados na atmosfera terrestre.

Placa indicando rodízio de veículos na capital do estado de São Paulo, em 2017. Nesse sistema, de acordo com o final da placa e o dia da semana, os veículos só podem trafegar por determinadas vias da cidade.

As queimadas e o desmatamento também prejudicam os ambientes naturais e, consequentemente, a biodiversidade. Um dos principais motivos destas práticas é a expansão das áreas de agropecuária, em que a cobertura vegetal nativa dá lugar às pastagens e às plantações de alimentos. De acordo com o *Sumário Executivo Livro Vermelho da Fauna Brasileira Ameaçada de Extinção* (2016), as atividades agropecuárias são a principal ameaça à fauna brasileira.

É preciso reduzir a criação de áreas para a agropecuária, a qual deve ser realizada de modo sustentável, ou seja, assegurando a conservação dos recursos naturais. Isso é possível, por exemplo, garantindo a qualidade do solo para melhorar a produção das áreas de cultivo existentes e integrando em uma mesma área lavoura, pecuária e áreas de reflorestamento.

Área de integração pecuária-floresta, no município de Santa Rita do Pardo, estado do Mato Grosso do Sul, em 2017.

Sustentabilidade

a) Para você, o que é sustentabilidade?

Provavelmente você já deve ter ouvido falar em sustentabilidade em diferentes ocasiões. Afinal, o que é sustentabilidade? De maneira simplificada, a sustentabilidade é alcançada por meio do desenvolvimento sustentável. Esse desenvolvimento atende às necessidades da sociedade atual sem comprometer o funcionamento dos sistemas naturais e o acesso das gerações futuras aos recursos naturais e às condições adequadas para suprir suas necessidades.

Agora, leia o trecho da reportagem a seguir.

Planeta mudará fatalmente em 100 anos sem redução de gases de efeito estufa

[...] as mudanças nos ecossistemas vão ameaçar a biodiversidade global, interferindo diretamente nos serviços naturais vitais à humanidade, incluindo o estoque de carbono e a disponibilidade de água potável. "Se permitirmos que as mudanças climáticas aconteçam sem interferências, a vegetação desse planeta será completamente diferente do que é hoje em 100 anos, o que significa um risco enorme à diversidade da Terra" [...]

Paloma Oliveto. Planeta mudará fatalmente em 100 anos sem redução de gases de efeito estufa. *Correio Braziliense*, 31 ago. 2018. Ciência e Saúde. Disponível em: <https://www.correiobraziliense.com.br/app/noticia/ciencia-e-saude/2018/08/31/interna_ciencia_saude,703023/planeta-mudara-fatalmente-100-anos-sem-reducao-de-gases-efeito-estufa.shtml>. Acesso em: 8 nov. 2018.

b) Com base no texto acima, você acha que o desenvolvimento da sociedade tem ocorrido de modo sustentável? Justifique sua resposta.

c) Qual é o problema ambiental citado no texto?

Como você pôde perceber no texto acima, o futuro do planeta Terra, assim como o dos seres vivos, está em risco. Portanto, é preciso, imediatamente, que o desenvolvimento se torne, de fato, sustentável. Para isso, é necessário encontrar soluções, firmar compromissos e mudar a atual situação.

Ao longo do tempo, diversas ações foram realizadas entre alguns países visando alcançar o desenvolvimento sustentável e a conservação ambiental. Veja algumas dessas ações abaixo.

- Protocolo de Montreal (1989) – tratado proposto para reduzir a produção e o consumo de substâncias que degradam a camada de ozônio.
- Rio-92 ou Eco-92 (1992) – conferência para debater maneiras de incentivar o desenvolvimento sustentável. Nela, foram propostas algumas metas, como reduzir os padrões de consumo, principalmente de combustíveis fósseis, controlar a emissão de gás carbônico na atmosfera terrestre, proteger a biodiversidade e promover o uso sustentável dos recursos naturais, como os florestais e os hídricos.
- Protocolo de Kyoto (1997) – acordo visando reduzir a emissão de gases que agravam o efeito estufa, como o gás carbônico, o óxido nitroso, o gás metano e os hidrofluorocarbonetos. Esse protocolo entrou em vigor em 2005.
- Rio+20 (2012) – conferência para a renovação do compromisso com o desenvolvimento sustentável pelos líderes dos países envolvidos.

d) Um dos encontros entre países visando reduzir os problemas ambientais foi o Acordo de Paris, realizado em 2015. Faça uma pesquisa e escreva um breve texto sobre esse acordo.

Ampliando fronteiras

Etnociência: os saberes populares

Diferentes povos e comunidades possuem saberes e práticas específicas, que são passados de geração em geração e fazem parte de suas tradições. Existe um campo de estudo chamado Etnociência, que considera os saberes e as práticas tradicionais de diversas culturas e povos.

A Etnociência estuda assuntos variados. Entre eles, estão as pesquisas com comunidades quilombolas da Região Nordeste, por exemplo, que demonstram amplo conhecimento sobre as plantas da Caatinga. O conhecimento da fauna e flora local ajuda a compreender a importância dos seres vivos para o ser humano e para o ambiente como um todo.

A seguir, vamos conhecer um pouco mais sobre esse campo de estudo.

Saberes populares

Muitos povos e comunidades possuem métodos próprios de classificação dos elementos naturais, que variam de acordo com suas necessidades e seus conhecimentos. Diversos povos indígenas, por exemplo, separam as plantas em espécies tóxicas, medicinais e alimentícias.

Etnociência

Na Etnociência, as classificações dos elementos naturais adotadas por um povo ou comunidade são chamadas etnoclassificações.

CUIDADO!
O uso de plantas medicinais deve ser orientado por especialistas.

Representação sem proporção de tamanho. Cores-fantasia.

Representação de etnocientista conversando com indígena sobre algumas plantas.

Arnica
Nome científico: *Arnica montana*.
Nome Kaingang: *kofej*.
Propriedade: cicatrizante de feridas.

▌arnica

Imagens sem proporção de tamanho.

Gengibre
Nome científico: *Zingiber officinale*.
Nome Kaingang: *ty-fèj-kupri*.
Propriedade: remédio para problemas respiratórios e distúrbios intestinais.

▌gengibre

Hortelã
Nome científico: *Mentha piperita*.
Nome Kaingang: *jãky-kagta*.
Propriedade: combate verminoses.

▌hortelã

Mandioca
Nome científico: *Manihot esculenta*.
Nome Kaingang: *ka nin ou mãnjóka*.
Propriedade: raiz nutritiva, própria para a alimentação.

▌mandioca

Classificação das plantas

Os indígenas Kaingang do município de Chapecó, no estado de Santa Catarina, por exemplo, apresentam uma etnoclassificação que separa as plantas conforme o seu uso. Veja ao lado a representação das anotações de um pesquisador de Etnociência sobre esses conhecimentos.

Os povos tradicionais são conhecedores das espécies de seres vivos e da importância deles para o ambiente em que vivem. Por isso, essas populações demonstram muito respeito pelo meio ambiente e sua conservação. Dele retiram apenas o necessário e vivem em harmonia com a natureza, transmitindo seus conhecimentos ao longo das gerações.

1. Escreva com suas palavras o que você aprendeu sobre Etnociência e etnoclassificações.

2. Em sua opinião, a manutenção dos saberes e práticas populares sobre a natureza é importante? Como podemos preservá-los?

3. Você acredita que a Etnociência pode contribuir para a preservação dos saberes e práticas populares? Em caso afirmativo, como?

4. De que forma a Etnociência pode contribuir para a conservação dos ambientes e da biodiversidade?

Atividades

1. Leia o trecho da reportagem a seguir e responda às questões.

Tráfico de animais: uma atividade ilegal baseada no sofrimento

Graças a uma denúncia anônima, no dia 19 de abril de 2018 foram apreendidos pela Polícia Ambiental de Guarulhos (SP) 562 animais vítimas do tráfico de vida silvestre.

Foram encontrados, esmagados dentro de caixas de papelão e de sacos plásticos, 427 jabutis, 87 iguanas, 21 saguis, dois falcões, duas corujas e 23 pássaros de várias espécies, sendo que 16 já chegaram mortos ao Centro de Recuperação de Animais Silvestres (Cras), localizado no Parque Ecológico do Tietê.

[...] Levando-se em consideração apenas o tráfico de animais silvestres no Brasil, é estimado que cerca de 38 milhões de exemplares sejam retirados anualmente da natureza. O Ibama calcula que para cada animal silvestre que chega a um dono pelo mercado ilegal, nove são mortos. As causas variam de ferimentos e sufocação até falta de comida e água.

[...]

Gisele Kronhardt Scheffer. Tráfico de animais: uma atividade ilegal baseada no sofrimento. *Canal Ciências Criminais*, Porto Alegre, 17 maio 2018. Disponível em: <https://canalcienciascriminais.com.br/trafico-animais-atividade-ilegal/>. Acesso em: 8 nov. 2018.

a) Quais são as principais consequências do tráfico de animais identificadas no texto?

b) Qual é a importância de instituições como o Cras?

c) De que forma o tráfico de animais silvestres pode interferir na biodiversidade?

d) Converse com um colega sobre como cada cidadão pode ajudar a evitar o tráfico de animais.

2. Observe as fotografias a seguir.

A — Foca-cinzenta (*Halichoerus grypus*) com parte de uma rede de pesca presa ao seu pescoço. comprimento: aproximadamente 2,2 m

B — Lixo em praia na Tailândia, em 2018.

a) De que forma o ser humano contribuiu para as situações apresentadas em cada uma das fotografias?

b) Como as situações apresentadas nas imagens podem ser evitadas?

3. Leia o trecho da reportagem a seguir.

ONU dá último alerta para evitar a catástrofe climática
Relatório pede esforços para limitar aquecimento global em 1,5 grau Celsius

INCHEON, Coreia do Sul — Um relatório divulgado nesta segunda-feira [8 de outubro de 2018] pelo Painel Intergovernamental sobre Mudanças Climáticas (IPCC, órgão das Nações Unidas para assunto), em Incheon, na Coreia do Sul, mostra que ainda é possível minimizar a catástrofe climática, mas mudanças "rápidas" e "sem precedentes" são necessárias para atingir este objetivo. [...]

Os cientistas pedem por mudanças rápidas nas fontes de energia e no uso da terra, e transformações nas cidades e nas indústrias. Mas acrescentam que **o mundo não alcançará estas metas sem mudanças no estilo de vida das populações**. Todos somos responsáveis pelo futuro do planeta. [...]

Sérgio Matsuura e Renato Grandelle. ONU dá último alerta para evitar a catástrofe climática. *O Globo*, 8 out. 2018. Sociedade. Disponível em: <https://oglobo.globo.com/sociedade/ciencia/meio-ambiente/onu-da-ultimo-alerta-para-evitar-catastrofe-climatica-23139274>. Acesso em: 8 nov. 2018.

a) Explique com suas palavras o trecho destacado no texto.

b) Como cidadão, que atitudes você pode ter diariamente para ajudar a evitar a "catástrofe" climática?

c) Você concorda com a frase do texto acima que diz "Todos somos responsáveis pelo futuro do planeta"? Por quê?

d) No texto, os cientistas pedem mudanças rápidas nas fontes de energia. Essas fontes são recursos dos quais é possível obter energia. Atualmente, os combustíveis fósseis são uma importante fonte de energia não renovável utilizada pelo ser humano.

- De que forma o uso dos combustíveis fósseis pode interferir nas condições climáticas?
- O que são fontes de energia não renováveis?
- Cite um exemplo de fonte de energia renovável.

Verificando rota

1. Retome a resposta da questão **3** da página **51**, completando-a ou corrigindo-a, se necessário.

2. Analise sua resposta à questão **5** da página **68**. Em seguida, complete-a ou corrija-a, se necessário.

3. Explique, com suas palavras, as diferenças e semelhanças entre as ideias evolucionistas de Lamarck e de Darwin e Wallace.

4. Analise sua resposta à questão **6** da página **108**, completando-a ou corrigindo-a, se necessário.

5. Retome a resposta da questão **8** da página **113**, completando-a ou corrigindo-a, se necessário.

UNIDADE

3
Matéria

Capítulos desta unidade
- **Capítulo 6** - Constituição da matéria
- **Capítulo 7** - Transformações da matéria

Queima de fogos de artifício na praia de Copacabana, no Rio de Janeiro, no *Réveillon* de 2015.

Iniciando rota

1. Quais fenômenos são responsáveis pelas luzes coloridas presentes no evento mostrado na fotografia?

2. Nessa situação, ocorreram transformações físicas? E químicas? Justifique.

3. Em sua opinião, do que é formada a matéria?

4. Em sua opinião, o que é um elemento químico?

CAPÍTULO 6
Constituição da matéria

Observe a fotografia a seguir.

1 Para você, o que é matéria?

2 Em sua opinião, do que as rochas mostradas ao lado são constituídas?

rochas em estado bruto

Há milhares de anos, nossos ancestrais já manipulavam a matéria para construir ferramentas e instrumentos que os auxiliassem em suas tarefas cotidianas. Para produzir uma lança que seria utilizada na caça, por exemplo, o *Homo erectus* manipulava matéria por meio da utilização da madeira e do fogo.

Contudo, a concepção que temos hoje de matéria nem sempre fez parte do conhecimento humano. Antes disso, filósofos da Grécia antiga buscavam compreender a composição dos diferentes materiais. Veja, a seguir, um breve histórico de como esses filósofos explicavam a constituição da matéria.

625-560 a.C.
No século VI a.C., o filósofo grego Tales de Mileto (aproximadamente 625-560 a.C.) sugeriu que toda matéria era constituída de **água**.

588-470 a.C.
Os filósofos gregos Anaxímenes (aproximadamente 588-524 a.C.) e Heráclito (aproximadamente 540-470 a.C.), baseados em simples observações, acreditavam que os principais elementos que constituíam a matéria eram o **ar** e o **fogo**.

490-435 a.C.
Um século depois, o filósofo grego Empédocles de Agrigento (aproximadamente 490-435 a.C.) adicionou a terra aos elementos já citados por Tales, Anaxímenes e Heráclito, afirmando que todos os materiais eram constituídos de quatro elementos básicos: **terra**, **água**, **ar** e **fogo**, combinados em diferentes proporções.

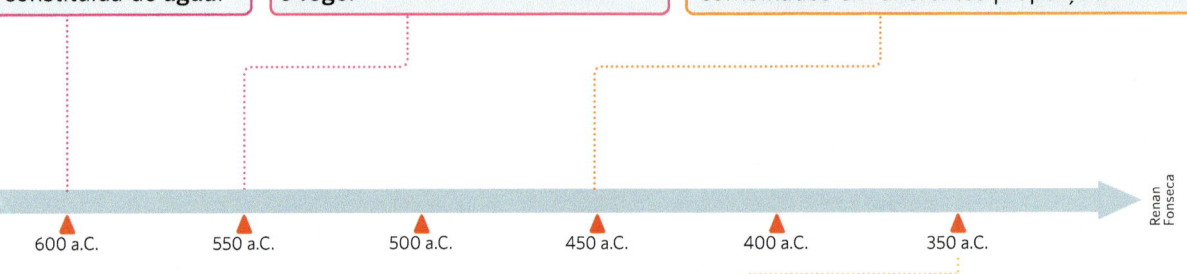

600 a.C. — 550 a.C. — 500 a.C. — 450 a.C. — 400 a.C. — 350 a.C.

384-322 a.C.
O filósofo grego Aristóteles (384-322 a.C.) completou a teoria de Empédocles afirmando que a base do mundo material era a chamada "matéria primitiva", a qual não podia ser percebida enquanto não tomasse forma. Quando tomava forma, ela dava origem aos quatro elementos básicos.

Durante muitos anos, as ideias de Aristóteles predominaram. No entanto, foram contestadas na Europa durante o Renascimento. Com a estruturação da Ciência moderna e o desenvolvimento de diversos instrumentos que permitiram observar detalhadamente a matéria, foram propostas novas hipóteses sobre sua constituição, marcando o início das teorias que seriam aceitas até os dias atuais.

Propriedades da matéria

Para iniciar o estudo da matéria, considere a situação a seguir.

Em um dia ensolarado, Diego e sua irmã Flávia encheram uma pequena piscina com água.

Representação sem proporção de tamanho. Cores-fantasia.

A A piscina ficou completamente cheia, até a borda.

B Quando as crianças entraram na piscina, parte da água transbordou, caindo para fora.

Representação de uma piscina completamente cheia de água (**A**) e a mesma piscina, com crianças em seu interior (**B**).

3 Explique com suas palavras o que ocorreu na situação **B**.

4 O que você conclui com essa situação?

5 Cite alguns exemplos de matéria existentes no ambiente das ilustrações acima.

Tudo o que tem massa e que ocupa lugar no espaço é considerado **matéria**. Um exemplo pode ser observado na situação acima: ao entrarem na piscina, os corpos das crianças deslocaram parte da água para fora, pois preencheram o mesmo espaço antes ocupado pela água.

A piscina, a água e as crianças são exemplos de matéria, pois ocupam lugares no espaço e têm massa. Se compararmos, por exemplo, a piscina e a água que está em seu interior, poderemos notar que elas apresentam características bem diferentes, como a cor e o estado físico. Isso indica que cada matéria apresenta suas próprias características, dependendo de sua constituição.

Ao estudarmos um corpo, precisamos conhecer as principais propriedades que ele apresenta, como massa, volume e densidade.

Massa

No levantamento de peso olímpico, o atleta tem que levantar, do chão até sobre a cabeça, a maior quantidade de carga que ele conseguir. Essas cargas são discos inseridos em uma barra.

Os discos de carga são separados por cores e massas, os de menor massa são os que têm menor diâmetro e cor branca, e os de maior massa, são os que têm maior diâmetro e cor vermelha. A categoria em que cada atleta compete é indicada de acordo com a sua massa corpórea. As provas são disputadas em um tablado, e cada atleta tem três tentativas para levantar a maior carga possível.

Atleta em uma prova de levantamento de peso olímpico durante os Jogos Asiáticos em Jacarta, na Indonésia, em 2018.

Atleta em uma prova de levamento de peso olímpico durante uma competição em Barcelona, Espanha, em 2018.

6 O que acontecerá com as barras retratadas nas fotografias acima se não aplicarmos uma força suficiente para movê-las?

7 Em qual das situações retratadas nessas fotografias o atleta deve aplicar maior força para levantar a carga? Por quê?

Os corpos têm uma tendência natural de permanecerem no estado de movimento em que se encontram (repouso ou movimento uniforme). Essa tendência é chamada **inércia**. Ao responder à questão **6**, você deve ter notado que, se ninguém aplicar uma força nas barras, elas permanecerão em repouso por tempo indeterminado. A massa é a propriedade de um corpo que representa a medida de sua resistência a uma mudança de estado de movimento. Na situação **II**, por exemplo, o atleta teve de exercer maior força para levantar a carga, pois, nesse caso, havia maior massa e, assim, maior resistência à mudança do estado de movimento da barra. Em outras palavras, a haste com maior número de discos, que tem maior massa, ofereceu maior tendência em permanecer em repouso do que a haste com menor quantidade de discos, por possuir menor massa.

A unidade de medida padrão de massa, determinada pelo Sistema Internacional de Unidades (SI), é o quilograma (kg).

Em algumas situações, também podemos encontrar a massa de alguns corpos expressa em grama (g) ou tonelada (t). Veja, abaixo, algumas conversões das unidades de medida.

$$1\,kg \xleftrightarrow{\text{equivale a}} 1000\,g$$
$$1\,t \xleftrightarrow{\text{equivale a}} 1000\,kg$$
$$1\,t \xleftrightarrow{\text{equivale a}} 1\,000\,000\,g$$

Geralmente, a massa de um corpo é determinada pela comparação entre sua massa e outra já definida como padrão.

O padrão de medida de massa utilizado até 2018 foi o cilindro de platina-irídio, fabricado há aproximadamente 120 anos e que se encontra no Bureau Internacional de Pesos e Medidas (BIPM), na França. A esse cilindro ficou convencionado internacionalmente a medida de massa de 1 quilograma. Alguns países possuem cópias idênticas desse cilindro, geralmente usadas em laboratórios.

A partir de 2019, a unidade de medida de massa de um corpo passou a ser determinada com base em uma constante natural conhecida.

8 Por que é importante criar uma padronização para medidas, como a massa?

Quilograma padrão: cilindro de platina-irídio que deu origem ao quilograma. Fotografia registrada em 2014.

Massa e peso

O dia 20 de julho de 1969 é uma data que entrou para a história da humanidade, pois foi quando os primeiros seres humanos pisaram na Lua. A missão espacial que levou três astronautas estadunidenses ao satélite natural da Terra foi chamada Apollo 11, e divulgou em tempo real sons e imagens dessa viagem.

Na superfície lunar, os astronautas puderam constatar, na prática, uma importante diferença de conceitos: o peso de um corpo não é o mesmo que sua massa.

Astronauta Edwin Aldrin (1930-) andando na Lua no primeiro pouso tripulado nesse satélite, em julho de 1969. Essa fotografia foi registrada por Neil Armstrong, que estava próximo ao módulo lunar.

O peso é uma força consequente da atração gravitacional, interação que ocorre entre corpos que possuem massa. Como a atração gravitacional depende das massas e da distância entre elas, o peso de um corpo pode variar. Já a massa é uma característica própria e individual de um corpo, ou seja, ela independe do local onde esse corpo está.

Por exemplo, uma pessoa com massa de 50 kg tem um peso de aproximadamente 490 N na superfície da Terra, considerando g = 9,8 m/s², pois:

$$P = m \cdot g \Longrightarrow P = 50 \cdot 9,8 \Longrightarrow P = 490 \text{ N}$$

em que:

- *P* é a força peso;
- *m* é a massa do corpo;
- *g* é a aceleração da gravidade do local.

Já na superfície da Lua, seu peso é de aproximadamente 80 N. Isso ocorre porque a atração gravitacional na Lua é aproximadamente seis vezes menor do que a da Terra. Perceba que a massa dessa pessoa é a mesma nos dois locais.

9 Se a massa de um astronauta na Terra é de 90 kg, qual é a massa desse astronauta na Lua?

10 Com base nessas informações, calcule qual seria o peso do seu corpo na Terra e na Lua.

Volume

Observe estes dois recipientes.

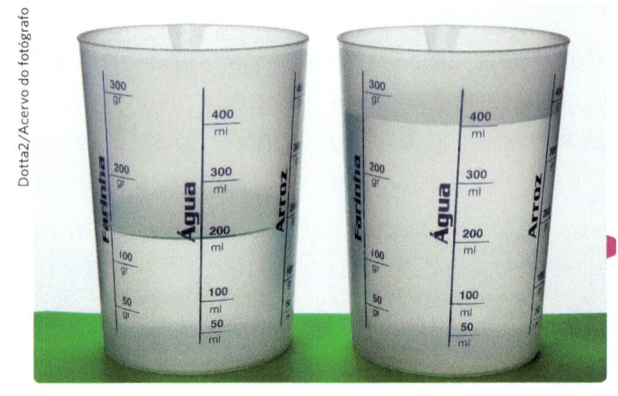

> Recipientes graduados, com quantidades diferentes de água.

11 Qual é a capacidade aproximada dos recipientes das fotografias acima, até a última indicação de escala?

O volume é uma medida que indica o espaço que um corpo ocupa. Quanto maior o espaço ocupado pelo corpo, maior será seu volume. A unidade de medida de volume padrão determinada pelo SI é o metro cúbico (m³). Em muitas situações do nosso cotidiano, podemos encontrar o volume expresso em mililitros (mL) e em litros (L). Veja, abaixo, algumas conversões dessas unidades de medida.

$$1 \text{ m}^3 \xleftrightarrow{\text{equivale a}} 1000 \text{ L}$$
$$1 \text{ L} \xleftrightarrow{\text{equivale a}} 1000 \text{ mL}$$
$$1 \text{ cm}^3 \xleftrightarrow{\text{equivale a}} 1 \text{ mL}$$

Densidade

No experimento a seguir foram utilizados dois copos com capacidades iguais, um contendo 200 mL de água e outro, 200 mL de óleo de soja. Eles foram colocados sobre balanças para verificar a massa de cada um.

Ao colocar o copo com água sobre a balança, ela registrou uma massa de 200 g (0,2 kg).

Ao colocar o copo com óleo de soja sobre a balança, ela registrou uma massa de 160 g (0,16 kg).

Recipiente com água sobre uma balança.

Recipiente com óleo de soja sobre uma balança.

12 Em sua opinião, por que o copo que contém água tem massa maior do que aquele com óleo de soja, já que ambos têm o mesmo volume de líquido?

A densidade é uma grandeza que expressa a massa de um corpo em determinado volume. Ela é dada pela razão entre a massa do corpo e seu volume, ou seja:

$$d = \frac{m}{V}$$

em que:
- d é a densidade;
- m é a massa do corpo;
- V é o volume do corpo.

No Sistema Internacional de Unidades (SI), a unidade de medida da densidade de um corpo é o quilograma por metro cúbico (kg/m^3), mas usualmente pode ser apresentada em gramas por centímetro cúbico (g/cm^3).

No experimento mostrado, percebemos que a densidade da água é maior do que a do óleo de soja, ou seja, em determinado volume de água há maior quantidade de massa do que no mesmo volume de óleo.

13 Observe a fotografia ao lado. Em uma mistura heterogênea, o que acontece com o componente que tem maior densidade?

Copo contendo água e óleo de soja.

Atividades

1. Veja o experimento ao lado.

   a) Ao mergulhar o copo entrará água em todo seu interior? Justifique sua resposta.

   b) O que você pode concluir com esse experimento?

   c) Uma das propriedades da matéria é a impenetrabilidade. Essa propriedade nos mostra que dois corpos não podem ocupar, simultaneamente, um mesmo lugar no espaço. Existe alguma relação entre essa propriedade e os resultados obtidos com esse experimento? Que relação é essa?

Pessoa mergulhando um copo transparente, aparentemente vazio, em um balde com água, com a boca voltada para baixo.

2. Observe a fotografia abaixo.

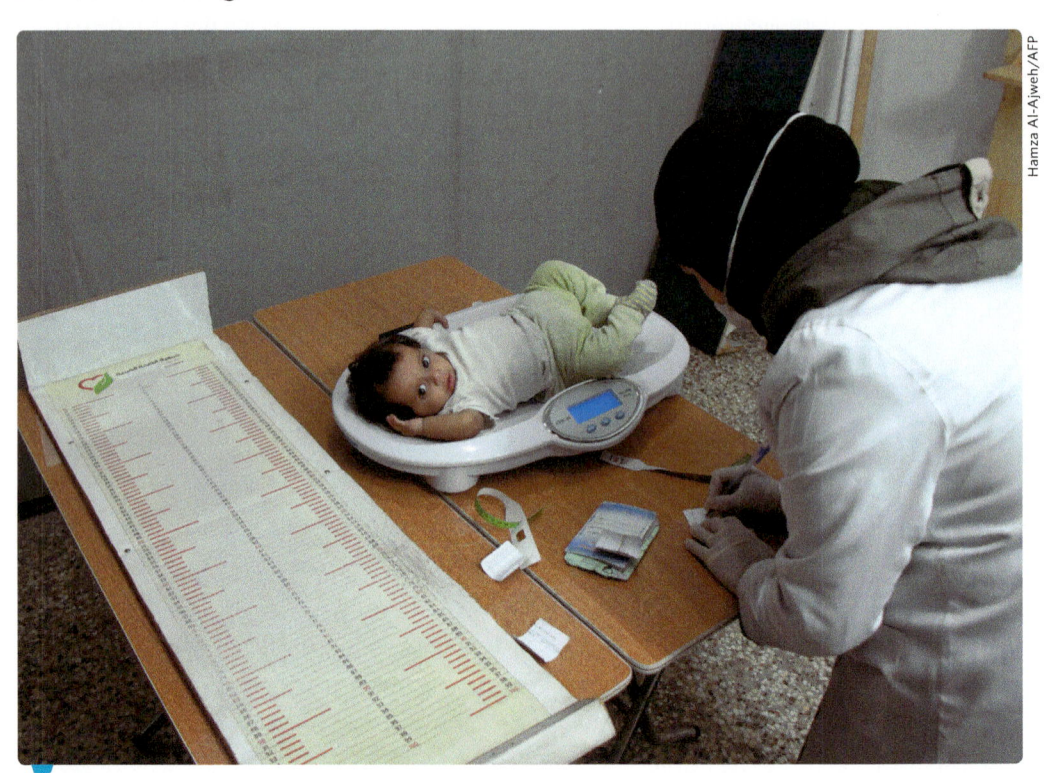

Profissional da saúde consultando uma criança.

Depois de colocar a criança na balança, a pediatra diz para a família: "Ele está com 11 kg. É um peso adequado para a idade". A associação do termo "peso" com a medida de 11 kg está correta cientificamente? Justifique sua resposta.

3. Considere uma situação hipotética na qual astronautas são enviados ao planeta Marte e pousam na superfície desse planeta para realizar alguns procedimentos. A massa dos astronautas em Marte será diferente da que eles têm na Terra? E o peso? Por quê?

4. Observe, nas fotografias a seguir, algumas barras de mesmo comprimento, largura e espessura, confeccionadas com poliestireno expandido, madeira e ferro, respectivamente.

barra de poliestireno expandido

barra de madeira

barra de ferro

a) Qual dos objetos acima tem maior volume?

b) Em seu caderno, escreva o material de cada barra, seguindo a ordem da que tem maior massa para a que tem menor massa.

c) Em seu caderno, escreva o material de cada barra, seguindo a ordem da que tem maior densidade para a que tem menor densidade. Explique essa ordenação.

d) Descreva uma maneira de observar, experimentalmente, as diferenças entre as densidades dessas barras.

5. Veja a situação abaixo.

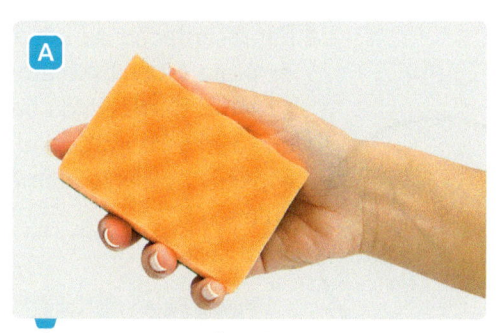

A — Pessoa segurando uma esponja.

B — Pessoa pressionando uma esponja.

a) Na situação **B**, o volume da esponja aumentou, diminuiu ou não mudou?

b) A massa da esponja se altera?

c) E o que ocorre com a densidade da esponja? Justifique sua resposta.

6. O cubo de madeira mostrado na fotografia ao lado tem arestas de comprimento de 10 cm e massa de 850 g.

a) Determine a densidade da madeira.

b) Qual seria a densidade de um cubo de aresta 6 cm feito com a mesma madeira? E a massa desse cubo?

cubo de madeira — 10 cm

133

Átomos

Como vimos no início do capítulo, vários filósofos dedicaram-se a estudar a estrutura da matéria. Entre eles, destacam-se os gregos Leucipo (500 a.C.) e Demócrito (460 a.C.-370 a.C.), os quais propuseram que a matéria era formada por pequenas partículas indivisíveis chamadas **átomos** (termo grego que significa indivisível). As ideias sugeridas por Leucipo e Demócrito foram aceitas por vários anos; no entanto, novos estudos com base em experimentos e observações levaram os cientistas a desenvolver modelos que representassem a estrutura dos átomos e descrevessem algumas de suas características.

O átomo é a porção da matéria que apresenta as propriedades específicas de um elemento químico. Cada um desses átomos caracteriza um elemento químico. Como exemplo, podemos citar o hidrogênio (H) e o oxigênio (O), cuja combinação pode dar origem a um tipo de matéria muito comum e essencial à vida – a água.

Se ampliássemos sucessivas vezes uma pequena porção de um objeto de prata, por exemplo, chegaríamos ao átomo de prata. Veja a seguir.

Leucipo de Abdera

Demócrito de Abdera

barra de prata

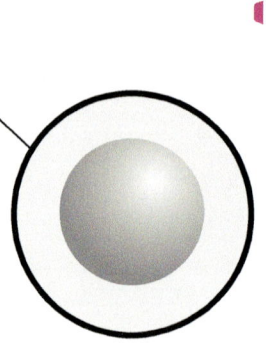

Fonte de pesquisa: Theodore L. Brown e outros. *Química: a ciência central.* 9. ed. São Paulo: Pearson Prentice Hall, 2005. p. 120.

Representação de um átomo de prata (Ag). Esse átomo é a menor partícula da barra, que apresenta propriedades específicas desse elemento químico.

Representação sem proporção de tamanho. Cores-fantasia.

Modelos atômicos

Durante muito tempo, acreditou-se que o átomo (termo de origem grega que significa indivisível), como o próprio nome diz, fosse indivisível. Com o desenvolvimento de métodos e equipamentos que permitiram investigações mais detalhadas da matéria, os cientistas descobriram que o átomo é composto de partículas menores.

A seguir, vamos conhecer os principais modelos criados pelos cientistas para representar a estrutura do átomo. Entretanto, é importante ressaltar que nenhum deles é definitivo, pois outros modelos podem ser criados, complementando ou substituindo os anteriores.

Modelo atômico de Dalton

Em 1803, enquanto realizava estudos relacionados à massa e à composição dos elementos em reações químicas, o físico e químico inglês John Dalton (1766-1844) propôs uma teoria que reafirmou o pensamento grego sobre a existência de átomos.

Ela ficou conhecida como teoria atômica de Dalton e trazia as propostas a seguir.

- Toda matéria é composta de átomos, os quais são permanentes e indivisíveis, não podendo ser criados nem destruídos (Princípio da Conservação da Matéria);
- os elementos químicos são caracterizados por seus átomos, ou seja, cada elemento tem um tipo de átomo, com características particulares;
- dois ou mais elementos químicos são capazes de formar mais de um composto. Os números de átomos desses elementos apresentam uma razão de números inteiros;
- as substâncias são formadas por combinações de átomos de um ou mais elementos químicos em determinada proporção.

Gravura de John Dalton, publicada em 1860.

Representação simplificada do modelo atômico de Dalton. Esse modelo é conhecido como bola de bilhar.

Representação sem proporção de tamanho. Cores-fantasia.

Com base nessa teoria, concluiu-se que o modelo de Dalton considera o átomo uma esfera maciça, homogênea, indivisível, indestrutível e que apresenta massa e volume variáveis para cada elemento químico.

Essa teoria foi aceita pela comunidade científica até o final do século XIX. Ela foi muito importante, pois, além de fornecer respostas satisfatórias a diversos problemas químicos da época, estimulou a comunidade científica a investigar a estrutura dos átomos.

Entretanto, no final do século XIX, sucessivos estudos mostraram que o átomo não era uma partícula indivisível e imutável. Com isso, outros modelos foram criados, substituindo a teoria de Dalton. Apesar disso, algumas das ideias expressas por Dalton são aceitas até os dias de hoje.

Modelo atômico de Thomson

No final do século XIX, o físico britânico William Crookes (1832-1919) e outros cientistas realizaram experimentos que evidenciaram à comunidade científica que os átomos possuíam uma parte carregada positivamente e outra carregada negativamente.

Retrato de William Crookes, em 1905.

Glossário

Como esse fato ainda não estava claro, surgiram mais dúvidas sobre a constituição e a estrutura dos átomos. Um dos experimentos realizados por Crookes utilizava um tubo contendo gás e dois **eletrodos**, os quais permitiam submeter o gás a altas tensões elétricas. Esse experimento ficou conhecido como **tubo de Crookes**. Por meio dele, Crookes percebeu que havia um fluxo de partículas pelo gás (**raios catódicos**) e que esse fluxo estava relacionado à emissão de luz dentro do tubo, o que sugeria a natureza elétrica da matéria.

O físico inglês Joseph Thomson (1856-1940) realizou diversos experimentos com o tubo de Crookes. Em um deles, observou que os raios catódicos eram desviados ao passar entre placas de metais eletricamente carregadas. O desvio em direção à placa carregada positivamente mostrou que as partículas do raio catódico tinham carga elétrica negativa.

Retrato de Joseph Thomson na década de 1910.

Representações sem proporção de tamanho. Cores-fantasia.

Fonte de pesquisa: Theodore L. Brown e outros. *Química*: a ciência central. 9. ed. São Paulo: Pearson Prentice Hall, 2005. p. 33.

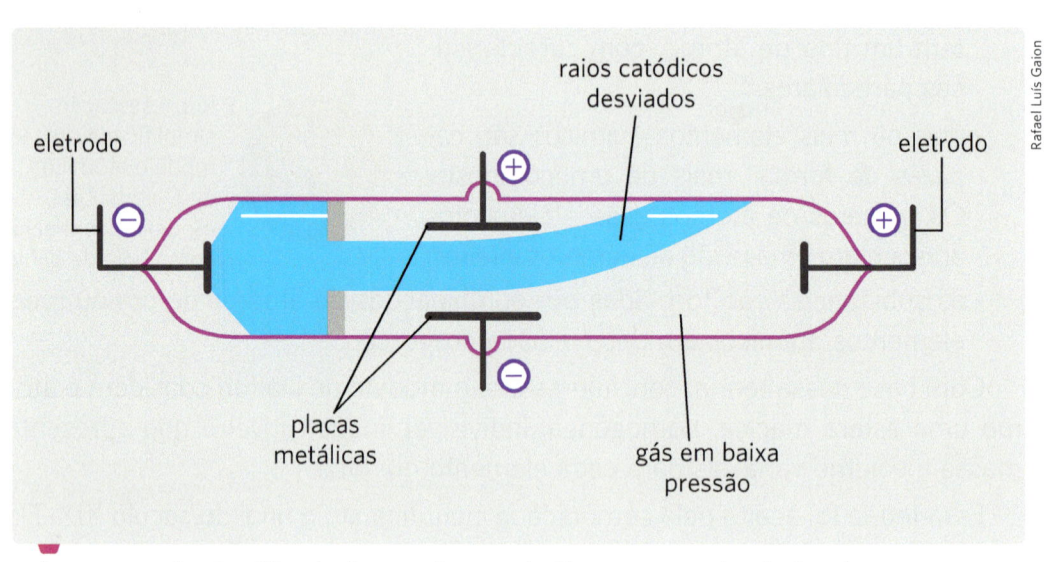

Representação simplificada do experimento de Thomson no tubo de Crookes.

Fonte de pesquisa: Theodore L. Brown e outros. *Química*: a ciência central. 9. ed. São Paulo: Pearson Prentice Hall, 2005. p. 35.

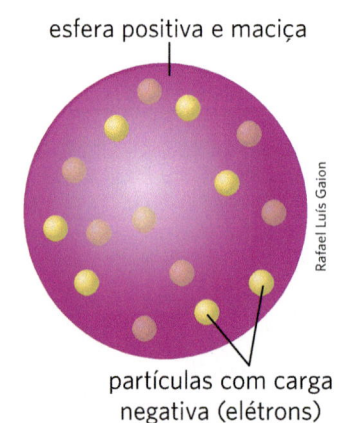

Representação simplificada do modelo atômico de Thomson. Esse modelo é conhecido como pudim de passas.

Após diversos estudos sobre esse fenômeno, Thomson concluiu que a luz observada era emitida por causa do deslocamento de partículas carregadas negativamente. Além disso, percebeu que elas estavam presentes em toda a matéria.

Diante dessas observações, em 1897, Thomson sugeriu um modelo atômico segundo o qual o átomo seria uma esfera maciça carregada positivamente, contendo algumas partículas com carga negativa imersas, posteriormente denominadas **elétrons**. Segundo ele, esses elétrons poderiam ser facilmente removidos dos átomos, considerados divisíveis pelo modelo proposto.

Modelo atômico de Rutherford

O modelo atômico de Thomson foi aceito pela comunidade científica por alguns anos. No entanto, experimentos realizados no início do século XX por alguns cientistas, como o neozelandês Ernest Rutherford (1871-1937), contestaram esse modelo.

Em um de seus experimentos, Rutherford incidiu um feixe de partículas positivas (partículas α) sobre uma fina lâmina de ouro. O resultado mostrou que a maioria das partículas positivas atravessava a lâmina, enquanto outras sofriam desvios em sua trajetória. A minoria das partículas era refletida pela lâmina.

Retrato de Ernest Rutherford na década de 1900.

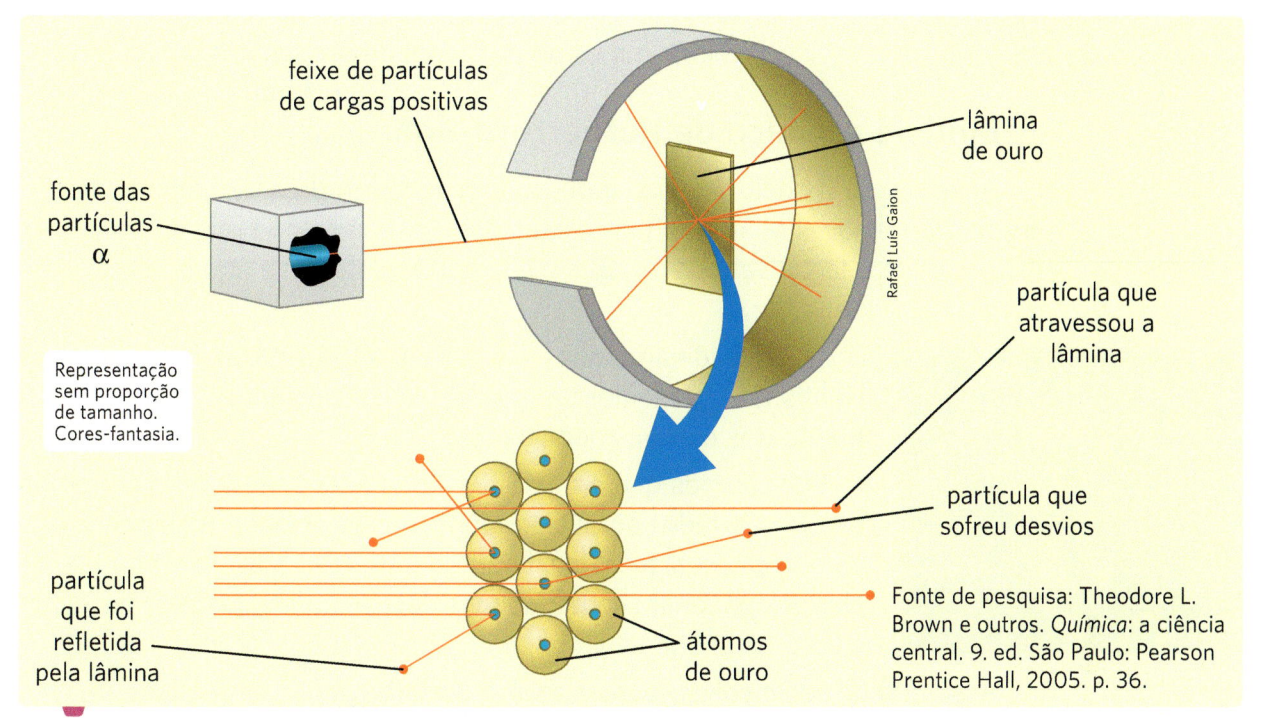

Representação sem proporção de tamanho. Cores-fantasia.

Fonte de pesquisa: Theodore L. Brown e outros. *Química*: a ciência central. 9. ed. São Paulo: Pearson Prentice Hall, 2005. p. 36.

Representação simplificada do experimento de Rutherford. A parte inferior dessa ilustração se refere a uma ampliação que representa o que ocorre com as partículas α ao atingirem a lâmina de ouro.

Durante a análise dos resultados obtidos, Rutherford propôs três conclusões que se baseavam no comportamento das partículas. Conheça-as a seguir.

- As partículas positivas conseguiam atravessar a lâmina de ouro por causa da existência de espaços vazios no átomo.
- As partículas que sofriam desvios eram as que se aproximavam de uma região dos átomos que contêm partículas de mesma carga que as do feixe (positivas).
- As partículas que sofriam reflexão eram as que atingiam uma região dos átomos que era pequena e densa.

Com base nos resultados desses experimentos, Rutherford percebeu que, diferentemente do que se pensava, as cargas positivas não estavam espalhadas por todo o átomo, conforme proposto pelo modelo atômico de Thomson. Elas estavam concentradas em uma região que ele chamou de **núcleo**. Em 1919, ele nomeou essas partículas positivas de **prótons**.

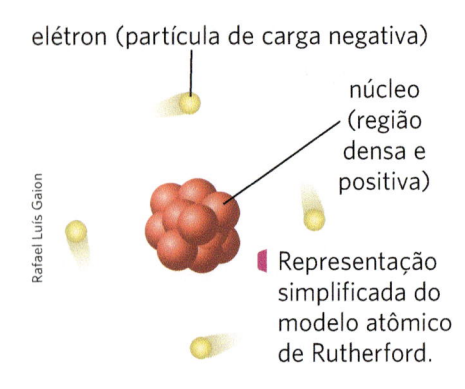

elétron (partícula de carga negativa)

núcleo (região densa e positiva)

Representação simplificada do modelo atômico de Rutherford.

Fonte de pesquisa: Modelo atômico de Rutherford. *Enciclopédia Britânica*. Disponível em: <https://www.britannica.com/science/Rutherford-atomic-model>. Acesso em: 1º nov. 2018.

Representação sem proporção de tamanho. Cores-fantasia.

Assim, segundo Rutherford, o átomo consistia em um pequeno núcleo com prótons (partículas de carga positiva), no qual se concentrava a maior parte de sua massa. O volume ao redor do núcleo apresentava espaços vazios, que correspondiam à maior porção do átomo, onde os elétrons (partículas de carga negativa) se movimentavam.

Em 1932, o físico inglês James Chadwick (1891-1974) descobriu que existiam partículas no núcleo atômico que não possuíam carga elétrica. Elas foram denominadas **nêutrons**, os quais, com os prótons, compunham toda a massa do núcleo de um átomo. Além disso, Chadwick verificou que o valor da massa de um nêutron é praticamente o mesmo da massa de um próton.

Modelo atômico de Rutherford-Bohr

Apesar de o modelo atômico proposto por Rutherford conter importantes informações relativas ao núcleo e às cargas positivas, ainda no início do século XX houve diversas tentativas para explicar o comportamento dos elétrons, ou seja, das cargas negativas.

O físico dinamarquês Niels Bohr (1885-1962) foi o primeiro cientista a apresentar um modelo que representasse o comportamento dos elétrons nos átomos.

Bohr propôs que em um átomo o elétron se moveria em órbita circular ao redor do núcleo atômico, não estando totalmente livre para obter qualquer quantidade de energia, pois, segundo ele, os elétrons poderiam conter apenas determinadas quantidades específicas de energia.

Retrato de Niels Bohr, em 1915.

Assim, Bohr desenvolveu para o átomo de hidrogênio um modelo atômico que possui um conjunto de níveis de energia. Nesse modelo, os elétrons de cada nível possuem determinada quantidade de energia – quanto mais afastados do núcleo, maior é a quantidade de energia que eles possuem.

Além disso, segundo Bohr, um elétron pode mudar momentaneamente de nível quando absorve ou libera energia.

Representações sem proporção de tamanho. Cores-fantasia.

núcleo — elétron — Energia aumenta

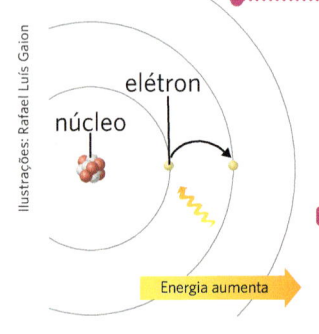

Ao absorver energia, o elétron "salta" para um nível de energia mais afastado do núcleo.

Representação simplificada de um elétron recebendo energia.

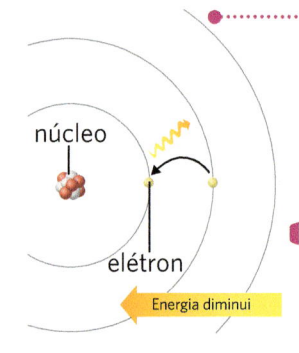

núcleo — elétron — Energia diminui

Ao "saltar" para um nível de energia mais próximo ao núcleo, o elétron libera energia.

Representação simplificada de um elétron liberando energia.

Fonte de pesquisa: Paul A. Tipler e Ralph A. Llewellyn. *Física moderna*. 3. ed. Rio de Janeiro: LTC, 2001. p. 117.

De acordo com o modelo Rutherford-Bohr, a maior região do átomo, que fica ao redor do núcleo e que contém os elétrons, é chamada de **eletrosfera**. Nela, os elétrons estão em constante movimento. O número de elétrons existentes na eletrosfera de um átomo, quando estável, é igual ao número de prótons desse átomo.

As regiões da eletrosfera com maior probabilidade de se encontrarem elétrons são conhecidas como **camadas eletrônicas** ou **níveis de energia**. O núcleo do átomo é constituído de prótons (partículas de carga positiva) e de nêutrons (partículas de carga neutra), e é nessa região que se concentra a maior parte da massa do átomo. O número de nêutrons pode ser diferente do número de prótons.

Para fins didáticos e para facilitar a compreensão, muitos livros apresentam um modelo simplificado do átomo, baseado no modelo de Rutherford-Bohr, que consiste em um núcleo central e, ao seu redor, os elétrons distribuídos em níveis de energia. Veja, ao lado, uma ilustração simplificada de um átomo.

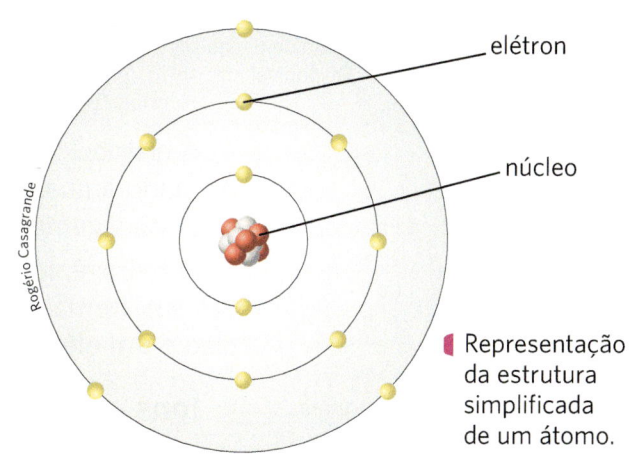

Representação sem proporção de tamanho. Cores-fantasia.

Representação da estrutura simplificada de um átomo.

Fonte de pesquisa: University of New South Wales. 2: atomic models. Disponível em: <http://www.materials.unsw.edu.au/tutorials/online-tutorials/2-atomic-models>. Acesso em: 2 nov. 2018.

Os estudos sobre a estrutura e a composição da matéria são muito importantes, pois, além de permitir a criação de diferentes modelos atômicos, auxiliam na compreensão de diversos fenômenos, como os relacionados à eletricidade.

1 Considerando que, em um átomo, o número de prótons é igual ao número de elétrons, o que você pode concluir quanto à carga elétrica desse átomo?

Os átomos dos elementos químicos conhecidos atualmente podem ter até sete níveis de energia. Cada um desses níveis é designado, respectivamente, pelas letras **K, L, M, N, O, P** e **Q**, seguindo essa ordem a partir da camada mais próxima do núcleo.

Em cada um dos níveis de energia, pode existir uma quantidade máxima de elétrons, como mostrado no quadro abaixo. No entanto, de modo geral, nem todos os átomos possuem sete níveis de energia.

Um elétron que se encontra no nível **L**, por exemplo, tem maior quantidade de energia do que um elétron que se encontra no nível **K**.

Nível de energia	Quantidade máxima de elétrons
K	2
L	8
M	18
N	32
O	32
P	18
Q	8

2 De acordo com a ilustração ao lado, quantos níveis de energia o átomo de cálcio possui?

3 Identifique quantos elétrons o átomo de cálcio possui em cada nível de energia.

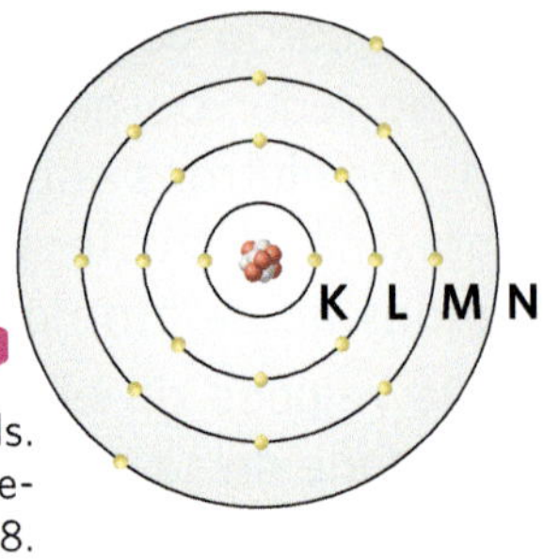

Representação simplificada da estrutura do átomo de cálcio.

Fonte de pesquisa: University of New South Wales. *2: atomic models*. Disponível em: <http://www.materials.unsw.edu.au/tutorials/online-tutorials/2-atomic-models>. Acesso em: 2 nov. 2018.

Representações sem proporção de tamanho. Cores-fantasia.

▌ Estrutura simplificada do átomo de hidrogênio.

Fonte de pesquisa: A estrutura atômica. *Centro de ensino e pesquisa aplicada*, USP. Disponível em: <http://www.cepa.if.usp.br/e-fisica/moderna/universitario/cap02/cap2_01.php>. Acesso em: 2 nov. 2018.

A distribuição dos elétrons nos níveis de energia é realizada respeitando a quantidade máxima de elétrons que cada nível admite, além de algumas regras.

O hidrogênio é o elemento de estrutura atômica mais simples. Em sua forma estável, apresenta apenas **um próton** em seu núcleo e **um elétron** em sua eletrosfera.

Íons

Um átomo com carga elétrica neutra apresenta a mesma quantidade de prótons e de elétrons. No entanto, em algumas situações, um átomo pode ceder ou receber elétrons. Quando isso ocorre, o átomo passa a ser chamado **íon**.

Quando um átomo cede um elétron, seu número de prótons passa a ser maior que o seu número de elétrons. Como o próton tem carga positiva, o átomo fica carregado positivamente, dando origem a um íon chamado **cátion**.

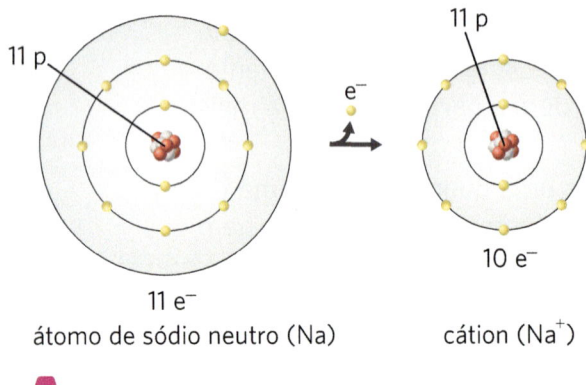

Quando um átomo recebe um elétron, a quantidade de elétrons passa a ser maior que a de prótons. Como o elétron tem carga negativa, o átomo fica carregado negativamente, dando origem a um íon chamado **ânion**.

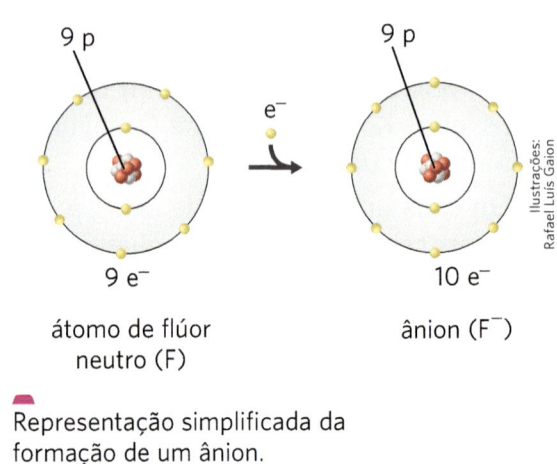

11 p
11 e⁻
átomo de sódio neutro (Na)

11 p
10 e⁻
cátion (Na⁺)

9 p
9 e⁻
átomo de flúor neutro (F)

9 p
10 e⁻
ânion (F⁻)

▬ Representação simplificada da formação de um cátion.

▬ Representação simplificada da formação de um ânion.

▌ **DICA!**
Nessas representações, e⁻ está indicando os elétrons, e p, os prótons.

Fonte de pesquisa: John C. Kotz e Paul M. Treichel Jr. *Química geral e reações químicas*. 5. ed. São Paulo: Thomson Learning, 2006. v. 1. p. 72.

Representações sem proporção de tamanho. Cores-fantasia.

Os íons são representados com um sinal sobrescrito ao símbolo do elemento. Os cátions apresentam um sinal positivo, e os ânions, um sinal negativo. O número que aparecer acompanhando esses sinais indica a quantidade de elétrons que o elemento cedeu ou recebeu. Por exemplo:

- K^+: o potássio cedeu **um** elétron.
- O^{2-}: o oxigênio recebeu **dois** elétrons.

Propriedades dos átomos

Observe estas fotografias.

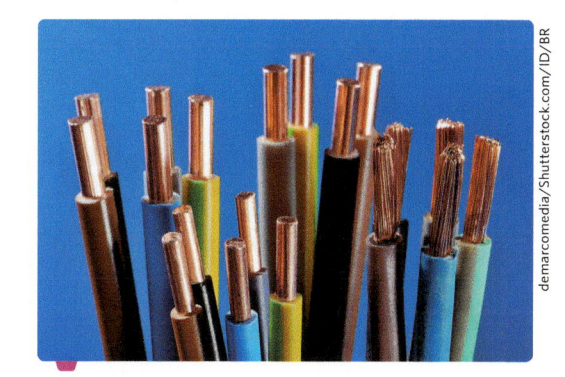

latas feitas de metal

fios feitos de metal

4 Qual dessas fotografias apresenta objetos feitos de alumínio? E qual delas apresenta objetos de cobre?

5 Cite uma diferença entre os metais que compõem os objetos das fotografias.

Cada elemento químico que compõe a matéria apresenta características próprias. Em geral, essas características não são visíveis, mas, em alguns casos, podem apresentar-se de maneira bastante clara, como é o caso das latas de alumínio e dos fios de cobre, em que ambos são metais; porém com cores e outras propriedades distintas.

Se analisarmos os átomos desses materiais, perceberemos que as diferenças são ainda maiores.

Cada elemento químico apresenta um número fixo de prótons em seu núcleo atômico. Sendo assim, podemos afirmar que todos os átomos que possuírem 29 prótons em seu núcleo serão átomos do elemento químico cobre, e todos os que possuírem 13 prótons em seu núcleo serão do elemento químico alumínio.

Número atômico (Z)

Os átomos de um mesmo elemento químico possuem o mesmo número de prótons (p) em seu núcleo. O que difere um elemento de outro é, portanto, o número de prótons existentes em seu núcleo.

No estudo da Química, o número de prótons no núcleo de um átomo é chamado **número atômico** e é representado por (Z). Temos, então, que:

número atômico (Z) = número de prótons (p)

Número de massa (A)

O núcleo de um átomo contém prótons (p) e nêutrons (n), constituindo, aproximadamente, toda a massa do átomo. A massa dos elétrons é tão pequena em relação à do núcleo que, geralmente, não é considerada.

A soma do número de prótons (p) e do número de nêutrons (n) é denominada número de massa. O número de massa é dado por:

$$A = p + n \quad \text{ou} \quad A = Z + n$$

em que:

- A é o número de massa;
- p é o número de prótons no núcleo do átomo;
- n é o número de nêutrons no núcleo do átomo;
- Z é o número atômico.

Geralmente, os átomos de um elemento químico são representados como na notação abaixo:

número de massa do elemento — A
número atômico do elemento — Z X — símbolo do elemento

6 Qual é o número de prótons e de nêutrons do elemento químico ouro $^{197}_{79}Au$?

Isótopos

Você estudou que um elemento químico é caracterizado pelo seu número atômico (Z). No entanto, na prática, nem todos os átomos de uma amostra natural de determinado elemento químico apresentam o mesmo número de massa. Isso ocorre porque os átomos podem ter números variados de nêutrons. Como exemplo, podemos citar o carbono (C). Existem quinze tipos diferentes de átomos de carbono; porém, apenas três são naturais: o carbono-12 ($^{12}_{6}C$), o carbono-13 ($^{13}_{6}C$) e o carbono-14 ($^{14}_{6}C$), representados no quadro a seguir.

Símbolo	p	n	A
$^{12}_{6}C$	6	6	12
$^{13}_{6}C$	6	7	13
$^{14}_{6}C$	6	8	14

Átomos que apresentam números atômicos iguais e números de massa diferentes são chamados **isótopos**. Aproximadamente 99% dos átomos de carbono encontram-se na natureza sob a forma de carbono-12. Do carbono restante, aproximadamente 1% apresenta diferentes números de nêutrons e, consequentemente, diferentes números de massa.

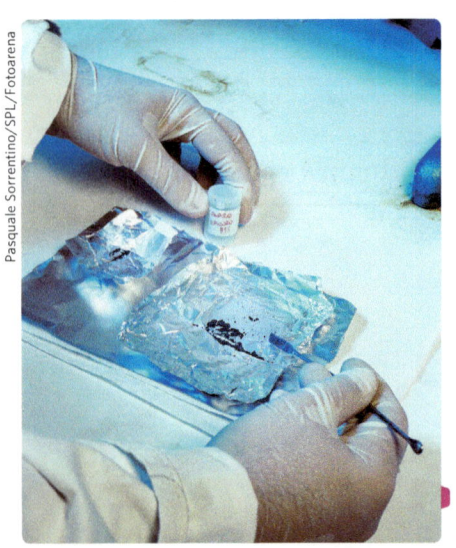

A substituição de um isótopo por outro em um composto é muito utilizada em diversas aplicações. Por exemplo, o carbono-12 é o carbono presente no diamante e na grafita. Já o carbono-14, atualmente, é muito utilizado na Arqueologia e na Paleontologia para determinar a idade aproximada de objetos confeccionados em madeira ou fósseis. Quando um ser vivo morre, a quantidade de átomos de C-14 presente em seu organismo é reduzida pela metade a cada 5 730 anos. Esse período é chamado **meia-vida**. Assim, é possível estimar o tempo que decorreu desde a morte de um ser vivo por meio da análise da quantidade de C-14 presente nele.

Amostra de papiro sendo submetida ao processo de datação pelo método do carbono-14.

Alquimia

a) Você já ouviu falar em Alquimia? O que você sabe sobre esse assunto?

Entre os séculos III a.C. e XVI d.C., foram desenvolvidas diversas técnicas, cujo objetivo era promover a transformação da matéria. Ao conjunto dessas técnicas, que recebeu influência da filosofia grega, do misticismo oriental e da tecnologia egípcia, convencionou-se chamar alquimia.

Combinando conhecimentos de astrologia, filosofia, misticismo, arte, metalurgia, física, química, medicina e religião, os alquimistas tinham como principal objetivo encontrar a pedra filosofal, que teria o poder de transformar metais em ouro e de produzir o elixir da vida eterna, capaz de curar qualquer doença. Enquanto buscavam alcançar esses objetivos, os alquimistas colaboraram imensamente para o desenvolvimento de muitas técnicas químicas, além de terem descoberto diferentes substâncias. Alguns equipamentos e técnicas utilizados, atualmente, em laboratórios químicos, são criações dos alquimistas, como a trituração, a sublimação e a destilação.

Victor Mahu. *Interior com um alquimista e seus assistentes*, 1690. Óleo sobre tela, 58,5 cm × 84 cm. Coleção particular.

A passagem da alquimia para a Química é caracterizada pela introdução de procedimentos relacionados aos métodos científicos favorecendo, assim, uma ciência aberta, racional e precisa.

A Química é uma área do conhecimento que busca entender a constituição da matéria. Essa Ciência está focada no estudo das propriedades, da composição e das transformações da matéria. Para estudar as características dos diferentes materiais, é necessário conhecer melhor a estrutura deles.

b) Existe alguma relação entre Química e alquimia?

c) Quais eram os principais objetivos dos alquimistas?

Ampliando fronteiras

O trabalho dos cientistas e os modelos científicos

A busca pelo conhecimento é um dos principais motores que levam ao desenvolvimento científico.

A Ciência é uma forma de investigar o Universo, analisando os fenômenos e procurando respostas para questões relacionadas a eles. Ela não deve ser encarada como um conjunto de conhecimentos ou um catálogo de respostas prontas, pois ela está em constante construção.

Para investigar e obter respostas, os cientistas podem construir modelos ou representar algo ou algum fenômeno que já aconteceu ou ainda acontece na natureza. Esse é o caso dos aceleradores de partículas!

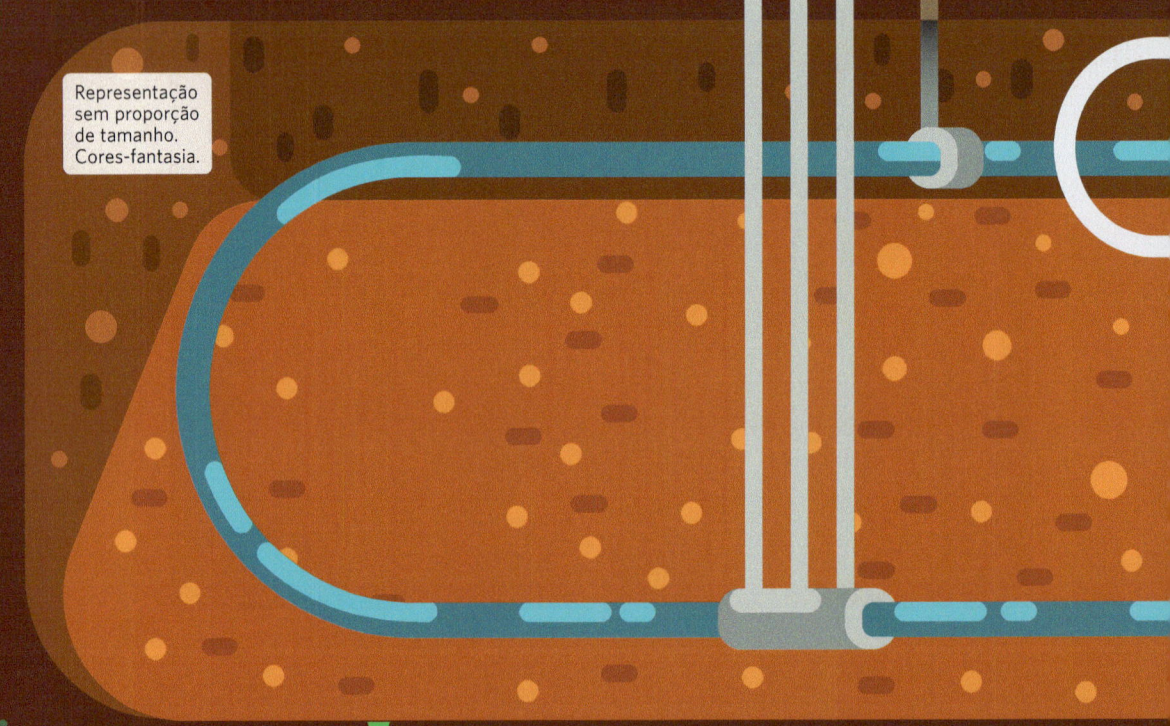

Representação sem proporção de tamanho. Cores-fantasia.

Representação simplificada de um acelerador de partículas.

O bóson de Higgs é uma partícula subatômica (menor que o átomo) já descrita em 1964, mas que foi confirmada apenas em 2012, com o uso dos aceleradores de partícula. Esse fato proporcionou um novo entendimento sobre o Universo e as partículas que o compõem.

Os aceleradores de partículas permitem aos cientistas observar partículas extremamente pequenas dos átomos. Entre essas partículas está o bóson de Higgs – partícula que se supõe ter existido somente alguns segundos após o Big Bang, mas que não existe mais no Universo.

Mas por que as pesquisas realizadas com os aceleradores de partículas são tão importantes?

Geralmente, nos locais onde os aceleradores de partículas são instalados, diversos cientistas se reúnem para realizar pesquisas sobre a estrutura fundamental da matéria. Além de contribuir para compreendermos melhor a origem do Universo, muitas dessas pesquisas proporcionam o desenvolvimento de equipamentos que trazem muitos benefícios para a sociedade. Entre os exemplos desses equipamentos, podemos citar o aparelho de detecção adiantada do câncer de mama, desenvolvido por uma equipe de cientistas que trabalhavam em um acelerador de partículas do Cern (Organização Europeia de Pesquisas Nucleares).

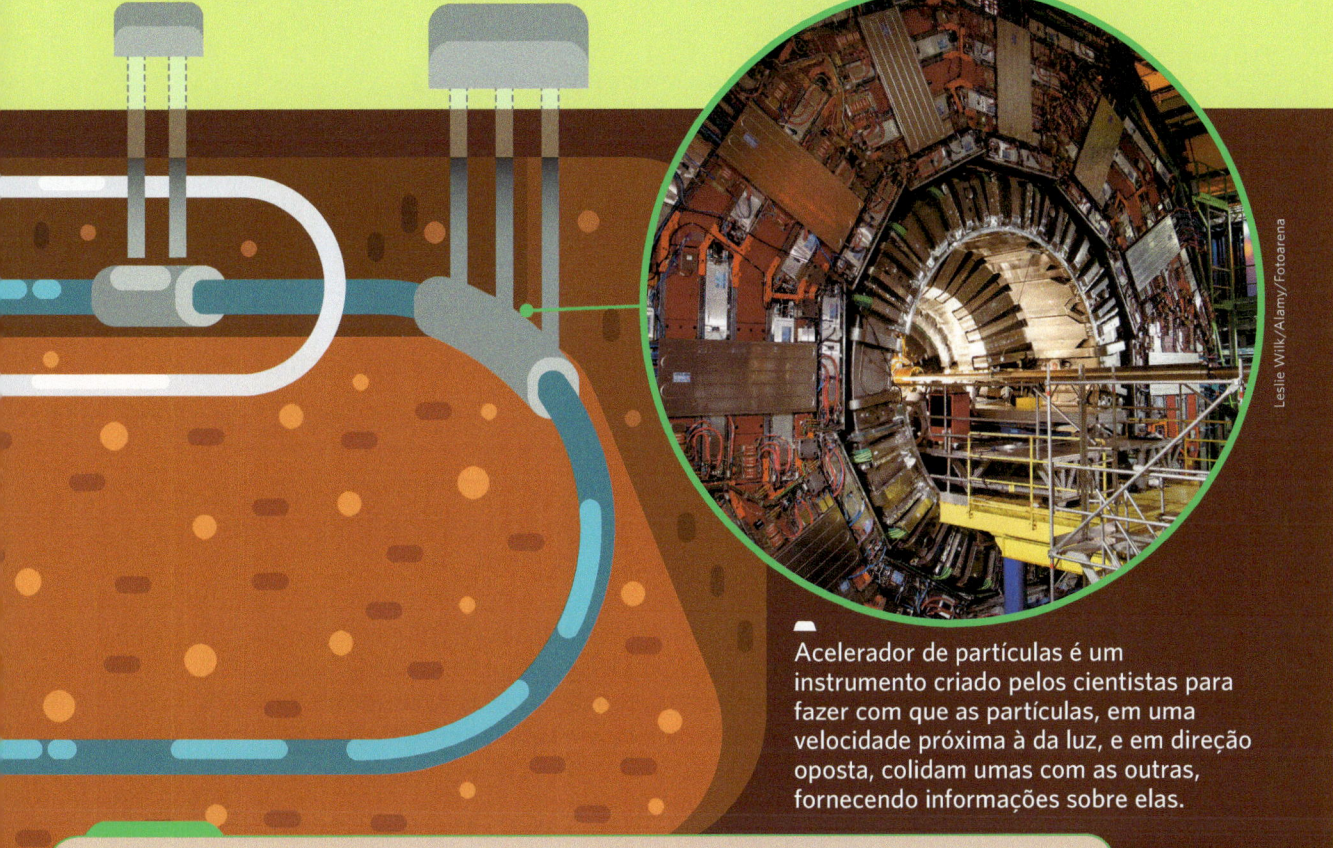

Acelerador de partículas é um instrumento criado pelos cientistas para fazer com que as partículas, em uma velocidade próxima à da luz, e em direção oposta, colidam umas com as outras, fornecendo informações sobre elas.

1. Você já conhecia algo sobre os aceleradores de partículas ou sobre o bóson de Higgs? Em caso afirmativo, o que você sabia sobre esse assunto? De onde obteve essas informações?

2. Qual é a importância para a Ciência de se construir modelos ou representar fenômenos naturais?

3. Pesquise sobre outras aplicações dos aceleradores de partículas.

4. Pense em um fenômeno do Universo que você gostaria de investigar. Em sua opinião, é possível construir algum modelo ou simular algum fenômeno que ajude nessa investigação? De que maneira? Conte aos colegas!

Atividades

1. Rutherford propôs três conclusões após analisar os resultados obtidos em seu experimento.

   a) Em que consistia esse experimento?

   b) Descreva com suas palavras quais foram as três conclusões a que ele chegou.

   c) Por meio da experimentação, Rutherford descobriu que as partículas de carga positiva se concentravam em uma região. Qual o nome dessa região e qual o nome dado a essas partículas?

2. O alumínio pode ser utilizado na produção de embalagens, como papel-alumínio e latarias em geral. A ilustração ao lado representa a estrutura simplificada de um átomo do elemento químico alumínio.

   Representação sem proporção de tamanho. Cores-fantasia.

   Representação simplificada da estrutura do átomo de alumínio.

   Fonte de pesquisa: University of New South Wales. *2: atomic models*. Disponível em: <http://www.materials.unsw.edu.au/tutorials/online-tutorials/2-atomic-models>. Acesso em: 2 nov. 2018.

   a) Identifique quais níveis de energia o alumínio apresenta e quantos elétrons cada nível possui.

   b) Pesquise outras aplicações do alumínio.

3. Leia o trecho da reportagem a seguir e responda às questões abaixo.

   Mercado de baterias de íon de lítio cresce com renováveis

   [...]
   Nos últimos anos, as baterias de íons de lítio (Li-ion) foram a tecnologia mais escolhida para os projetos de armazenamento de energia estacionários, devido a uma combinação de baixo custo, eficiência e segurança.
   [...]

   Vanessa Barbosa. Mercado de baterias de íon de lítio cresce com renováveis. *Exame*, 10 mar. 2018. Negócios. Disponível em: <https://exame.abril.com.br/negocios/mercado-de-baterias-de-ion-de-litio-cresce-com-renovaveis/>. Acesso em: 25 out. 2018.

   a) Faça uma pesquisa para descobrir qual a carga que o íon lítio apresenta. Escreva a representação desse íon.

   b) Explique, com suas palavras, como ocorre a formação de um íon.

   c) Quais as cargas e os respectivos nomes que os íons podem apresentar?

   d) Pesquise para que e onde são utilizadas as baterias de íon lítio.

4. Leia o trecho da reportagem abaixo e em seguida responda às questões.

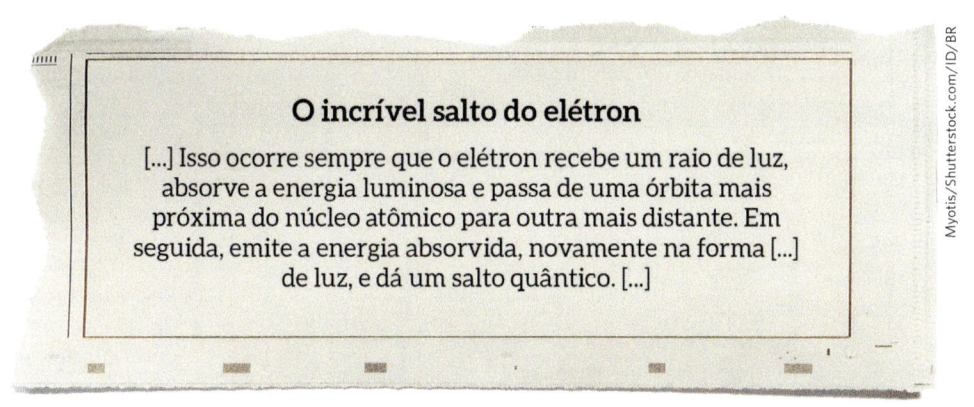

> **O incrível salto do elétron**
>
> [...] Isso ocorre sempre que o elétron recebe um raio de luz, absorve a energia luminosa e passa de uma órbita mais próxima do núcleo atômico para outra mais distante. Em seguida, emite a energia absorvida, novamente na forma [...] de luz, e dá um salto quântico. [...]

O incrível salto do elétron. *Superinteressante*, 31 out. 2016. Ciência. Disponível em: <https://super.abril.com.br/ciencia/o-incrivel-salto-do-eletron/>. Acesso em: 25 out. 2018.

a) Qual dos modelos atômicos estudados no capítulo consegue explicar o fato apresentado no trecho da reportagem?

b) Nesse modelo que você citou no item **a**, os átomos possuem camadas denominadas níveis de energia. Faça uma relação entre a distância dessas camadas e o núcleo, e o que acontece com a energia conforme elas se afastam.

c) Quando o átomo absorve e emite determinada quantidade de energia, ele se transforma em algum tipo de íon? Justifique sua resposta.

5. A vitamina D, presente em peixes, gema de ovos, leite, entre outros alimentos, é importante para a regulação do metabolismo ósseo. Ela contribui para manter em quantidades adequadas o cálcio e o fósforo presentes no sangue, aumentando a absorção desses elementos pelo intestino. A representação dos elementos químicos presentes no texto acima são:

$${}^{40}_{20}Ca \qquad {}^{31}_{15}P$$

Exemplos de alimentos que contêm vitamina D.

a) Escreva, no seu caderno, quais são os valores de número de massa (*A*), número atômico (*Z*) e número de prótons (*p*) do cálcio (Ca) e do fósforo (P), respectivamente.

b) Qual é o valor do número de nêutrons (*n*) nos elementos acima?

c) Para que um elemento seja considerado isótopo do cálcio, ele precisa ter quantos prótons?

6. Analise a situação apresentada abaixo, em seguida responda.

$${}^{90}_{5X}A \longrightarrow isótopo \longrightarrow {}^{95}_{4X+8}B$$

a) Sabendo que os elementos apresentados acima são hipotéticos, e que **A** e **B** são isótopos, determine o número atômico de **A** e de **B**.

b) Determine o valor do número de nêutrons de **A** e **B**.

Tabela periódica dos elementos químicos

Observe a seguir as imagens de uma mesma tela de computador em datas diferentes.

Representações sem proporção de tamanho. Cores-fantasia.

Ilustrações: Somma Studio

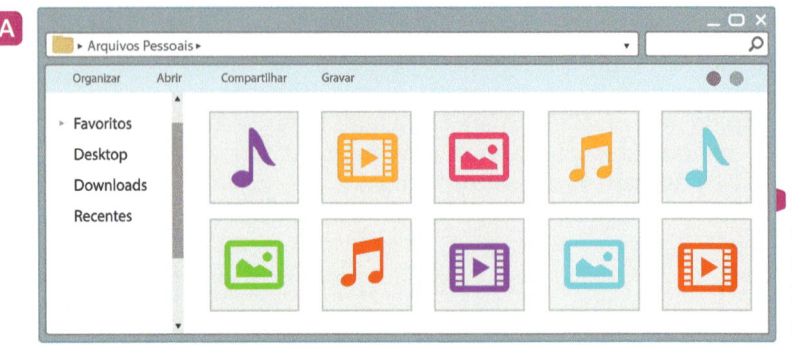

Representação da tela de um computador em 20 de outubro de 2019.

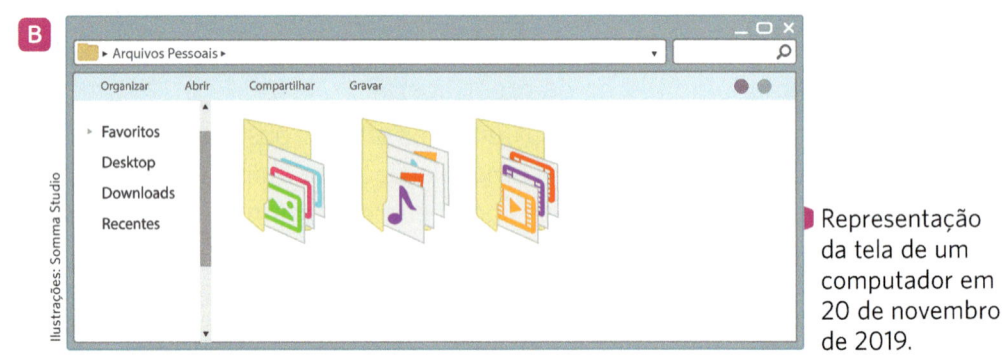

Representação da tela de um computador em 20 de novembro de 2019.

1. Quais são os tipos de arquivos que podem ser identificados nas telas dos computadores?

2. Que modificações você observa na tela **B** em relação à tela **A**? Qual é o objetivo dessa mudança?

3. Qual foi o critério usado para organizar os arquivos?

Como você deve ter observado na imagem **A**, os arquivos no computador estão todos misturados, sem critério de organização. Do jeito que estava, sempre que fosse necessário procurar um arquivo demoraria certo tempo para encontrá-lo. Já na imagem **B**, os arquivos estão organizados em pastas, cada uma agrupando apenas um tipo de arquivo (imagens, vídeos, músicas). Essa organização facilita a localização dos arquivos, otimizando tempo e trabalho.

Na história da Química não foi diferente. Na segunda metade do século XIX, mais de 60 elementos químicos já eram conhecidos. No entanto, não existia uma organização prática para eles, dificultando a identificação das características dos elementos químicos. Por esse motivo, os pesquisadores os agruparam de acordo com suas características semelhantes e perceberam que essa era uma maneira de facilitar a compreensão das propriedades desses elementos. Mas quais características deveriam utilizar?

Pensando assim, vários pesquisadores dedicaram-se à criação de um método que pudesse organizar os elementos químicos até então conhecidos. Com isso, chegaram à tabela periódica dos elementos conhecida atualmente.

O ponto de partida para organizar os elementos químicos foi agrupá-los pensando em seus aspectos semelhantes.

Em 1829, o químico alemão Johann Wolfgang Döbereiner (1780-1849) propôs o agrupamento de três em três elementos de acordo com as massas atômicas semelhantes.

Em 1864, o químico inglês John Alexander Reina Newlands (1837-1898) ordenou os elementos químicos conhecidos na época em sete grupos dispostos em colunas, seguindo a ordem crescente de massa atômica.

Já o físico e químico inglês John Dalton (1766-1844), no início do século XIX, listou os elementos químicos de acordo com a massa atômica conhecida na época. No entanto, não obteve sucesso porque os dados estavam imprecisos.

Contando com a contribuição de estudos anteriores, em 1869, o químico russo Dmitri Ivanovich Mendeleev (1834-1907) propôs organizar os elementos químicos de acordo com sua massa atômica (MA). Enquanto estava preparando seu livro de química inorgânica, Mendeleev deduziu que os elementos químicos tinham propriedades semelhantes. Acredita-se que, para conseguir organizar as informações, o químico preparou um cartão para cada um dos 63 elementos químicos conhecidos até então.

Retrato de Dmitri Ivanovich Mendeleev, na década de 1890.

Cada cartão continha o símbolo do elemento, a massa atômica e suas propriedades químicas e físicas. Ao colocar os cartões em uma mesa, Mendeleev organizou-os em ordem crescente de massa atômica, agrupando os elementos que apresentavam propriedades semelhantes. Esse então foi o início da organização que conhecemos hoje.

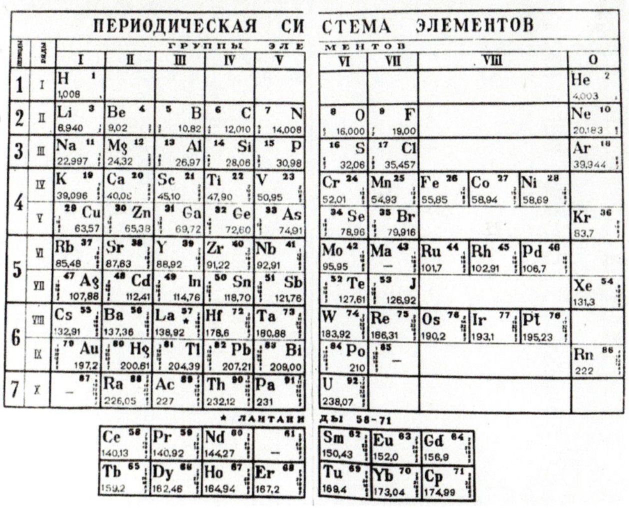

Tabela periódica baseada na original de Mendeleev, desenvolvida em 1869.

Em 1913, o físico inglês Henry Gwyn Jeffreys Moseley (1887-1915), por meio de experimentos, propôs a ordenação dos elementos em função de seu número atômico (Z), e não de sua massa atômica (MA), como proposto por Mendeleev. Ele percebeu que com essa organização os elementos químicos ficavam arranjados de forma mais regular.

Atualmente, a tabela periódica é organizada em ordem crescente do número atômico (Z) dos elementos químicos. Veja-a na próxima página. Você poderá consultá-la sempre que for necessário.

Retrato de Henry Gwyn Jeffreys Moseley, na década de 1910.

Tabela periódica dos elementos

Com massas atômicas referidas ao isótopo 12 do carbono.

1																	18
1 **H** Hidrogênio 1,01	2											13	14	15	16	17	2 **He** Hélio 4,00
3 **Li** Lítio 6,94	4 **Be** Berílio 9,01											5 **B** Boro 10,81	6 **C** Carbono 12,01	7 **N** Nitrogênio 14,01	8 **O** Oxigênio 16,00	9 **F** Flúor 19,00	10 **Ne** Neônio 20,18
11 **Na** Sódio 22,99	12 **Mg** Magnésio 24,31	3	4	5	6	7	8	9	10	11	12	13 **Aℓ** Alumínio 26,98	14 **Si** Silício 28,09	15 **P** Fósforo 30,97	16 **S** Enxofre 32,06	17 **Cℓ** Cloro 35,45	18 **Ar** Argônio 39,95
19 **K** Potássio 39,10	20 **Ca** Cálcio 40,08	21 **Sc** Escândio 44,96	22 **Ti** Titânio 47,87	23 **V** Vanádio 50,94	24 **Cr** Crômio 52,00	25 **Mn** Manganês 54,94	26 **Fe** Ferro 55,85	27 **Co** Cobalto 58,93	28 **Ni** Níquel 58,69	29 **Cu** Cobre 63,55	30 **Zn** Zinco 65,38	31 **Ga** Gálio 69,72	32 **Ge** Germânio 72,63	33 **As** Arsênio 74,92	34 **Se** Selênio 78,97	35 **Br** Bromo 79,90	36 **Kr** Criptônio 83,80
37 **Rb** Rubídio 85,47	38 **Sr** Estrôncio 87,62	39 **Y** Ítrio 88,91	40 **Zr** Zircônio 91,22	41 **Nb** Nióbio 92,91	42 **Mo** Molibdênio 95,95	43 **Tc** Tecnécio (98)	44 **Ru** Rutênio 101,07	45 **Rh** Ródio 102,91	46 **Pd** Paládio 106,42	47 **Ag** Prata 107,87	48 **Cd** Cádmio 112,41	49 **In** Índio 114,82	50 **Sn** Estanho 118,71	51 **Sb** Antimônio 121,76	52 **Te** Telúrio 127,60	53 **I** Iodo 126,90	54 **Xe** Xenônio 131,29
55 **Cs** Césio 132,91	56 **Ba** Bário 137,33	57-71 Lantanídeos	72 **Hf** Háfnio 178,49	73 **Ta** Tântalo 180,95	74 **W** Tungstênio 183,84	75 **Re** Rênio 186,21	76 **Os** Ósmio 190,23	77 **Ir** Irídio 192,22	78 **Pt** Platina 195,08	79 **Au** Ouro 196,97	80 **Hg** Mercúrio 200,59	81 **Tℓ** Tálio 204,38	82 **Pb** Chumbo 207,20	83 **Bi** Bismuto 208,98	84 **Po** Polônio (209)	85 **At** Astato (210)	86 **Rn** Radônio (222)
87 **Fr** Frâncio (223)	88 **Ra** Rádio (226)	89-103 Actinídeos	104 **Rf** Rutherfórdio (267)	105 **Db** Dúbnio (268)	106 **Sg** Seabórgio (269)	107 **Bh** Bóhrio (270)	108 **Hs** Hássio (269)	109 **Mt** Meitnério (278)	110 **Ds** Darmstadtio (281)	111 **Rg** Roentgênio (280)	112 **Cn** Copernício (285)	113 **Nh** Nihônio (286)	114 **Fℓ** Fleróvio (289)	115 **Mc** Moscóvio (289)	116 **Lv** Livermório (293)	117 **Ts** Tenesso (294)	118 **Og** Oganessônio (294)

6	57 **La** Lantânio 138,91	58 **Ce** Cério 140,12	59 **Pr** Praseodímio 140,91	60 **Nd** Neodímio 144,24	61 **Pm** Promécio (145)	62 **Sm** Samário 150,36	63 **Eu** Európio 151,96	64 **Gd** Gadolínio 157,25	65 **Tb** Térbio 158,93	66 **Dy** Disprósio 162,50	67 **Ho** Hólmio 164,93	68 **Er** Érbio 167,26	69 **Tm** Túlio 168,93	70 **Yb** Itérbio 173,05	71 **Lu** Lutécio 174,97
7	89 **Ac** Actínio (227)	90 **Th** Tório 232,04	91 **Pa** Protactínio 231,04	92 **U** Urânio 238,03	93 **Np** Netúnio (237)	94 **Pu** Plutônio (244)	95 **Am** Amerício (243)	96 **Cm** Cúrio (247)	97 **Bk** Berquélio (247)	98 **Cf** Califórnio (251)	99 **Es** Einstênio (252)	100 **Fm** Férmio (257)	101 **Md** Mendelévio (258)	102 **No** Nobélio (259)	103 **Lr** Laurêncio (262)

Legenda:
- Número atômico
- **Símbolo**
- Nome
- Massa atômica

- Metais
- Metais de transição interna
- Hidrogênio
- Não metais
- Gases Nobres
- Classificação desconhecida

- N — Gasoso
- Fe — Sólido
- Hg — Líquido
- Rf — Desconhecido

Os elementos 113 a 118 apresentam classificação desconhecida. Os elementos 113 a 118 apresentam classificação desconhecida.
- As massas atômicas relativas são listadas com arredondamento no último algarismo. As massas atômicas entre parênteses representam valores ainda não padronizados pela Iupac.
- As cores nos símbolos dos elementos indicam o estado físico a 20 °C e a 1 atm de pressão: **preto** – estado sólido; verde – estado líquido; vermelho – estado gasoso; azul – estado físico desconhecido.
- Observação: as cores indicadas nesta tabela não têm significado científico, são apenas recursos visuais pedagógicos.

Os dados contidos nesta tabela periódica estão de acordo com as recomendações de 28 de novembro de 2016, da Iupac (International Union of Pure and Applied Chemistry, traduzido do inglês, União Internacional de Química Pura e Aplicada) e da RSC (Royal Society of Chemistry, traduzido do inglês, Sociedade Real de Química).

Camila Carmona

Fonte de pesquisa: Iupac (*International Union of Pure and Applied Chemistry*). Periodic Table of Elements. Disponível em: <https://iupac.org/what-we-do/periodic-table-of-elements/>. Acesso em: 1º nov. 2018.

Características da tabela periódica atual

4 Retorne à tabela periódica na página anterior e encontre o elemento químico estanho (Sn).

a) Quantos prótons existem no núcleo de um átomo desse elemento químico? Justifique.

b) Qual elemento químico está após o estanho? Por que ele ocupa essa posição?

c) Por que o elemento químico prata (Ag) está localizado três posições antes do estanho? Qual o seu número atômico? Justifique.

A tabela periódica é uma das ferramentas mais importantes na Química, pois nela os elementos estão organizados sequencialmente com base no número atômico, em ordem crescente. Além disso, os elementos com propriedades químicas e físicas semelhantes, que variam gradualmente, estão ordenados em colunas verticais chamadas **grupos**. Veja.

Representação dos grupos da tabela periódica

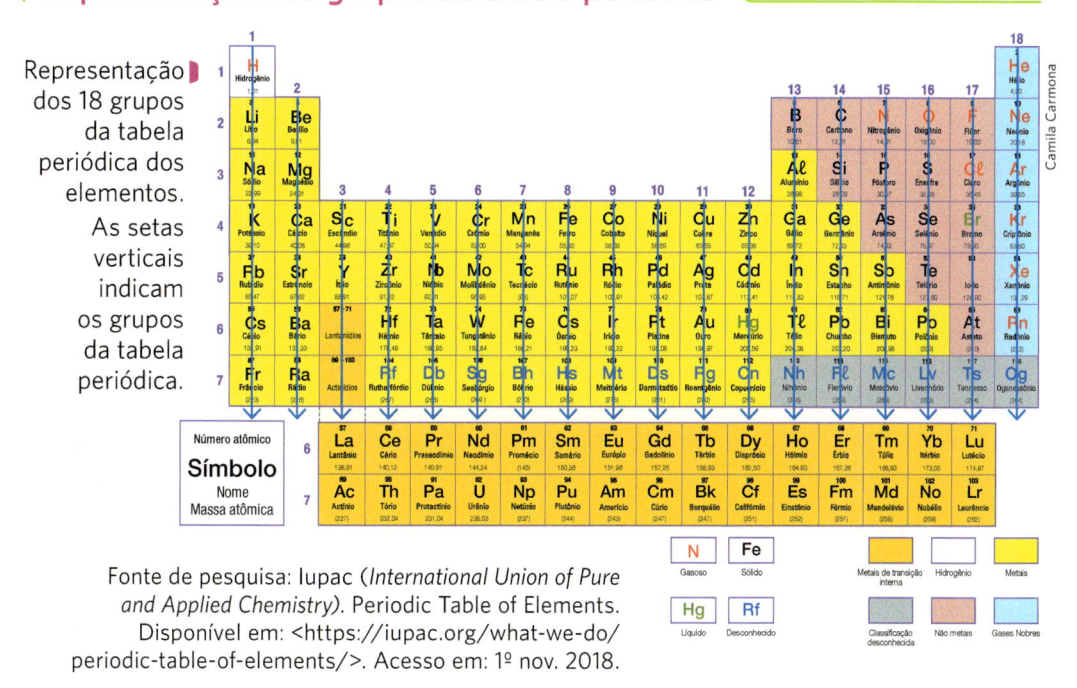

Representação dos 18 grupos da tabela periódica dos elementos. As setas verticais indicam os grupos da tabela periódica.

Fonte de pesquisa: Iupac (*International Union of Pure and Applied Chemistry*). Periodic Table of Elements. Disponível em: <https://iupac.org/what-we-do/periodic-table-of-elements/>. Acesso em: 1º nov. 2018.

Existem tabelas periódicas que dividem os grupos em "A", "B" e "zero". No entanto, a União Internacional de Química Pura e Aplicada (Iupac) recomenda numerar os grupos da esquerda para a direita, de 1 a 18. Alguns grupos, inclusive, recebem nomes especiais. Veja o quadro ao lado.

Grupo	Nome do grupo
1	metais alcalinos
2	metais alcalinos terrosos
3 a 12	metais de transição
13	grupo do boro
14	grupo do carbono
15	grupo do nitrogênio
16	calcogênios
17	halogênios
18	gases nobres

Para agrupar em colunas os elementos com propriedades químicas e físicas semelhantes, foi necessário formar algumas linhas na tabela periódica. Cada uma dessas linhas é chamada **período**, e mantém a organização dos elementos químicos em ordem crescente de número atômico (Z). Na tabela, existem sete períodos numerados de cima para baixo.

Representação dos períodos de uma tabela periódica

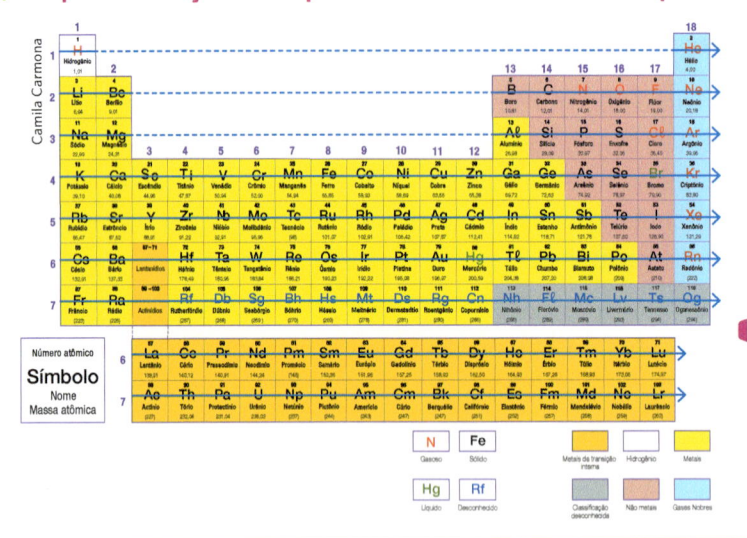

Fonte de pesquisa: Iupac (*International Union of Pure and Applied Chemistry*). Periodic Table of Elements. Disponível em: <https://iupac.org/what-we-do/periodic-table-of-elements/>. Acesso em: 1º nov. 2018.

Representação dos sete períodos da tabela periódica dos elementos. As setas horizontais indicam os períodos da tabela periódica.

Duas sequências de elementos são dispostas logo abaixo da tabela periódica. Uma é chamada série dos lantanídeos (sexto período), que inicia com o elemento lantânio (La) e encerra com o elemento lutécio (Lu). A outra é denominada série dos actinídeos (sétimo período), que inicia com o elemento actínio (Ac) e encerra com o elemento laurêncio (Lr). Essas duas séries referem-se aos **metais de transição interna**. Optou-se por essa organização para evitar que a tabela periódica ficasse com linhas extensas.

Mas há também divisões de acordo com algumas propriedades específicas dos elementos. Essa divisão na tabela periódica é normalmente indicada por cores distintas, classificando os elementos em metais, não metais e gases nobres.

Os **metais** são sólidos à temperatura ambiente, 25 °C, com exceção do mercúrio (Hg), e são bons condutores de eletricidade e de calor. Eles também são dúcteis (podem ser moldados em fios), por isso podem formar liga metálica com outras substâncias e ser transformados em lâminas. Outra propriedade dos metais é que eles possuem a tendência de ceder elétrons formando cátions. Por causa dessas características, os metais são usados em diversas finalidades. O ferro (Fe) e o alumínio (Aℓ), por exemplo, são frequentemente utilizados na fabricação de peças de automóveis, pois são maleáveis e apresentam baixo custo em relação a outros metais.

Fábrica de automóveis em Resende, estado do Rio de Janeiro, em 2015.

O hidrogênio possui propriedades distintas e não se enquadra em outros grupos da tabela periódica. Ele se encontra no grupo 1 por apresentar um elétron em sua última camada, de forma semelhante aos elementos desse grupo. No entanto, ele **não** pertence ao grupo dos **metais alcalinos**.

Alguns elementos químicos que não possuem as propriedades dos metais são classificados como **não metais**. Tanto a aparência quanto os estados físicos desses elementos são variados. Como exemplos, podemos citar o carbono (C) e o iodo (I), que se encontram no estado sólido; o bromo (Br), no estado líquido; o oxigênio (O) e o cloro (Cℓ), no estado gasoso, todos à temperatura ambiente.

Os não metais não são bons condutores de corrente elétrica nem de calor. Além disso, possuem a tendência de receber elétrons, formando ânions.

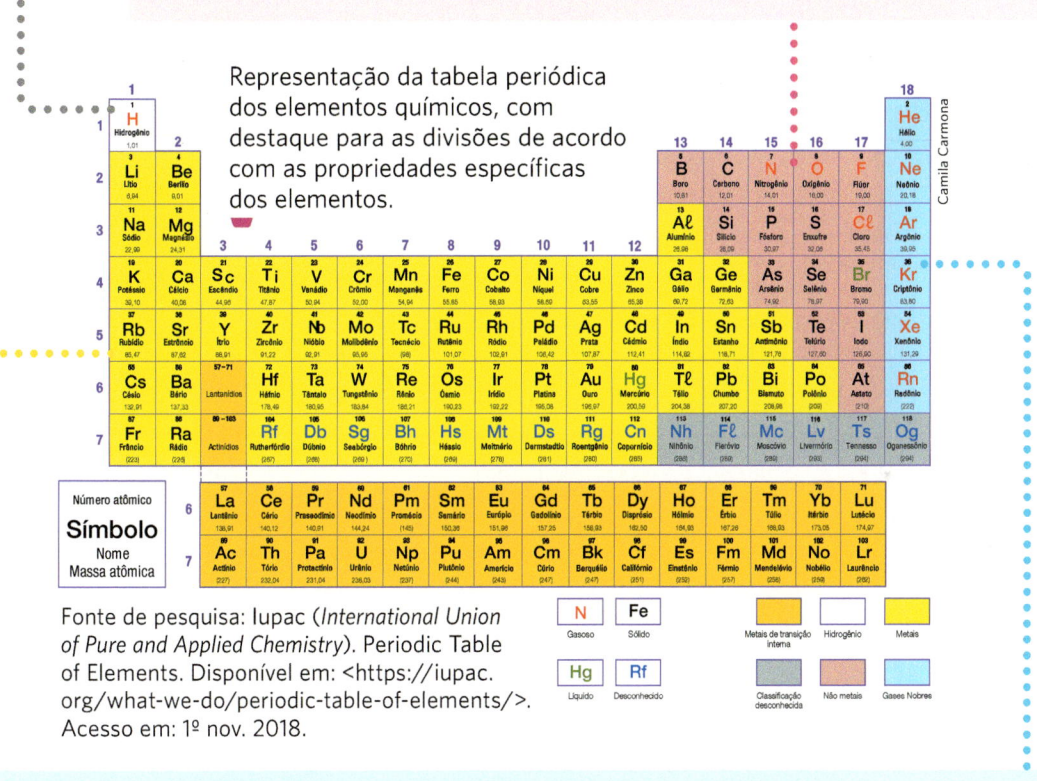

Representação da tabela periódica dos elementos químicos, com destaque para as divisões de acordo com as propriedades específicas dos elementos.

Fonte de pesquisa: Iupac (*International Union of Pure and Applied Chemistry*). Periodic Table of Elements. Disponível em: <https://iupac.org/what-we-do/periodic-table-of-elements/>. Acesso em: 1º nov. 2018.

Os elementos químicos pertencentes ao grupo 18 são conhecidos como **gases nobres**. Eles se caracterizam por serem pouco reativos, ou seja, não reagem facilmente com outros elementos químicos. A maioria desses gases é encontrada em pequenas concentrações na atmosfera, sendo o argônio o mais abundante. Eles são utilizados em diversas aplicações, como mostra o quadro ao lado.

Gás nobre	Aplicações
Hélio (He)	Enchimento de balões de festas e balões meteorológicos.
Neônio (Ne)	Letreiros luminosos.
Argônio (Ar)	Lâmpadas fluorescentes.
Criptônio (Kr)	Iluminação das pistas dos aeroportos.
Xenônio (Xe)	Sistemas de iluminação noturna, como nos faróis automotivos.
Radônio (Rn)	Tratamento de alguns tipos de câncer.

Como utilizar a tabela periódica

A tabela periódica é uma ferramenta que oferece diversas informações sobre os elementos químicos. Vamos aprender como identificar esses dados.

Além da disposição dos elementos, a tabela periódica padroniza sua nomenclatura. O símbolo que designa cada elemento é escrito com a primeira letra maiúscula. Se houver segunda letra, ela deverá ser sempre minúscula.

Cada quadro da tabela periódica apresenta diversas informações sobre os elementos químicos. A disposição dessas informações também é padronizada, como mostra a ilustração abaixo.

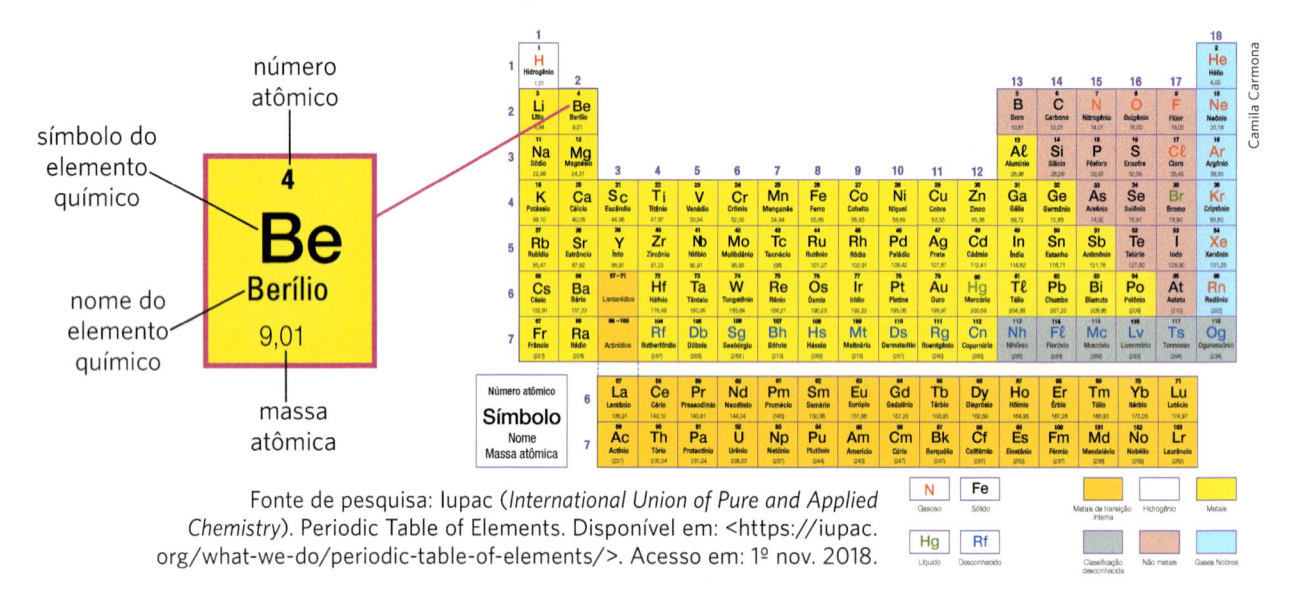

Fonte de pesquisa: Iupac (*International Union of Pure and Applied Chemistry*). Periodic Table of Elements. Disponível em: <https://iupac.org/what-we-do/periodic-table-of-elements/>. Acesso em: 1º nov. 2018.

Novos elementos químicos

Leia o trecho de reportagem a seguir.

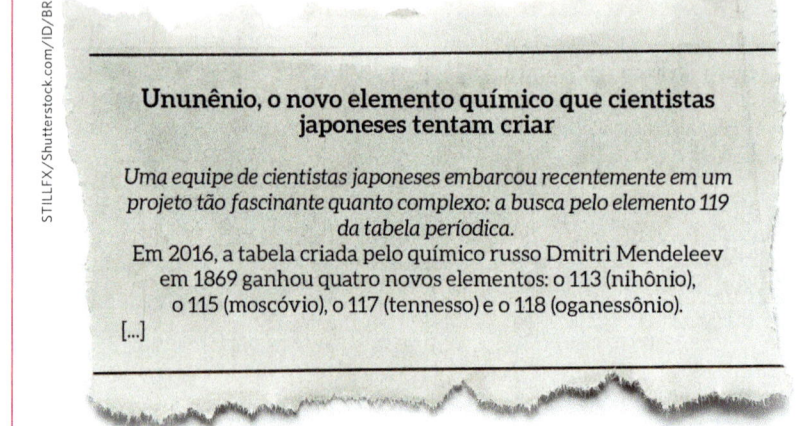

Ununênio, o novo elemento químico que cientistas japoneses tentam criar

Uma equipe de cientistas japoneses embarcou recentemente em um projeto tão fascinante quanto complexo: a busca pelo elemento 119 da tabela periódica.
Em 2016, a tabela criada pelo químico russo Dmitri Mendeleev em 1869 ganhou quatro novos elementos: o 113 (nihônio), o 115 (moscóvio), o 117 (tennesso) e o 118 (oganessônio).
[...]

Ununênio, o novo elemento químico que cientistas japoneses tentam criar. *BBC Brasil*, 15 jan. 2018. Disponível em: <https://www.bbc.com/portuguese/geral-42654101>. Acesso em: 25 out. 2018.

Conforme novos elementos químicos são descobertos pelos cientistas, ficam disponibilizados na tabela periódica. Dos 118 elementos oficialmente reconhecidos pela Iupac a partir de 2016, 88 são naturais e os demais, artificiais, ou seja, produzidos em laboratório. Em geral, os elementos artificiais são produzidos em aceleradores de partículas.

Atividades

1. Consulte a tabela periódica e escreva em seu caderno o símbolo, o número atômico, o grupo, o nome do grupo e o período dos seguintes elementos químicos.

a) Sódio.   b) Criptônio.   c) Tório.   d) Fósforo.

2. Leia o trecho da reportagem abaixo.

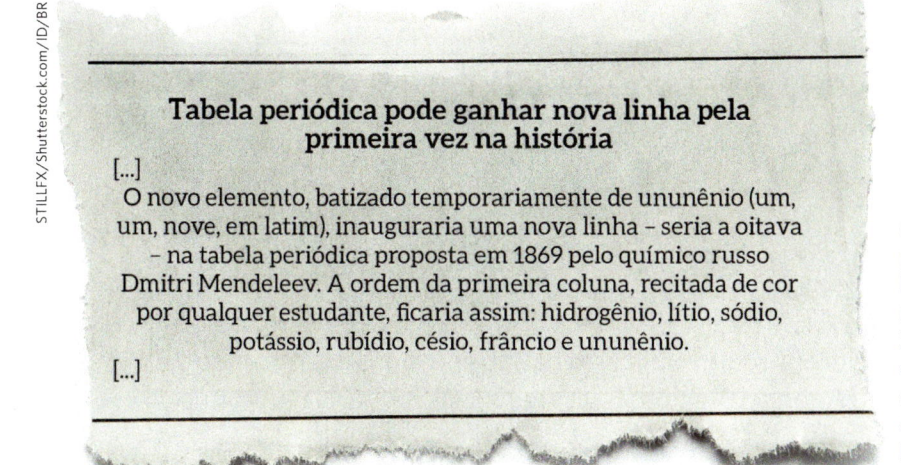

Tabela periódica pode ganhar nova linha pela primeira vez na história

[...]
O novo elemento, batizado temporariamente de ununênio (um, um, nove, em latim), inauguraria uma nova linha – seria a oitava – na tabela periódica proposta em 1869 pelo químico russo Dmitri Mendeleev. A ordem da primeira coluna, recitada de cor por qualquer estudante, ficaria assim: hidrogênio, lítio, sódio, potássio, rubídio, césio, frâncio e ununênio.
[...]

Manuel Ansede. Tabela periódica pode ganhar nova linha pela primeira vez na história. *El país*, 9 jan. 2018. Ciência. Disponível em: <https://brasil.elpais.com/brasil/2018/01/04/ciencia/1515101255_058583.html>. Acesso em: 25 out. 2018.

a) A tabela periódica atual apresenta um total de quantos grupos e quantos períodos?

b) De acordo com o trecho da reportagem apresentado acima, Mendeleev sugeriu uma organização para os elementos em 1869. Com suas palavras, descreva como era essa organização e como ela se encontra atualmente.

c) Faça em seu caderno um quadro como o mostrado abaixo, contendo os nomes dos elementos apresentados no trecho da reportagem. Em seguida, insira a quais grupos e períodos, respectivamente, eles pertencem.

	hidrogênio	lítio	sódio	potássio	rubídio	césio	frâncio	ununênio
período								
grupo								

3. Se um elemento hipotético X for considerado isótopo do rubídio, ele apresentará quantos prótons? Se necessário, consulte a tabela periódica na página **150**.

4. Utilizando a tabela periódica da página **150** e o quadro da página **151**, identifique o grupo ao qual pertence cada um dos elementos que formam os compostos abaixo.

a) Sulfato de bário ($BaSO_4$): composto utilizado como contraste em radiografias.

b) Fluoreto de sódio (NaF): composto utilizado na prevenção de cáries.

c) Bromato de potássio (KBrO): era muito utilizado na panificação, mas atualmente está proibido porque libera compostos carcinogênicos.

d) Ácido clorídrico (HCℓ): utilizado nas indústrias e também faz parte do suco gástrico.

5. Observe as distribuições eletrônicas por camadas, a seguir, localize os elementos na tabela periódica e escreva o nome deles em seu caderno.

a)

K	L	M	N
2	8	15	2

b)

K	L	M	N	O	P
2	8	18	32	18	2

c)

K	L	M	N	O	P
2	8	18	18	9	2

d)

K	L	M
2	8	4

6. O mercúrio era muito utilizado na fabricação de termômetros. No entanto, a Anvisa (Agência Nacional de Vigilância Sanitária) proibiu seu uso a partir de 2019.

Termômetro de mercúrio. Esse tipo de termômetro não pode ser mais comercializado. Ele foi substituído pelos termômetros de álcool e os digitais.

a) O mercúrio é um metal ou não metal?

b) Em que estado físico se encontra o mercúrio à temperatura ambiente?

c) Qual é o grupo e o período da tabela periódica a que esse elemento químico pertence?

d) Qual é o símbolo químico desse elemento?

e) Qual é o número atômico (Z) desse elemento?

f) Pesquise por que o uso do mercúrio foi proibido nos termômetros.

7. Escreva em seu caderno o número atômico e o símbolo dos elementos de acordo com as posições na tabela periódica.

a) Sexto período, grupo 15.

b) Segundo período, grupo 18.

c) Sétimo período, grupo 16.

d) Sexto período, grupo 6.

e) Terceiro período, grupo 14.

Ligações químicas

Observe a fotografia abaixo.

O ar atmosférico é uma mistura de gases, composto principalmente de gás nitrogênio (N_2), gás oxigênio (O_2), argônio (Ar) e gás carbônico (CO_2).

A água do mar é uma mistura composta principalmente de água (H_2O) e de cloreto de sódio ($NaC\ell$).

A areia é uma mistura basicamente composta de dióxido de silício (SiO_2).

Praia de Moçambique, no município de Florianópolis, estado de Santa Catarina, em 2016.

1 Quais elementos químicos compõem cada uma das substâncias citadas nesta imagem?

A maioria das substâncias encontradas na Terra é composta de mais de um elemento químico, como você deve ter observado na fotografia. Você sabe de que maneira os átomos de um elemento químico se unem a outros para formar essas substâncias? Para compreender essa questão, vamos analisar uma das substâncias mais comuns – a água.

Cada molécula de água pura é formada pela combinação dos elementos químicos oxigênio e hidrogênio, em uma proporção de dois átomos de hidrogênio para cada átomo de oxigênio. Essa combinação é possível por causa da capacidade que os elementos químicos têm de realizar **ligações químicas**. Elas ocorrem entre os átomos, criando os diversos compostos tanto naturais quanto sintéticos.

oxigênio (O)
hidrogênio (H)
Representação de uma molécula de água.

Fonte de pesquisa: Theodore L. Brown e outros. *Química*: a ciência central. 9. ed. Tradução de Robson Matos. São Paulo: Pearson Prentice Hall, 2005. p. 45.

Representação sem proporção de tamanho. Cores-fantasia.

As ligações químicas ocorrem em nível microscópico. Os elétrons, situados no último nível energético dos átomos, ligam-se uns aos outros e são denominados **elétrons de valência**. As ligações ocorrem até que os átomos fiquem estáveis; isso ocorre quando eles têm **8 elétrons** na camada de valência.

Agora, vamos conhecer como ocorrem os três tipos de ligações químicas: a iônica, a covalente e a metálica.

Ligação iônica

Alguns elementos químicos têm a tendência de cederem seus elétrons de valência mais facilmente; outros, de receber elétrons. O átomo que cede elétrons se torna um **cátion**, pois passa a ser eletricamente positivo. Já o que recebe elétrons torna-se um **ânion**, ficando eletricamente negativo.

Na ligação iônica do cloreto de sódio, por exemplo, o cloro recebe um elétron e o sódio cede um elétron.

Os dois íons formados interagem por causa das forças de atração de cargas, formando uma ligação iônica. Geralmente esse tipo de ligação ocorre entre metais e não metais ou entre metais e hidrogênio.

Representação sem proporção de tamanho e de distância. Cores-fantasia.

Representação simplificada da estrutura do cloreto de sódio (NaCl).

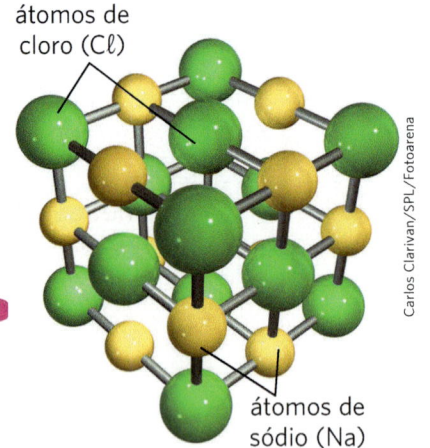

átomos de cloro (Cl)

átomos de sódio (Na)

2 Qual dos elementos químicos que compõem a ligação iônica do cloreto de sódio é o cátion?

Em geral, esses compostos iônicos são sólidos à temperatura ambiente, estado em que são maus condutores elétricos. Do contrário, quando estão dissolvidos em água ou fundidos, apresentam boa condutividade elétrica.

Ligação covalente

Na ligação covalente os átomos competem igualmente pelos elétrons de valência. Dessa forma, os elétrons são compartilhados entre os átomos. Geralmente esse tipo de ligação existe entre não metais ou entre não metais e o hidrogênio.

Após a ligação covalente se estabelecer, a estrutura que se forma é chamada molécula. A molécula de água, por exemplo, é formada por ligação covalente.

As substâncias moleculares podem se encontrar nos estados físicos sólido, líquido e gasoso; em temperatura ambiente, e são maus condutores elétricos.

Fonte de pesquisa: Covalent bonds. *Brooklyn College*. Disponível em: <http://academic.brooklyn.cuny.edu/biology/bio4fv/page/covalent_bonds.html>. Acesso em: 2 nov. 2018.

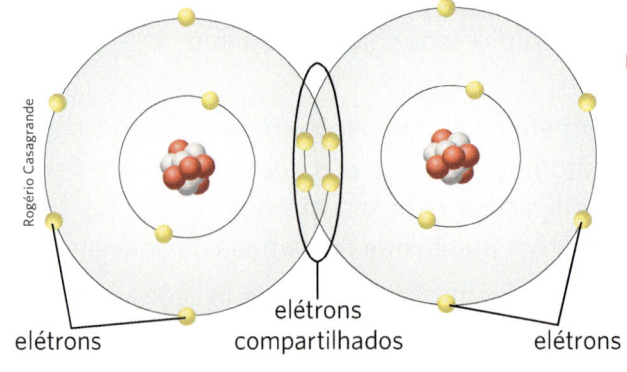

Representação simplificada de uma molécula de gás oxigênio (O_2), formada pelo compartilhamento de elétrons dos átomos de oxigênio.

Representação sem proporção de tamanho e de distância. Cores-fantasia.

elétrons elétrons compartilhados elétrons

Ligação metálica

A ligação metálica ocorre apenas em **metais**. Os átomos dos metais possuem os elétrons de sua camada de valência parcialmente livres para se movimentar, de acordo com o modelo chamado "**mar de elétrons**". A força de atração entre os núcleos dos átomos e o "mar de elétrons" é o que mantém os átomos dos metais unidos, formando a ligação metálica.

Observe no modelo de ligação metálica que os cátions metálicos estão mergulhados no "mar de elétrons". Eles estão livres para se movimentar entre os cátions metálicos, gerando uma estabilidade e organização entre esses cátions.

Isso explica porque os metais apresentam boa condutividade elétrica e térmica, no estado sólido e no estado líquido. O movimento dos elétrons livres auxilia na condução de calor e de energia elétrica.

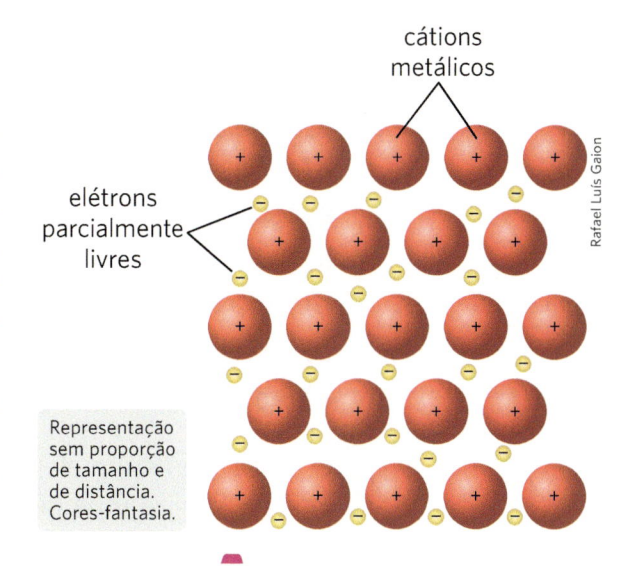

Representação sem proporção de tamanho e de distância. Cores-fantasia.

Representação simplificada do modelo de ligações metálicas.

Fonte de pesquisa: Theodore L. Brown e outros. *Química*: a ciência central. 9. ed. Tradução de Robson Mendes Matos. São Paulo: Pearson Prentice Hall, 2005. p. 866.

Ligas metálicas

Grande parte dos objetos metálicos que utilizamos no dia a dia não é feita de apenas um metal, e sim de uma mistura homogênea formada por mais de um elemento químico, com propriedades características dos metais. Essas misturas são chamadas ligas metálicas.

Geralmente o ser humano cria ligas metálicas para obter algumas características de que necessita para determinados materiais. Dependendo do tipo de liga metálica, o ser humano elabora materiais com maior durabilidade, menor massa e maior resistência a altas temperaturas.

As ligas metálicas são obtidas a partir de ligações metálicas.

O aço inoxidável, muito utilizado na fabricação de talheres, também é uma liga formada por ferro (Fe), crômio (Cr), níquel (Ni), cobre (Cu), molibdênio (Mo) e carbono (C). Essa liga metálica é muito resistente à corrosão.

O aço utilizado para fabricar a carroceria de muitos automóveis é uma liga formada por ferro e carbono, por ser mais duro e resistente que o ferro puro.

As rodas de liga leve dos automóveis geralmente são compostas por uma liga de alumínio, silício, magnésio, titânio e estrôncio, entre outros metais. Essa combinação oferece menor massa, maior resistência e maleabilidade.

Automóvel com roda de liga leve.

Atividades

1. Observe as substâncias químicas abaixo e escreva no caderno qual tipo de ligação química elas realizam. Justifique sua resposta. Para realizar essa atividade, leia novamente as descrições dos tipos de ligações químicas e consulte a tabela periódica.

a) Dióxido de carbono (CO_2).

b) Ácido sulfúrico (H_2SO_4).

c) Prata (Ag).

d) Hidreto de sódio (NaH).

e) Brometo de potássio (KBr).

2. O cálcio (Ca) é um elemento que tende a ceder elétrons quando faz ligações iônicas. Realize uma pesquisa e verifique quantos elétrons ele tem de ceder para ficar estável.

3. O neônio é um gás nobre utilizado em letreiros luminosos, pois, ao ser percorrido por correntes elétricas, emite luz na cor laranja. Assim como os outros gases nobres, o neônio tem dificuldade para se ligar com outros elementos. Realize uma pesquisa sobre qual característica dos gases nobres dificulta que eles façam ligações químicas com outros elementos.

letreiro de uma pizzaria

4. Julgue as afirmativas a seguir em Verdadeiras ou Falsas, corrigindo as falsas em seu caderno.

a) O composto químico H_2S, chamado ácido sulfídrico, é formado pela ligação metálica entre os átomos.

b) As ligações entre os átomos do composto AgBr são ligações metálicas.

c) As ligações químicas no composto $CaCl_2$ são do tipo iônica.

5. Veja a distribuição eletrônica dos elementos a seguir e indique, em seu caderno, quais devem perder e quais devem ganhar elétrons para ficarem estáveis.

a) $_{19}K$

K	L	M	N
2	8	8	1

b) $_8O$

K	L
2	6

CAPÍTULO 7

Transformações da matéria

A matéria pode passar por transformações físicas ou químicas. As alterações físicas caracterizam-se por não ocasionar mudanças na identidade das substâncias que compõem a matéria. Elas geralmente estão relacionadas às mudanças na forma, com alterações na organização de suas partículas.

Um exemplo de transformação física é a que ocorre nas indústrias metalúrgicas de ouro, nas quais esse metal no estado sólido é aquecido e, ao atingir aproximadamente 1064 °C, torna-se líquido. No estado líquido, ele é colocado em fôrmas e, em seguida, resfriado novamente, tornando-se sólido. Note que, mesmo após essa alteração, o material continua sendo o mesmo: ouro.

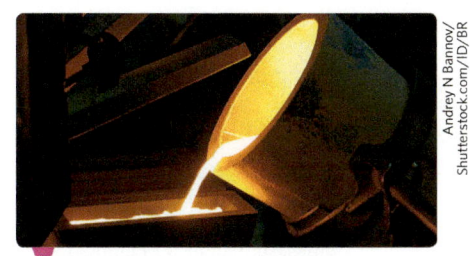

Ouro fundido sendo colocado em uma fôrma.

lingotes de ouro

Já as alterações químicas envolvem mudanças nas substâncias que compõem a matéria, ocorrendo reações químicas. Nesse tipo de alteração, algumas substâncias podem ser transformadas em outras. Por exemplo, quando deixamos um objeto de ferro exposto ao ar livre, sem proteção, o gás oxigênio existente no ar pode reagir com o ferro e, com isso, surge uma nova substância: a ferrugem (trióxido de diferro [Fe_2O_3]).

Estados físicos da matéria

Na imagem abaixo, podemos observar a água no estado sólido (geleira e *iceberg*), no estado líquido (água do lago) e no estado gasoso (vapor de água no ar). Em todos os estados a água mantém suas propriedades químicas, pois é a mesma substância (H_2O). Porém, as propriedades físicas são diferentes, pois elas dependem do estado físico.

Lago Jökulsárlón, na Islândia, em 2018.

líquido (água do lago)

sólido (*iceberg*)

gasoso (vapor de água presente no ar)

Estado sólido

A matéria no estado sólido caracteriza-se, entre outros fatores, por ter forma e volume definidos, suas partículas não são livres para realizar grandes movimentos, vibrando em relação a uma posição de equilíbrio. Nos sólidos, as forças de atração entre partículas são mais intensas que aquelas nos estados líquido e gasoso. Essa forte interação dificulta a troca de posições das partículas, mantendo sua forma e seu volume fixos.

No estado sólido em geral, as partículas encontram-se mais próximas entre si do que nos líquidos; uma exceção significativa dessa regra é a água. Diferente de outras substâncias, suas moléculas no estado sólido organizam-se de forma a gerar espaços vazios que acarretam um aumento de volume e, consequentemente, uma redução de densidade.

Representações sem proporção de tamanho. Cores-fantasia.

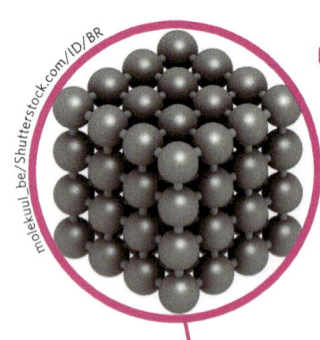

Representação da estrutura do ferro no estado sólido, em temperatura ambiente.

Fonte de pesquisa: John C. Kotz, Paul M. Treichel Jr. *Química geral e reações químicas*. Tradução técnica de Flávio Maron Vichi. 5. ed. São Paulo: Thomson Learning, 2006. v. 1. p. 190.

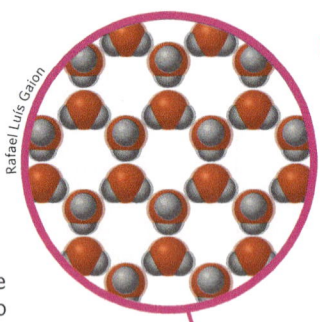

Representação da organização das moléculas de água no estado sólido.

Fonte de pesquisa: Theodore L. Brown, H. Eugene LeMay e Bruce E. Bursten. *Química*: a ciência central. São Paulo: Pearson Prentice Hall, 2005. p. 5.

barras de ferro

água no estado sólido (gelo)

▼ **Glossário**

O comportamento **anômalo** da água pode ser observado em duas situações do nosso cotidiano. Na primeira delas, quando colocamos gelo na água, ele flutua por apresentar menor densidade do que a água no estado líquido, como o *iceberg* na Antártida, mostrado ao lado. A segunda é quando colocamos uma garrafa cheia de água no congelador e a deixamos lá por algumas horas. A passagem da água do estado líquido para o sólido resulta em um aumento de volume, o que, em alguns casos, pode ocasionar o rompimento da garrafa.

Iceberg na Antártica, em 2017.

No estado sólido, a matéria apresenta diferentes características de acordo com as substâncias que a compõem e, quando as principais características são identificadas, elas podem ser utilizadas em diferentes aplicações.

Entre suas principais características, destacamos a dureza, a elasticidade e a ductilidade.

Veja, no quadro a seguir, exemplos dessas características.

Características do sólido	Descrição	Exemplos e aplicações
Dureza	Essa característica está relacionada à resistência, à pressão e a riscos.	O diamante é um sólido que apresenta alta dureza. Por causa dessa característica ele é utilizado para cortar materiais como vidros e pisos.
Elasticidade	Característica relacionada à propriedade de deformar-se quando lhe é aplicada uma força, e depois voltar ao formato original quando essa força cessa.	A borracha é um sólido elástico. Ela é bastante utilizada em pneus e correias, por exemplo.
Ductilidade	Característica relacionada à facilidade que o sólido apresenta de ser moldado em fios.	O cobre é um sólido dúctil, muito utilizado na fabricação de fios elétricos.

Estado líquido

A matéria no estado líquido caracteriza-se por ter volume definido, porém pode adquirir o formato do recipiente que a contém.

As partículas, comparadas àquelas no estado sólido, apresentam maior grau de agitação e menor força de atração. Esse fator resulta em maior liberdade para as partículas se deslocarem, distribuindo-se de forma menos ordenada, permitindo que os líquidos assumam o formato do recipiente que os contém.

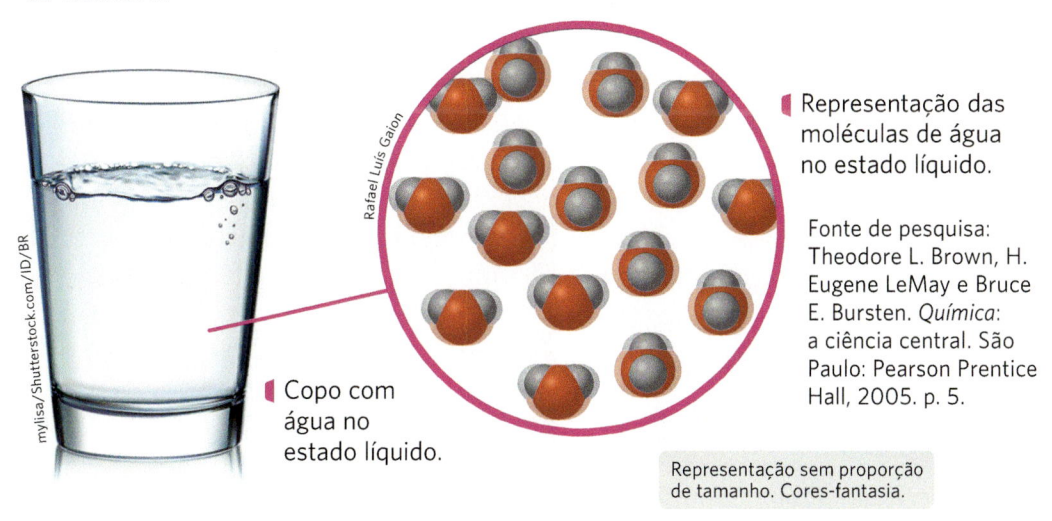

Copo com água no estado líquido.

Representação das moléculas de água no estado líquido.

Fonte de pesquisa: Theodore L. Brown, H. Eugene LeMay e Bruce E. Bursten. Química: a ciência central. São Paulo: Pearson Prentice Hall, 2005. p. 5.

Representação sem proporção de tamanho. Cores-fantasia.

Estado gasoso

A matéria no estado gasoso caracteriza-se por adquirir o formato e por ocupar todo o volume do recipiente que a contém. As partículas, comparadas àquelas no estado líquido, apresentam maior grau de agitação e, por estarem mais afastadas, apresentam menor força de atração.

Esses fatores resultam em grande liberdade para as partículas se deslocarem, distribuindo-se de forma desordenada, e sua interação ocorre, principalmente, por colisões.

Representação sem proporção de tamanho. Cores-fantasia.

Representação das moléculas de água no estado gasoso.

Fonte de pesquisa: Theodore L. Brown, H. Eugene LeMay e Bruce E. Bursten. *Química*: a ciência central. São Paulo: Pearson Prentice Hall, 2005. p. 5.

Chaleira com água fervendo. Não conseguimos observar diretamente o vapor de água no ar. A fumaça que geralmente vemos em situações como essa refere-se a gotículas de água no estado líquido provenientes do vapor de água que se condensou no ar, e não diretamente ao vapor de água.

Comparados aos sólidos e líquidos, os gases possuem alta compressibilidade, ou seja, podemos comprimi-los, reduzindo seu volume. Ao reduzir o volume de um gás, diminuímos a distância entre suas partículas, e isso causa maior interação entre elas.

1 Cite uma situação em que podemos perceber a compressão de um gás.

Transformações físicas da matéria

Como vimos, a diferença entre os estados físicos está nas suas propriedades observáveis. Alguns fatores podem fazer com que essas propriedades sejam modificadas, alterando o estado físico da matéria. Os principais fatores que influenciam nas mudanças de estado físico são a pressão e a temperatura.

Em nosso cotidiano ocorrem diversos fenômenos relacionados às mudanças de estado físico: quando deixamos um copo contendo água gelada em repouso, gotículas de água se formam do lado de fora do copo devido à condensação do vapor de água presente no ar. Ou quando se faz uma impressão 3D de algum objeto, o plástico é fundido e, em seguida, solidifica-se novamente, formando o objeto desejado.

copo com água

Impressora 3D imprimindo um objeto.

As mudanças de estado físico são chamadas fusão, solidificação, vaporização, condensação e sublimação.

Fusão e solidificação

A **fusão** é a passagem do estado sólido para o estado líquido. Para que isso aconteça o corpo deve receber energia.

Nos sólidos, as partículas estão praticamente presas em posições fixas devido às interações entre elas. À medida que o corpo recebe energia térmica, as partículas passam a se movimentar mais intensamente. Devido a esse aumento na vibração das partículas, algumas ligações entre elas podem ser quebradas. Dessa maneira, o corpo perde sua forma definida e, se estiver em um recipiente, passa a ter o formato desse recipiente. Caso contrário, é derramado.

No estado líquido ainda há interações entre as partículas e isso pode ser percebido pela viscosidade, que é a resistência oferecida pelo líquido ao escoamento.

▸ Representação da estrutura do ferro no estado sólido, em temperatura ambiente.

▸ Representação de átomos de ferro no estado líquido.

Representações sem proporção de tamanho. Cores-fantasia.

Fonte de pesquisa: John C. Kotz, Paul M. Treichel Jr. *Química geral e reações químicas*. Tradução técnica de Flávio Maron Vichi. 5. ed. São Paulo: Thomson Learning, 2006. v. 1. p. 190.

Esferas de ferro para fundição.

ferro fundido

Para fundir o ferro é necessário elevar sua temperatura até 1 536 °C, ao nível do mar. A temperatura na qual ocorre a mudança do estado sólido para o estado líquido é chamada **ponto de fusão**.

A **solidificação** ocorre de maneira oposta à fusão. A matéria no estado líquido deve ceder energia e dessa maneira as partículas ficam mais próximas umas das outras, refazendo as interações do estado sólido.

Erupção do vulcão Kilauea, no Havaí, em 2018. As rochas ígneas são formadas pelo resfriamento e solidificação do magma abaixo da superfície do solo ou acima da superfície por atividades vulcânicas.

Vaporização e condensação

Quando colocamos uma panela com água sobre a chama de um fogão, depois de alguns minutos podemos notar a formação de pequenas bolhas no interior do líquido, por causa da mudança de estado físico da água de líquido para gasoso. Mantendo a panela sobre a chama, ao nível do mar, a água, ao chegar à temperatura de 100 °C, entra em ebulição, aumentando a quantidade de bolhas formadas pela passagem da água do estado líquido para o gasoso.

Roupas penduradas em um varal.

2 Quando colocamos roupas no varal elas secam sem que a temperatura chegue a 100 °C. Por que isso acontece?

A **vaporização**, que é a mudança do estado líquido para o estado gasoso, pode ocorrer de três maneiras distintas: evaporação, ebulição e calefação.

A **evaporação** é o processo mais lento da vaporização e ocorre na superfície dos líquidos. Como a temperatura é a média da energia vibracional dos átomos ou moléculas dos corpos, as partículas que têm mais energia podem conseguir quebrar as ligações intermoleculares e se desprender da superfície do líquido, passando para o estado gasoso. É isso que ocorre nas roupas que deixamos no varal. As moléculas de água com maior energia se desprendem da parte líquida e se transformam em vapor de água, até que a roupa fique seca.

Água evaporando sobre uma estrada após chuva, nos Estados Unidos, em 2017.

A **ebulição** é um processo mais intenso que a evaporação, pois ocorre em todo o líquido, caracterizando-se pela formação de bolhas no interior do líquido e por ocorrer em temperaturas específicas, conhecidas como ponto de ebulição. Ao nível do mar, o ponto de ebulição da água é 100 °C.

A **calefação** é o processo mais intenso da vaporização, pois ocorre quando o líquido encontra uma superfície com temperaturas muito superiores ao seu ponto de ebulição, como quando gotículas de água caem sobre uma chapa de metal aquecida. O contato com a chapa aquecida vaporiza a água rapidamente, formando vapor entre a gota de água e a chapa, fazendo com que elas fiquem suspensas sobre esse vapor.

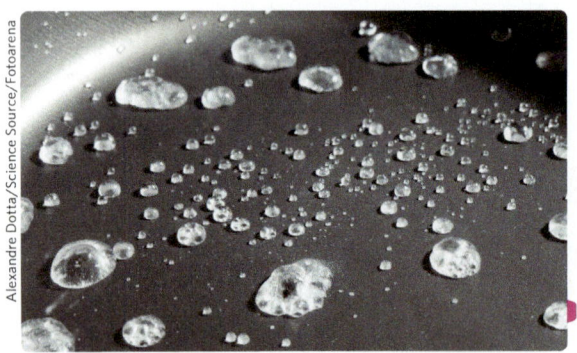

Água em ebulição em uma panela.

Água em calefação em uma frigideira à alta temperatura.

Observe a fotografia ao lado. Podemos perceber a formação de uma pequena "fumaça" próximo à boca do menino.

3 Por que isso ocorre?

A **condensação** ocorre quando as partículas do gás cedem energia e passam a se movimentar mais lentamente, aproximando-se umas das outras e refazendo as ligações intermoleculares. Isso faz com que ocorra a mudança do estado gasoso para o estado líquido. É isso que ocorreu na fotografia mostrada ao lado: o vapor de água da respiração do menino se condensou em pequenas gotículas de água ao ceder energia para o ar em baixa temperatura.

Criança respirando em um dia com baixas temperaturas.

Sublimação

A sublimação é uma mudança de estado físico em que um material no estado sólido passa diretamente para o estado gasoso (e vice-versa), sem passar pelo estado líquido. Ela ocorre em alguns materiais, como a naftalina e o gelo seco, que passam do estado sólido para o estado gasoso diretamente em temperatura ambiente.

A naftalina é bastante utilizada como repelente para afastar traças, baratas e outros insetos. O vapor da sublimação da naftalina repele os insetos, mas devemos tomar cuidado, pois esse vapor pode nos causar intoxicação.

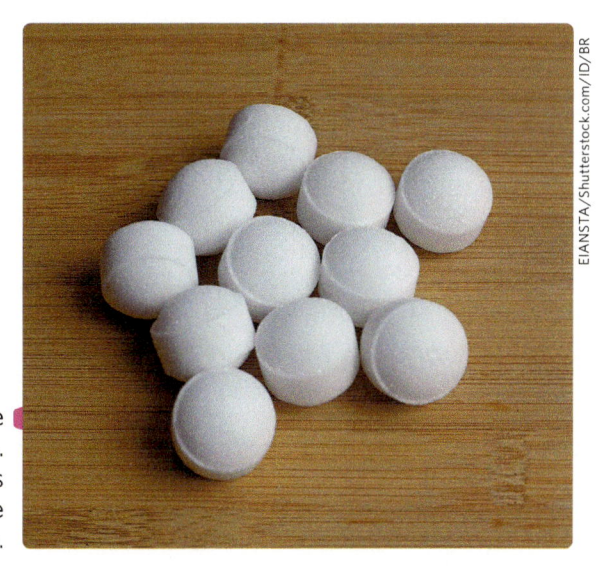

Em locais de baixas temperaturas, pode ocorrer um fenômeno conhecido como geada, em que o vapor de água (estado gasoso) presente no ar, ao entrar em contato com uma superfície com baixa temperatura, passa diretamente para o estado sólido. Esse é outro exemplo de sublimação.

A liofilização é um processo de desidratação que utiliza a sublimação, sendo empregada para conservar alimentos, princípios ativos de remédios e vacinas, entre outras aplicações.

Na liofilização, o produto é congelado e, em seguida, encaminhado a uma câmara de vácuo, na qual sofre variações de temperatura, fazendo com que a água passe do estado sólido para o gasoso diretamente (sublimação). Isso provoca a desidratação do material, mantendo suas propriedades.

Frutas desidratadas pelo processo de liofilização.

Fatores que influenciam nas mudanças de estados físicos

4 Quando citamos os pontos de fusão e de ebulição da água, consideramos os valores ao nível do mar. Por que é importante a informação "ao nível do mar"?

As mudanças de estado físico podem ser influenciadas pela **pressão** e pela **temperatura**.

Para substâncias puras, na mesma pressão atmosférica, as mudanças de estado físico ocorrem em temperaturas específicas. No entanto, uma mudança de pressão pode alterar as temperaturas de fusão e de ebulição das substâncias.

A água, por exemplo, quando há aumento de pressão, se funde em temperaturas menores que 0 °C e entra em ebulição em temperaturas maiores que 100 °C. Uma maneira de observarmos isso é utilizando o diagrama de fases, um gráfico da pressão em relação à temperatura que mostra as combinações dessas duas grandezas e o estado físico da substância.

As curvas do diagrama mostram as mudanças de estado físico: a curva **B** é a curva de fusão, a curva **C** é a curva de vaporização e a curva **A** é a curva de sublimação.

No ponto **1** temos água no estado sólido. Mantendo a pressão constante e aumentando a sua temperatura, chegamos ao ponto **2**, ou seja, a água passa para o estado líquido. Se continuarmos a aumentar a temperatura, podemos chegar ao ponto **3**, no qual a água se encontra no estado gasoso.

5 Partindo do ponto 4 do diagrama, quais são as maneiras de levar a água até o estado líquido?

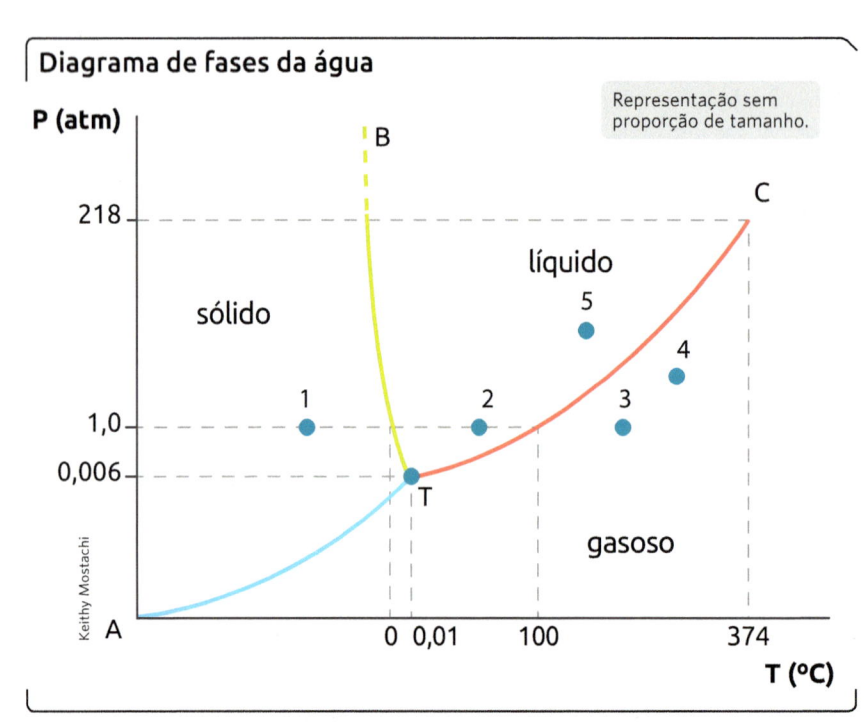

6 E se quisermos levar a amostra que está no ponto 5 para o estado sólido?

Representação do diagrama de fases da água.

O ponto do diagrama indicado com a letra **T** é chamado **ponto triplo**, que é uma combinação de pressão e temperatura na qual os estados sólido, líquido e gasoso coexistem em equilíbrio.

Fonte de pesquisa: Theodore L. Brown, H. Eugene LeMay e Bruce E. Bursten. *Química*: a ciência central. São Paulo: Pearson Prentice Hall, 2005. p. 395.

A partir do diagrama de fases podemos explicar o uso das panelas de pressão.

A panela de pressão é um utensílio doméstico que tem como finalidade diminuir o tempo necessário para cozinhar os alimentos. Isso é possível porque sua estrutura e suas válvulas permitem que a pressão interna da panela seja maior que a externa e, dessa maneira, a pressão de vapor aumenta no interior da panela de pressão e a água entra em ebulição em uma temperatura de cerca de 120 °C. A maior temperatura de ebulição da água faz com que os alimentos sejam cozidos a temperaturas mais altas e, portanto, mais rapidamente.

Panela de pressão sobre a chama de um fogão.

A pressão atmosférica diminui à medida que a altitude aumenta, fazendo com que a água entre em ebulição em temperaturas abaixo dos 100 °C. Em uma altitude de aproximadamente 6 000 m, a pressão atmosférica cai pela metade e a água entra em ebulição a 80 °C. A cidade de La Paz, na Bolívia, fica a uma altitude de 3 700 m e o ponto de ebulição da água nessa cidade é de 88 °C, o que afeta o tempo de cozimento dos alimentos.

Vista aérea da cidade de La Paz, na Bolívia, em 2018.

A pressão sobre a água pode ser diminuída artificialmente e não só pela altitude.

Com uma bomba de vácuo, por exemplo, podemos diminuir a pressão no interior de um recipiente resistente e facilitar o escape de moléculas de água, do estado líquido para o estado gasoso. Ou seja, em pressões suficientemente baixas, a água pode entrar em ebulição em temperaturas menores, podendo ferver à temperatura ambiente.

Recipiente com água em ebulição à temperatura ambiente, conectado a uma bomba de vácuo.

Atividades

1. Em dias com baixa umidade relativa do ar, algumas pessoas apresentam certa dificuldade para respirar por conta do tempo seco. Por esse motivo indica-se colocar recipientes com água nos ambientes em que a pessoa estiver.

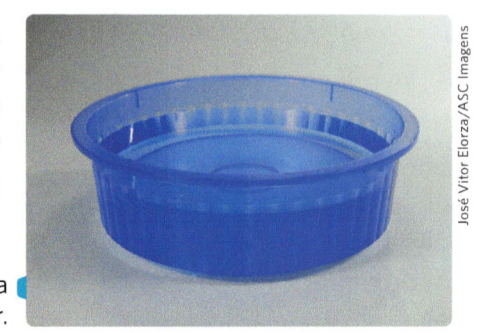

Bacia com água em um dia com baixa umidade do ar.

a) Como você explica essa possível melhora nas condições do ambiente, para essas pessoas?

b) Microscopicamente, como ocorre o processo que você citou no item **a**?

2. Relacione os processos de transformação física apresentados na coluna **A** com as respectivas fotografias.

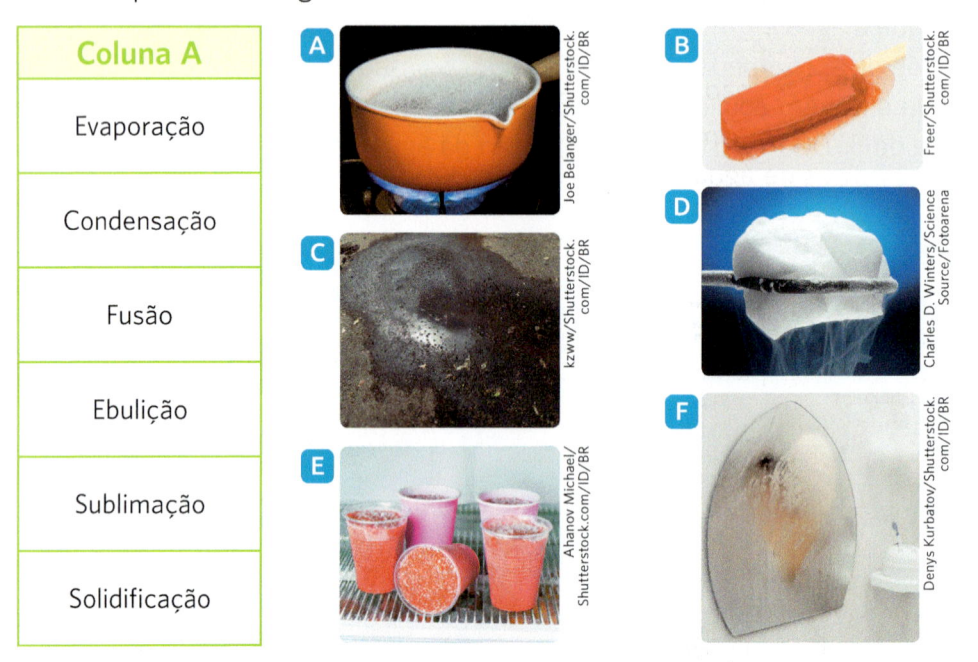

Coluna A
Evaporação
Condensação
Fusão
Ebulição
Sublimação
Solidificação

3. O quadro abaixo apresenta as temperaturas de fusão e de ebulição de alguns elementos químicos, ao nível do mar.

Elementos químicos	Temp. fusão em °C	Temp. ebulição em °C
Mercúrio	−38,83	356,73
Gálio	29,76	2 204
Cloro	−101,5	−34,04
Chumbo	327,46	1 749

a) Supondo que a temperatura ambiente esteja a 25 °C, em qual estado físico os elementos químicos do quadro se encontrarão?

b) Em um local, com temperatura em torno de 0 °C, ao nível do mar, ocorreria alguma alteração nos estados físicos dos elementos do quadro com relação ao item **a**?

4. Wagner, que mora no município de São Paulo, aproveitou um final de semana para viajar até Santos, um município no litoral do estado de São Paulo. Na manhã de domingo, foi preparar um café e percebeu que, naquele local, a água demorou um pouco mais para ferver do que em sua casa. Visto que Wagner sempre utilizava a mesma quantidade de água para preparar seu café, e baseado na imagem abaixo, responda às questões.

São Paulo (temperatura de ebulição da água: 98 °C)
Santos (temperatura de ebulição da água: 100 °C)
Altitude
750 m
Nível do mar
0 m

Representação esquemática das altitudes de Santos e de São Paulo.

Representação sem proporção de tamanho. Cores-fantasia.

a) Wagner estava certo em sua percepção? Justifique sua resposta.
b) Qual a relação que existe entre as altitudes e a pressão atmosférica?
c) Qual a relação entre pressão e a temperatura de ebulição?
d) Microscopicamente, quando a pressão aumenta, o que ocorre com as moléculas de água?

5. Leia a história em quadrinhos abaixo:

Bill Watterson. *Calvin e Haroldo*. Disponível em: <https://www.gocomics.com/calvinandhobbes/2017/02/26>. Acesso em: 3 nov. 2018.

a) Qual o nome dado ao processo de transformação da matéria que Calvin está sofrendo em sua imaginação?
b) Na história Calvin imagina uma solução para o problema. Qual processo de transformação da matéria está envolvido nesta solução?
c) Além das duas mudanças de estados físicos da matéria apresentadas na história em quadrinhos, quais outras a matéria pode sofrer?

Transformações químicas da matéria

Observe as fotografias a seguir.

açúcar

açúcar caramelizado

1 Cite algumas mudanças que ocorreram com o açúcar ao ser aquecido na panela.

Como citado no início do capítulo, as **transformações químicas** são aquelas mudanças nas quais ocorre formação de novas substâncias a partir da alteração e/ou combinação das substâncias iniciais.

Ao fornecer calor para o açúcar, podemos perceber que ele muda de cor, de textura, de sabor e de aroma, transformando-se em caramelo. Isso indica que o açúcar passou por uma transformação química, transformando-se em outro material.

Outros exemplos de reações químicas são a queima da madeira, a decomposição de frutas, o preparo de pães e bolos e a fotossíntese.

Representação das transformações químicas

Em uma reação química, as substâncias que reagem e dão origem a novas substâncias são chamadas **reagentes**. As novas substâncias formadas a partir dos reagentes são chamadas **produtos**. A formação do produto ocorre por meio do rearranjo dos átomos dos reagentes.

Os elementos químicos são representados por símbolos (exemplo: Ni representa o elemento químico níquel) e que os compostos químicos são representados por **fórmulas químicas**: C_2H_6O, por exemplo, é a fórmula química que representa o etanol, álcool utilizado como combustível para veículos.

As reações químicas podem ser representadas por meio de **equações químicas**, que descrevem resumidamente o que está acontecendo na reação.

A fotossíntese é um exemplo de reação química. Nesse processo, as plantas transformam gás carbônico e água em açúcar e gás oxigênio, na presença da luz solar, conforme mostrado de maneira simplificada a seguir.

$$\text{gás carbônico} + \text{água} \xrightarrow{\text{luz solar}} \text{açúcar} + \text{gás oxigênio}$$

planta recebendo luz solar

Para descrevermos em detalhes o que deve ser representado em uma equação química, vamos considerar a transformação do fermento químico, que ocorre durante o preparo de um bolo. O fermento químico tem como componente principal o sal hidrogenocarbonato de sódio ($NaHCO_3$), comercialmente conhecido como bicarbonato de sódio. Ao aquecer a massa do bolo, esse reagente sofre uma transformação química, resultando em alguns produtos como o carbonato de sódio (Na_2CO_3), a água (H_2O) e o gás carbônico (CO_2).

A transformação química que ocorre com o fermento pode ser representada de acordo com a seguinte equação química:

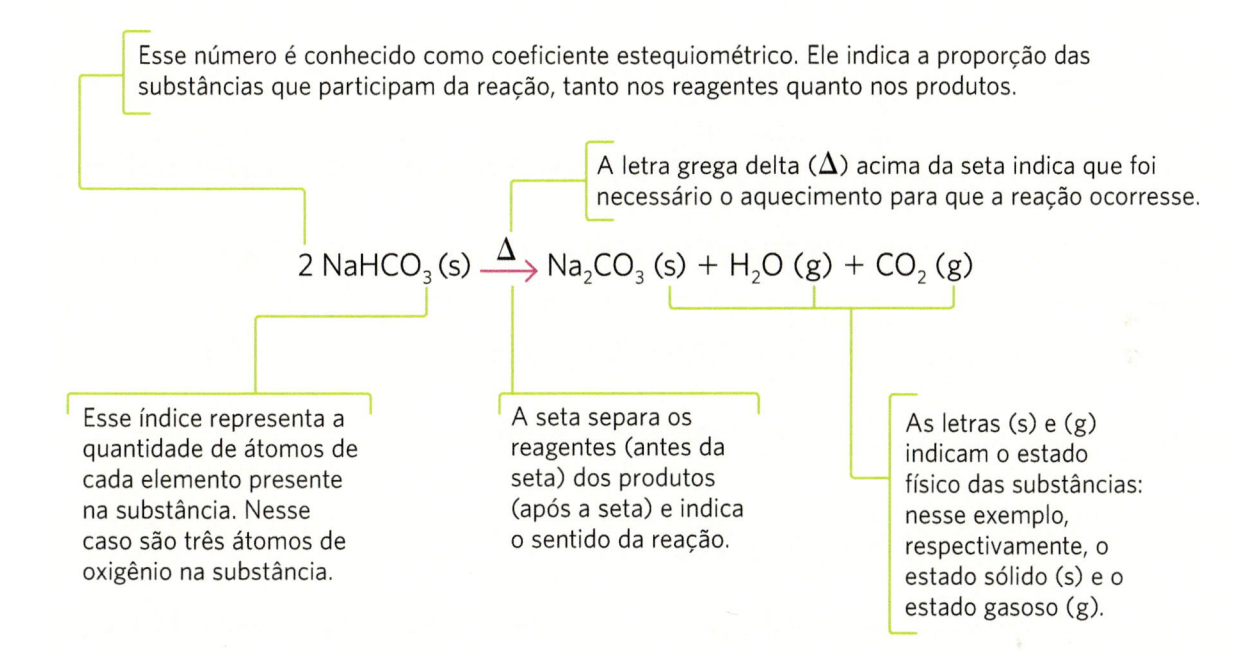

Esse número é conhecido como coeficiente estequiométrico. Ele indica a proporção das substâncias que participam da reação, tanto nos reagentes quanto nos produtos.

A letra grega delta (Δ) acima da seta indica que foi necessário o aquecimento para que a reação ocorresse.

$$2\ NaHCO_3\ (s) \xrightarrow{\Delta} Na_2CO_3\ (s) + H_2O\ (g) + CO_2\ (g)$$

Esse índice representa a quantidade de átomos de cada elemento presente na substância. Nesse caso são três átomos de oxigênio na substância.

A seta separa os reagentes (antes da seta) dos produtos (após a seta) e indica o sentido da reação.

As letras (s) e (g) indicam o estado físico das substâncias: nesse exemplo, respectivamente, o estado sólido (s) e o estado gasoso (g).

2 Quantos átomos de oxigênio há no reagente dessa equação química?

Essa equação pode ser lida da seguinte maneira: "ao aquecermos o hidrogenocarbonato de sódio ($NaHCO_3$), ele se decompõe e produz carbonato de sódio (Na_2CO_3), água (H_2O) e gás carbônico (CO_2)".

Muitas vezes, as informações sobre o estado físico dos reagentes e dos produtos são inseridas nas equações químicas e apresentadas ao lado direito da substância por meio das seguintes indicações:

- (s) indica estado sólido;
- (ℓ) indica estado líquido;
- (g) indica estado gasoso;
- (aq) indica estado aquoso (quando a substância está diluída em água).

Algumas reações necessitam de condições específicas para ocorrer. Por isso, são inseridos símbolos acima ou abaixo da seta para informá-las. Veja-os a seguir.

- a letra **i** indica a passagem de corrente elétrica;
- a letra grega lambda (λ) indica a presença de luz;
- a letra grega delta (Δ) indica o aquecimento.

A lei da conservação da massa

O químico francês Antoine-Laurent Lavoisier (1743-1794) observou em seus experimentos que, em uma reação química, a massa total dos reagentes e dos produtos se mantinha constante. Com base nisso, ele formulou a **lei da conservação da massa**, publicada em 1789.

Essa lei afirma que, se colocarmos reagentes químicos em um recipiente fechado, a massa, após ocorrer a reação química, é conservada, não havendo perdas ou ganhos de massa no produto final.

Gravura de Antoine-Laurent Lavoisier, publicada em 1905.

Para observar esse fato, considere a reação química que ocorre entre o sódio (Na) e a água (H_2O), formando o hidróxido de sódio (NaOH) e o gás hidrogênio (H_2). Vamos verificar a massa dos reagentes e dos produtos dessa reação. Para isso, basta somarmos as massas atômicas aproximadas dos átomos que compõem as substâncias envolvidas nessa reação. Consulte a tabela periódica na página **150** e verifique a massa atômica de cada elemento químico que participa da reação.

$$2\,Na\,(s) + 2\,H_2O\,(\ell) \longrightarrow 2\,NaOH\,(aq) + H_2\,(g)$$
$$2 \cdot (23) + 2 \cdot (1 + 1 + 16) \quad\quad 2 \cdot (23 + 16 + 1) + (1 + 1)$$
$$46 + 36 \quad\quad\quad\quad\quad\quad 80 + 2$$
$$\underline{\hspace{10cm}}$$
$$82\,u\,(\text{reagentes}) \quad\quad\quad\quad 82\,u\,(\text{produtos})$$

em que:
u é a unidade de massa atômica.

No estudo das reações químicas, do ponto de vista atômico, a lei também é aplicada, ou seja, nenhum átomo é criado ou destruído nas reações. Por isso, quando representamos uma reação química por meio de uma equação, é necessário que exista a mesma quantidade de átomos nos reagentes e nos produtos. Quando a equação atende a esse requisito, dizemos que ela está **balanceada**. Se não atender, devemos realizar seu balanceamento para que ela represente adequadamente a reação.

A lei das proporções definidas

Nas indústrias, a quantidade dos reagentes utilizada na fabricação de produtos é definida cuidadosamente. Em indústrias farmacêuticas, por exemplo, esse cuidado deve ser ainda maior, pois qualquer tipo de alteração pode causar efeitos colaterais nocivos ao ser humano e a outros animais. Para assegurar que essas proporções de reagentes sejam mantidas durante a fabricação de produtos diversos, é utilizada a **lei das proporções definidas**, enunciada pelo químico francês Joseph Louis Proust (1754-1826). De acordo com essa lei, a massa de um composto químico e as massas de seus elementos obedecem a uma proporção definida. No caso de uma reação química, o excesso de uma das substâncias não altera a quantidade da substância formada, pois esse excesso não participa da reação.

Gravura de Louis Proust.

Veja a seguir um exemplo.

O óxido de zinco (ZnO) é um composto muito utilizado em pomadas contra assaduras. A reação de oxidação do zinco segue a lei de Proust. De acordo com essa lei, a massa de cada elemento do composto obedece a uma proporção definida.

Observe, no quadro abaixo, um exemplo dessa proporcionalidade.

	2 Zn (s)	+	O_2 (g)	$\longrightarrow$	2 ZnO (s)
Massa aproximada (u)	2 · (65,4)	+	2 · (16)	=	162,8
Composição aproximada (%)	80,3	+	19,7	=	100

Analisando o quadro acima, podemos observar que qualquer amostra de óxido de zinco (ZnO) tem 80,3% de sua massa formada por zinco (Zn) e 19,7% por oxigênio (O). Essa proporção é fixa e determina a proporção-limite em que cada uma das substâncias reage para formar o composto.

Isso significa que, se a quantidade de um dos reagentes (Zn ou O) for maior que o limite suportado para a formação do ZnO, a quantidade excedente não reagirá.

Balanceamento das equações químicas

De acordo com as leis que você conheceu anteriormente, uma equação química que representa uma reação deve conter a mesma quantidade de reagentes e de produtos, ou seja, ela deve estar **balanceada**.

3 Qual é a função dos coeficientes em uma equação química?

O balanceamento consiste em determinar os coeficientes das substâncias nos reagentes e nos produtos de tal forma que a quantidade de átomos seja conservada em ambos os lados da equação química. O método mais utilizado para encontrar os coeficientes é por tentativa e erro.

Veja um exemplo.

O gás butano (C_4H_{10}) é um dos componentes do gás liquefeito do petróleo (GLP). Em sua reação de combustão, o gás butano reage com o gás oxigênio (O_2), formando o gás carbônico (CO_2) e a água (H_2O).

Os botijões domésticos contêm gás liquefeito do petróleo (GLP).

Analisando os dados da reação química, podemos notar que os reagentes são o gás butano (C_4H_{10}) e o gás oxigênio (O_2), e os produtos são o gás carbônico (CO_2) e a água (H_2O), no estado gasoso. A princípio, ao escrever esses dados em forma de equação química, temos:

$$C_4H_{10} \text{ (g)} + O_2 \text{ (g)} \longrightarrow CO_2 \text{ (g)} + H_2O \text{ (g)}$$

Note que a quantidade de átomos presentes nos reagentes é diferente da quantidade de átomos formados nos produtos, ou seja, essa equação **não está balanceada**. Veja o quadro abaixo:

Reagentes		Produtos	
elemento	quantidade de átomos	elemento	quantidade de átomos
C	4	C	1
H	10	H	2
O	2	O	3

Agora, vamos balancear essa equação. Para facilitar o processo, vamos realizá-lo por etapas.

Etapa 1

Inicialmente, vamos balancear o carbono. Como há 4 átomos de carbono nos reagentes e apenas 1 no produto, colocamos um coeficiente 4 no lado direito da equação, em CO_2.

$$C_4H_{10}\,(g) + O_2\,(g) \longrightarrow \mathbf{4}\,CO_2\,(g) + H_2O\,(g)$$

> **DICA!**
> O balanceamento das substâncias simples pode ser deixado para a última etapa, pois, nesses casos, alteramos a quantidade de apenas um tipo de átomo envolvido. Nesse exemplo, isso ocorre com o gás oxigênio (O_2).

Etapa 2

Agora, vamos balancear o hidrogênio. Como há 10 átomos de hidrogênio no lado esquerdo da equação e apenas 2 no lado direito, colocamos um coeficiente 5 em H_2O.

$$C_4H_{10}\,(g) + O_2\,(g) \longrightarrow 4\,CO_2\,(g) + \mathbf{5}\,H_2O\,(g)$$

Etapa 3

Nessa etapa, os átomos de oxigênio (O) são os únicos que não estão balanceados, pois há 2 átomos de oxigênio no lado esquerdo da equação e 13 no lado direito. Para balancear, inserimos um coeficiente fracionário de $\frac{13}{2}$ em O_2, no lado esquerdo da equação.

$$C_4H_{10}\,(g) + \frac{13}{2}\,O_2\,(g) \longrightarrow 4\,CO_2\,(g) + 5\,H_2O\,(g)$$

Etapa 4

Geralmente, não se costuma manter coeficientes fracionários em equações químicas. Dessa forma, para eliminá-los, basta multiplicarmos os demais coeficientes por 2.

$$\mathbf{2}\,C_4H_{10}\,(g) + \mathbf{13}\,O_2\,(g) \longrightarrow \mathbf{8}\,CO_2\,(g) + \mathbf{10}\,H_2O\,(g)$$

Agora, essa equação química está **balanceada**.

4 Verifique quantos átomos de cada elemento existem nos reagentes e nos produtos dessa equação química. Com os valores encontrados, monte um quadro como o apresentado no início desta página.

Uma equação química fornece informações sobre a composição das substâncias envolvidas na reação. Já o seu balanceamento indica a proporção de reagentes e de produtos.

Contribuição da Química para a Justiça

O termo "Justiça" refere-se a um valor que busca o bem comum para todos, em conformidade com os direitos de cada cidadão, a fim de vivermos em uma sociedade sem desigualdades. Entre as diversas situações em que a justiça precisa ser aplicada estão as circunstâncias que envolvem crimes, que geralmente são solucionados por meio da atuação de diversas áreas do conhecimento.

Especialmente para essas ocasiões, a Química pode contribuir com suas técnicas de análise de substâncias. Trata-se de procedimentos de investigação com base em evidências deixadas nas cenas de crimes, como em um incêndio criminoso ou em um homicídio, por exemplo. Entre as evidências, a impressão digital é o vestígio mais comum encontrado nessas situações e, por isso, é coletada para identificação e reconhecimento do suspeito.

Cada indivíduo possui uma impressão digital única, motivo pelo qual ela é tão valiosa para investigações criminais. A impressão digital é uma marca deixada sempre que tocamos alguma superfície com os dedos, e que contém várias substâncias: uma delas, chamada cloreto de sódio (NaCℓ), faz parte do suor. Para coletar uma impressão digital, basta borrifar no local uma solução de nitrato de prata ($AgNO_3$), que reage com o NaCℓ formando o cloreto de prata (AgCℓ), um pó branco que revela as digitais.

Em seguida, as impressões digitais são recolhidas, fotografadas, processadas em computadores e pesquisadas em bancos de dados para identificar o suspeito.

A participação de um químico que investiga crimes, responsável pela localização de impressões digitais na cena do crime e por outros procedimentos, e de outros profissionais da área criminalista torna os laudos periciais mais confiáveis, auxiliando o judiciário na resolução dos crimes e na identificação dos infratores para que sejam julgados.

Se as evidências coletadas identificarem o infrator, é possível puni-lo com bases legais, de maneira que a população possa se sentir segura com a atuação da justiça. Contudo, a falta de evidências ou até mesmo o equívoco na coleta de dados podem acarretar em uma decisão injusta, com a condenação de pessoas inocentes.

impressão digital digitalizada

a) Pensando em situações de injustiça, você consegue identificar alguma ocasião em que se sentiu injustiçado? Como foi essa experiência?

b) Discuta com os colegas como os poderes públicos podem melhorar as condições de segurança para a sociedade.

c) Pesquise sobre outras técnicas científicas para identificar criminosos. Escolha uma e faça um relato em seu caderno sobre os princípios básicos dessa técnica e suas aplicações mais comuns na área forense.

Atividades

1. Observe a transformação química a seguir.

$$2\ AgC\ell\ (s) \xrightarrow{\lambda} 2\ Ag\ (s) + C\ell_2\ (g)$$

Agora, julgue as afirmativas a seguir em verdadeiras ou falsas, corrigindo as falsas em seu caderno.

a) Essa transformação ocorre por ação da luz.

b) Um dos produtos da reação é a prata no estado líquido.

c) A equação apresentada não está balanceada.

d) Nessa transformação temos a produção de gás cloro.

2. A reação entre o óxido de cálcio (CaO) e a água (H_2O) é uma etapa conhecida como "queima da cal". Nesse processo, ocorre liberação de grande quantidade de calor. O produto dessa reação é o hidróxido de cálcio [$Ca(OH)_2$], vendido comercialmente como cal hidratada.

a) Escreva, no caderno, a reação química que ocorre durante a produção da cal hidratada.

b) Em seu caderno, calcule a massa do hidróxido de cálcio. Considere as seguintes massas atômicas: Ca = 40 u; O = 16 u; H = 1 u.

c) Sabendo que um construtor civil deseja preparar 518 g de hidróxido de cálcio, qual é a massa de óxido de cálcio e água de que ele necessita para essa produção?

▶ Pessoa misturando água na cal. O óxido de cálcio (CaO), conhecido como cal virgem, é muito utilizado na construção civil, como componente no preparo da argamassa.

3. O dicromato de amônio [$(NH_4)_2Cr_2O_7$] é um sólido alaranjado que, quando aquecido, se decompõe produzindo gás nitrogênio (N_2), vapor de água (H_2O) e trióxido de dicrômio (Cr_2O_3), um sólido verde. Escreva, em seu caderno, a equação química dessa reação e realize o balanceamento dela. Substitua os símbolos ■ pelo estado físico de cada uma das substâncias.

$$(NH_4)_2Cr_2O_7\ (\blacksquare) \longrightarrow N_2\ (\blacksquare) + H_2O\ (\blacksquare) + Cr_2O_3\ (\blacksquare)$$

Reversibilidade das transformações químicas

Você já estudou que, em uma transformação química, os reagentes combinam entre si dando origem a outras substâncias — os produtos.

1 Em uma equação química, o que a seta (⟶) indica?

Existem reações químicas que podem ocorrer nos dois sentidos, ou seja, os reagentes podem formar os produtos e os produtos podem reagir formando os reagentes. Essas reações são chamadas **reversíveis**. Veja um exemplo.

Nos séculos XVIII e XIX, a amônia (NH_3), substância muito utilizada em diversas aplicações, como na fabricação de adubos e de explosivos, era obtida por meio de uma transformação química entre o gás nitrogênio (N_2) e o gás hidrogênio (H_2).

$$N_2(g) + 3\,H_2(g) \rightleftharpoons 2\,NH_3(g)$$

A dupla seta presente na equação química indica que a reação é reversível, ou seja, ocorre nos dois sentidos.

Em condições de pressão e temperatura ambientes, enquanto N_2 reage com H_2 formando NH_3, a amônia formada tende a se decompor formando N_2 e H_2, novamente. Em escala industrial, essa reação ocorre a temperaturas de 400 °C a 500 °C e altas pressões (entre 500 e 1000 atm). Utilizando ferro como catalisador e sob essas condições, ocorre uma diminuição na tendência de a amônia se decompor em gás nitrogênio e gás hidrogênio, acarretando maior rendimento da reação. Com isso, produz-se maior quantidade de amônia (NH_3).

Outro processo reversível é a formação de estalagmites e estalactites em cavernas com solos calcários. Quando a água (H_2O) passa pelo solo calcário ocorre a dissolução de carbonato de sódio ($CaCO_3$), com a presença de dióxido de carbono (CO_2).

$$CaCO_3(s) + H_2O(\ell) + CO_2(g) \rightleftharpoons Ca^{2+}(aq) + 2\,HCO_3^-(aq)$$

Como a transformação pode ocorrer no sentido inverso, à medida que a água se acumula no teto das cavernas, vai gotejando e evaporando, e o carbonato de cálcio se deposita formando as estalactites no teto. No chão da caverna, as gotas que ainda contêm carbonato de cálcio dissolvido formam as estalagmites.

Caverna com estalactites e estalagmites na Austrália, em 2018.

As transformações químicas que ocorrem apenas em um sentido são chamadas **irreversíveis**, como a queima do carvão vegetal.

$$C(s) + O_2(g) \rightarrow CO_2(g)$$

Nessa reação química, o carbono reage com o oxigênio e forma o dióxido de carbono, também conhecido como gás carbônico.

carvão em brasa

Funções químicas

2 Quais são os principais ingredientes que utilizamos para temperar uma salada?

3 Qual é o principal componente do sal de cozinha? Qual sua fórmula química?

4 Em sua opinião, quais dos ingredientes citados como resposta na questão **2** são ácidos?

5 Comente sobre a importância de ingerirmos salada.

prato com salada

Antes, durante e após o preparo de uma salada, utilizamos diversos materiais que apresentam características diferentes. Para a lavagem dos ingredientes, como as folhas e os legumes, usamos água, depois picamos e juntamos tudo em um recipiente. Em seguida, temperamos a salada com sal de cozinha, limão ou vinagre, entre outros ingredientes. Após comermos a salada, lavamos os pratos e os talheres utilizando água e sabão.

Na situação relatada acima, podemos perceber a presença de uma variedade de compostos químicos. Os compostos que apresentam algumas características semelhantes foram agrupados, surgindo assim as **funções químicas**: ácidos, bases, sais e óxidos.

Podemos destacar algumas funções químicas presentes no exemplo acima: o cloreto de sódio usado para temperar a salada é um sal; o limão e o vinagre apresentam ácidos em sua composição; o sabão usado para lavar a louça é fabricado com uma base, o hidróxido de sódio.

Ácidos

Em nosso cotidiano, muitas vezes ouvimos falar sobre ácidos. Os ácidos estão presentes em diferentes alimentos, como limão, laranja, uva, maçã e em produtos variados como baterias automotivas, fertilizantes, explosivos e remédios.

Além disso, o suco gástrico presente em nosso estômago contém ácido clorídrico (HCl), que auxilia na digestão de alguns alimentos.

Frutas que contêm substâncias ácidas.

Os ácidos possuem algumas particularidades que, juntas, caracterizam essa função. Veja algumas delas:

- reagem com diversos metais, produzindo gás hidrogênio;
- reagem com rochas calcárias, produzindo gás carbônico;
- ao entrarem em contato com o **papel de tornassol** azul, este adquire uma coloração avermelhada;
- alguns ácidos possuem gosto azedo;
- permitem a passagem de corrente elétrica em solução aquosa.

Existem diversas maneiras de definir os ácidos. A definição de ácido elaborada pelo químico sueco Svante August Arrhenius (1859-1927), por volta de 1887, define os ácidos como compostos covalentes que ionizam, em meio aquoso, formando cátions hidrogênio (H^+). Veja um exemplo.

Svante August Arrhenius em seu laboratório, em 1909.

CUIDADO!
Embora você já deva ter experimentado o sabor azedo de alguns ácidos, como o limão e o vinagre, não devemos experimentar substâncias que não conhecemos; muitas delas são corrosivas e tóxicas, podendo causar sérios danos à nossa saúde.

$$HCl\,(g) \xrightarrow{H_2O} H^+\,(aq) + Cl^-\,(aq)$$

Ácidos e suas aplicações

Os ácidos estão presentes em produtos que utilizamos no dia a dia. Veja, a seguir, dois exemplos de ácidos, suas fórmulas químicas e aplicações.

Ácido sulfúrico (H_2SO_4)

Aplicado em muitos processos industriais, e está presente em baterias de automóveis.

bateria de automóvel

Ácido carbônico (H_2CO_3)

É um dos constituintes das bebidas gaseificadas.

água mineral com gás

Bases

Arrhenius definiu as bases como compostos iônicos que se **dissociam** em meio aquoso, formando ânions hidroxila (OH⁻). Um exemplo de base é o hidróxido de sódio (NaOH), conhecido popularmente como soda cáustica. Essa base é bastante usada na fabricação de alguns tipos de sabão.

sabão em pedra

$$NaOH\ (s) \xrightarrow{H_2O} Na^+\ (aq) + OH^-\ (aq)$$

As bases constituem um grupo de substâncias que apresentam algumas propriedades particulares, como:

- gosto amargo e adstringente;
- reagem com ácidos, neutralizando-os;
- ao entrarem em contato com o papel de tornassol vermelho, este adquire coloração azul.

> **CUIDADO!**
> Lembre-se de que não devemos tocar em substâncias que não conhecemos nem as provar, pois muitas delas são tóxicas ou corrosivas.

Bases e suas aplicações

As bases estão presentes em alguns produtos utilizados no dia a dia. A seguir são apresentados dois exemplos de bases, suas fórmulas químicas e aplicações.

Hidróxido de cálcio [Ca(OH)₂]

Conhecido popularmente como cal hidratada, é utilizado no preparo de argamassa e na correção da acidez do solo.

Pedreiro utilizando argamassa para assentar tijolos.

Hidróxido de magnésio [Mg(OH)₂]

Conhecido como leite de magnésia, é um medicamento utilizado para diminuir a acidez do estômago e como laxante.

leite de magnésia

Medindo a concentração de ácidos e bases

Arrhenius também observou que os ácidos podem ser "fracos" ou "fortes" e que essa condição está relacionada com a quantidade de íons H⁺ que eles liberam em solução aquosa. Quanto maior essa concentração, mais "forte" será o ácido.

Ácido acético (CH_3COOH)

$$CH_3COOH\ (\ell) \underset{}{\overset{H_2O}{\rightleftharpoons}} CH_3COO^-\ (aq) + H^+\ (aq)$$

O ácido acético, em solução aquosa, tem maior tendência em permanecer em sua forma covalente do que se ionizar. Por isso, ele é considerado um ácido fraco.

Ácido clorídrico ($HC\ell$)

$$HC\ell\ (g) \underset{}{\overset{H_2O}{\rightleftharpoons}} H^+\ (aq) + C\ell^-\ (aq)$$

Em solução aquosa, a molécula de ácido clorídrico se ioniza, liberando uma grande concentração de íons H^+. Por isso, ele é considerado um ácido forte.

Do mesmo modo, o que determina se uma base é "forte" ou "fraca" é a sua tendência a se dissociar em íons OH^-. Quanto maior a concentração de íons OH^-, mais "forte" será a base.

Hidróxido de zinco [$Zn(OH)_2$]

$$Zn(OH)_2\ (s) \underset{}{\overset{H_2O}{\rightleftharpoons}} Zn^{2+}\ (aq) + 2\ OH^-\ (aq)$$

O hidróxido de zinco, em solução aquosa, tem menor tendência em se dissociar. Por isso, ele é considerado uma base fraca.

Hidróxido de sódio (NaOH)

$$NaOH\ (s) \underset{}{\overset{H_2O}{\rightleftharpoons}} Na^+\ (aq) + OH^-\ (aq)$$

Em solução aquosa, o hidróxido de sódio se dissocia, liberando uma grande concentração de íons OH^-. Por isso, ele é considerado uma base forte.

Existem diversas maneiras de determinar a acidez ou a basicidade de uma substância. Uma delas é o uso de papel indicador, que muda de cor de acordo com a propriedade ácido-básica da substância. Devido à sua imprecisão, seu uso é aconselhado apenas para identificação da substância. Em laboratórios utilizam-se métodos mais precisos, como a medição da concentração de íons H⁺ por meio de um equipamento chamado peagômetro (pHmetro). Após realizar a leitura, esse equipamento exibe um valor que varia entre 0 e 14 na **escala de pH**.

Peagômetro usado em laboratório para medir o pH de uma solução.

A escala de pH

No desenvolvimento de alguns produtos, como xampu, é importante que se determine com precisão sua acidez. Em casos como esse, geralmente utiliza-se uma escala numérica que permite relacionar a concentração de íons a valores numéricos, facilitando a determinação da acidez ou da basicidade de uma substância. Essa escala é conhecida como pH.

À temperatura de 25 °C, a escala de pH das substâncias varia de 0 a 14. A essa mesma temperatura, uma substância com pH = 7,00 é considerada neutra, ou seja, ela não é considerada nem ácida nem básica. A água pura é um exemplo de substância neutra.

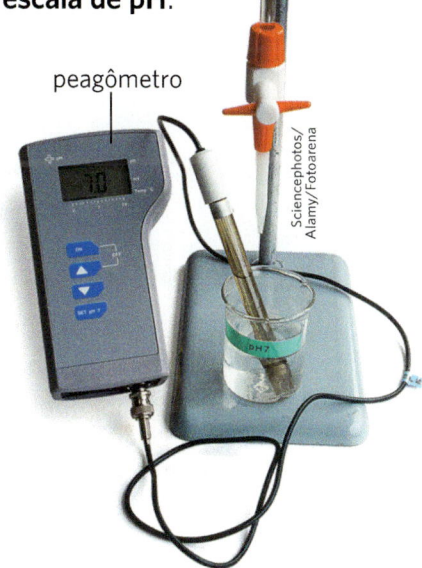

As substâncias cujo pH tem valores abaixo de 7 (pH < 7,00) são consideradas ácidas. Já as substâncias cujo pH tem valores maiores que 7 (pH > 7,00) são consideradas básicas. Quanto mais próximo de 0, maior a acidez da substância, e, quanto mais próximo de 14, maior a sua basicidade.

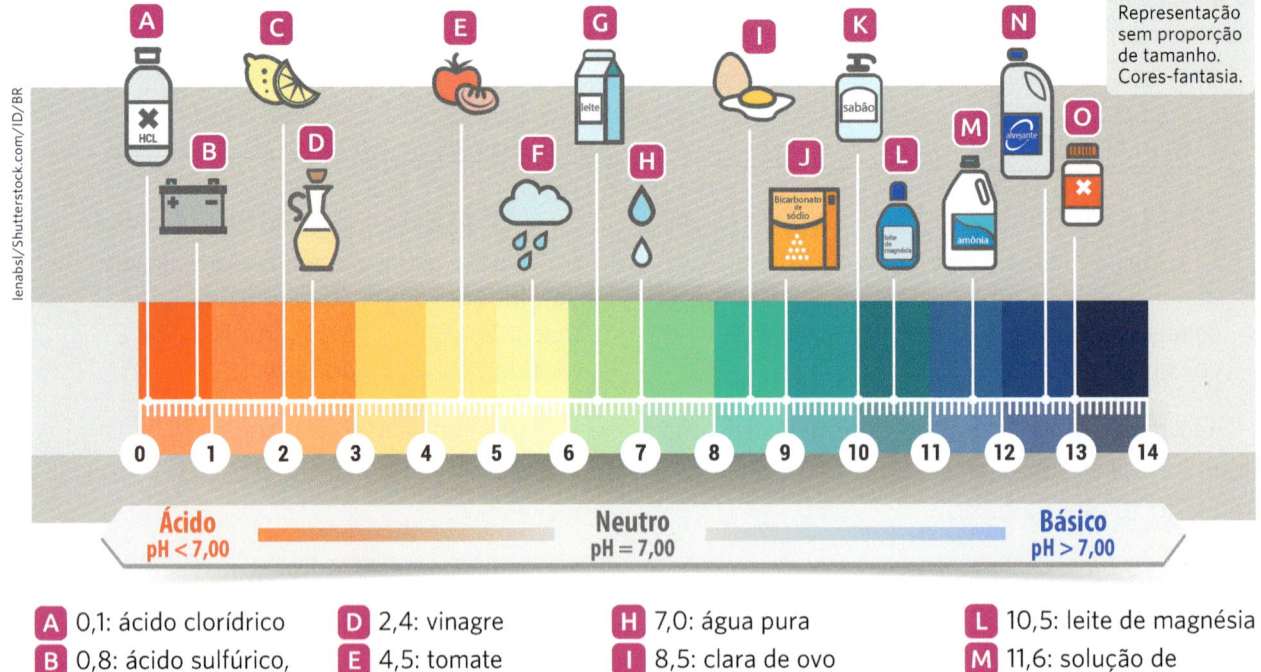

Representação sem proporção de tamanho. Cores-fantasia.

Ácido pH < 7,00
Neutro pH = 7,00
Básico pH > 7,00

- **A** 0,1: ácido clorídrico
- **B** 0,8: ácido sulfúrico, presente nas baterias de automóveis
- **C** 2,0: suco de limão
- **D** 2,4: vinagre
- **E** 4,5: tomate
- **F** 5,5: água da chuva
- **G** 6,4: leite
- **H** 7,0: água pura
- **I** 8,5: clara de ovo
- **J** 9,0: bicarbonato de sódio
- **K** 10,0: sabonete líquido
- **L** 10,5: leite de magnésia
- **M** 11,6: solução de amônia (amoníaco)
- **N** 12,6: água sanitária
- **O** 13,0: soda cáustica

Representação da escala de pH com exemplos de materiais e seus pH aproximados.

Sais

Há substâncias cujas características não nos permitem classificá-las como ácidos nem como bases. É o caso do cloreto de sódio. Em solução aquosa, sua ionização não produz cátions H⁺ (principal característica para ser classificado como ácido) nem ânions OH⁻ (principal característica para ser classificado como base). Mas, então, a que grupo pertence o cloreto de sódio?

O cloreto de sódio é uma substância classificada como sal.

Onda do mar. Cloreto de sódio (NaCℓ), cloreto de magnésio (MgCℓ$_2$), sulfato de magnésio (MgSO$_4$) e sulfato de cálcio (CaSO$_4$) são os principais sais dissolvidos na água do mar.

Os **sais** são compostos iônicos nos quais o cátion provém de uma base e o ânion provém de um ácido. Os sais são formados a partir da **reação de neutralização**, que é a reação que ocorre quando ácido e base reagem.

O cloreto de sódio (NaCℓ), por exemplo, é formado na reação de neutralização entre o hidróxido de sódio (NaOH) e o ácido clorídrico (HCℓ). Veja a seguir.

$$NaOH\ (aq) + HC\ell\ (aq) \longrightarrow NaC\ell\ (aq) + H_2O\ (\ell)$$

Quando um sal se dissolve em água, ele se ioniza, ou seja, seus íons se separam. Veja.

$$NaCl\ (aq) \longrightarrow Na^+\ (aq) + Cl^-\ (aq)$$

Em um sal, a soma das cargas dos íons é igual a zero, ou seja, o número de cargas positivas é igual ao número de cargas negativas.

Além do cloreto de sódio, outros sais são bastante conhecidos, como o cloreto de magnésio ($MgCl_2$), um dos muitos compostos dissolvidos na água do mar; o sulfato de sódio (Na_2SO_4), usado na produção de detergentes, e o carbonato de cálcio ($CaCO_3$), utilizado para corrigir a acidez do solo e principal componente da casca de ovo.

Sais e suas aplicações

Os sais estão presentes em diversos produtos. A seguir são apresentados dois exemplos de sais, suas fórmulas químicas e aplicações.

Hipoclorito de sódio (NaClO)

Tem poder alvejante, sendo usado na produção de água sanitária.

Frasco de água sanitária, produto que geralmente é utilizado para desinfecção em geral.

Sulfato de cálcio ($CaSO_4$)

Utilizado na produção de giz escolar e de gesso para a ortopedia e construções.

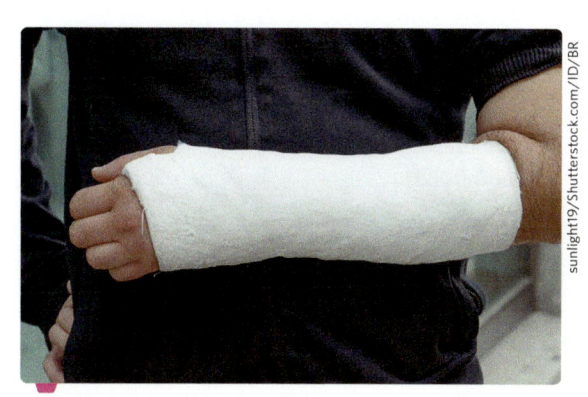

gesso ortopédico

Óxidos

Óxido é um **composto binário** formado pelo oxigênio e outro elemento químico que não seja o flúor. São exemplos de óxidos: o óxido de cálcio (CaO), conhecido popularmente como cal virgem; o dióxido de silício (SiO_2), principal componente da areia; o monóxido de dihidrogênio (H_2O), mais conhecido como água; e gases, como dióxido de enxofre (SO_2), dióxido de carbono (CO_2) e monóxido de carbono (CO).

> Glossário

Balões de vidro, com diferentes cores. O dióxido de silício (SiO_2) é a principal matéria-prima utilizada na fabricação do vidro. A pigmentação do vidro é obtida por meio da adição de óxidos metálicos durante o processo de fabricação.

Ampliando fronteiras

A lenda do Boitatá e o fogo-fátuo

Nesta unidade, você estudou que a Química é uma ciência que investiga a natureza por meio das propriedades, composição e transformações da matéria. Os conhecimentos reunidos por essa ciência auxiliam na compreensão de diferentes fenômenos do cotidiano.

As lendas, que são narrativas transmitidas pela tradição oral através dos tempos, também tratam de explicar alguns fenômenos. Elas são oriundas de diversas partes do mundo, refletindo diferentes crenças e tradições. No entanto, misturam fatos reais com fantasiosos e vão sendo recontadas e modificadas de geração em geração.

Uma lenda brasileira muito conhecida é a do Boitatá, termo em tupi que significa cobra de fogo. Ela foi trazida para o Brasil pelos portugueses na época da colonização. Ao longo do tempo, essa lenda sofreu várias modificações. O texto a seguir apresenta um trecho dessa lenda.

Texto I

Boitatá

Chamado muitas vezes de Boitatá, esta criatura é outro dos personagens obrigatórios de qualquer coletânea fantástico-zoológica do Brasil.

Apesar do nome, o Boitatá nada tem a ver com bois, mas com uma cobra transparente que irradia uma luz ofuscante nas noites tristes das matas brasileiras [...].

O Boitatá, dizem, alimenta-se somente dos olhos das suas vítimas, a ponto de seu corpo translúcido ficar repleto de olhos chamejantes. Para escapar à sua fúria, o corajoso deve munir-se de uma boa dose de sangue-frio: permanecer parado e de olhos fechados é o que basta para fazer a serpente se desinteressar dele. Se não funcionar, sugere-se a tática mais rude de arremessar-lhe um objeto de ferro. [...]

Ademilson S. Franchini. *As 100 melhores lendas do folclore brasileiro*. Porto Alegre: L&PM, 2011. p. 166.

Agora, conheça outro texto que aborda o mesmo fenômeno tratado na lenda, publicado em uma revista, mas com base em conhecimentos científicos.

Representações relacionadas à lenda do Boitatá.

Texto II

Chamas do além

Gases em decomposições alimentam o estranho fenômeno

1. Quando um ser vivo morre, várias espécies de bactérias entram em ação para decompor a matéria orgânica. Nesse processo, ocorre a produção de dois gases, o metano e a fosfina, que serão os responsáveis pelo fenômeno fogo-fátuo.

2. Aos poucos, a concentração desses gases cresce, por exemplo, dentro de um caixão. Isso aumenta a pressão no subsolo, fazendo com que a mistura vaze por pequenas fendas e suba em direção à superfície, esgueirando-se pelos poros da terra.

3. Na superfície, em contato com o oxigênio do ar, os dois gases entram em combustão espontânea, produzindo uma chama azulada. Tudo ocorre rápido e a chama não dura mais que alguns segundos.

4. Para quem está perto do fenômeno, a reação instintiva é correr. O problema é que esse movimento causa um deslocamento brusco de ar, puxando a chama e dando a impressão de que ela tenta perseguir a vítima – como um fantasma, uma alma penada ou o Boitatá [...]

O que é fogo-fátuo? *Superinteressante,* 18 abr. 2011. Disponível em: <https://super.abril.com.br/mundo-estranho/o-que-e-fogo-fatuo/>. Acesso em: 31 out. 2018.

1. Você já tinha ouvido falar em fogo-fátuo? Qual a relação entre a Química e a compreensão científica desse fenômeno?

2. Você já conhecia a lenda do Boitatá? Que outras lendas você conhece? Conte aos colegas.

3. Identifique na lenda do Boitatá alguns fatos que podem ser relacionados a explicações científicas apresentadas no segundo texto.

4. Em grupos de até quatro alunos, pesquisem sobre lendas brasileiras. Depois, cada grupo deverá escolher uma delas para elaborar uma explicação com base em conhecimentos científicos.

Após realizar a pesquisa, elaborem uma forma de apresentá-la. Vocês podem produzir um cartaz, uma história em quadrinhos, um texto, um vídeo ou outro recurso que vocês considerem atraente e interessante. Se possível, compartilhem esses trabalhos com a comunidade escolar.

Representação sem proporção de tamanho. Cores-fantasia.

Vivenciando a Ciência

O indicador ácido-base é um composto que muda de cor quando colocado em contato com um ácido ou com uma base. Existem indicadores sintéticos e indicadores naturais, como é o caso das antocianinas presentes no repolho roxo.

- Em um laboratório, como podemos proceder para detectar um ácido ou uma base?
- O que acontece com a coloração de uma mistura ácida ou de uma mistura básica quando esta entra em contato com um indicador ácido-base?

CUIDADO!
Não ingira os líquidos utilizados na realização desta atividade, nem coloque as mãos nos olhos ou na boca após manusear os objetos. Após realizar a atividade, lave bem as mãos.

Materiais necessários

- repolho roxo
- 50 mL de vinagre
- 50 mL de leite de magnésia
- conta-gotas
- colher de sobremesa
- recipiente de 300 mL
- 300 mL de água
- 2 copos transparentes de 200 mL
- liquidificador
- peneira
- 2 etiquetas autoadesivas
- caneta

Como proceder

A Separe cerca de 10 folhas de repolho roxo e pique, com as mãos, pedaços não muito grandes.

B Coloque o repolho roxo picado no liquidificador e acrescente 300 mL de água.

C Peça a um adulto que bata essa mistura no liquidificador por cerca de 2 minutos, até que todo o repolho seja triturado.

D Se necessário, após realizar a etapa **C**, peça a um adulto que mexa a mistura com uma colher, tampe o liquidificador novamente e bata a mistura por mais 1 minuto.

CUIDADO!
Peça a um adulto que manuseie o liquidificador.

Materiais necessários para a realização da atividade prática proposta.

E Coe a mistura obtida no liquidificador. Para isso, posicione a peneira sobre o recipiente e despeje, cuidadosamente, o conteúdo do liquidificador.

> **DICA!**
> Para coar a mistura de repolho roxo com água, coloque pausadamente parte da mistura na peneira. Aguarde até que o nível na peneira diminua e vá acrescentando o restante da mistura.

F Separe os copos transparentes de 200 mL e numere-os de **1** e **2**, utilizando as etiquetas autoadesivas e a caneta.

Imagem referente à etapa **E**.

G No copo **1**, coloque 50 mL de leite de magnésia e acrescente 50 mL de água. No copo **2**, coloque 50 mL de vinagre e acrescente 50 mL de água.

H Na mistura existente no copo **1**, acrescente duas colheres de sobremesa da solução extraída do repolho roxo. Mexa e observe o que acontece.

I Lave a colher com água corrente e, no copo **2**, acrescente duas colheres da solução extraída do repolho roxo. Mexa e observe o que acontece.

Imagem referente às etapas **G** e **H**.

J Utilizando o conta-gotas, pingue algumas gotas da solução do copo **1** na solução do copo **2**. Mexa a mistura com a colher de sobremesa e observe o que acontece.

Minhas observações

1. No procedimento **H**, o que foi observado na mistura do copo **1** ao ser adicionada a solução de repolho roxo?

2. No procedimento **I**, o que foi observado na mistura do copo **2** ao ser adicionada a solução de repolho roxo?

3. No procedimento **J**, o que foi observado na mistura do copo **2** ao ser adicionada a mistura do copo **1**?

4. Realize uma pesquisa sobre indicadores naturais como o repolho roxo e identifique qual das misturas contém ácido e qual delas contém base.

Nossas conclusões

1. Compare seus resultados com o de um colega. Os resultados obtidos foram semelhantes. Quais fatores podem interferir nesses resultados?

2. Converse com um colega e discuta sobre os resultados obtidos nesta atividade.

Atividades

1. Algumas cidades, como São Paulo, adotaram medidas com o objetivo de diminuir o fluxo de veículos nas vias, evitando congestionamentos e diminuindo a emissão de gases poluentes na atmosfera, como o dióxido de enxofre (SO_2), o dióxido de nitrogênio (NO_2) e o dióxido de carbono (CO_2). Uma dessas medidas é o rodízio de veículos, que restringe a circulação de alguns veículos, de acordo com a numeração de sua placa.

Emissão de gases por um veículo em funcionamento.

Sobre os gases emitidos pelos veículos, responda às questões a seguir.

a) O que esses gases têm em comum na sua composição?

b) A qual função química esses gases pertencem? Justifique.

c) Que outras medidas poderiam ser tomadas para a diminuição da emissão desses gases?

2. Um composto bastante utilizado na culinária em massas de bolos e pães é o bicarbonato de sódio. Quando esse composto é aquecido há liberação de gás carbônico no interior da massa.

bolo

A equação para essa transformação está descrita a seguir:

$$2\ NaHCO_3\ (s) \xrightarrow{\Delta} Na_2CO_3\ (s) + CO_2\ (g) + H_2O\ (\ell)$$

a) Qual é o objetivo da adição do bicarbonato de sódio na massa?

b) Qual é o tipo de transformação que ocorre com o bicarbonato de sódio?

3. Cite algumas características que diferenciam uma substância ácida de uma substância básica.

4. Uma pessoa com dores no estômago consultou um médico, que lhe indicou um antiácido à base de hidróxido de magnésio [$Mg(OH)_2$] para diminuir o excesso de acidez provocada pelo ácido clorídrico ($HC\ell$) do estômago.

a) Como é chamada a reação química que ocorre entre o antiácido e o $HC\ell$ no estômago?

b) Descreva o que acontece nesse tipo de reação química.

c) Pesquise e escreva no caderno a reação balanceada entre o hidróxido de magnésio e o ácido clorídrico.

5. No Brasil, o sal de cozinha utilizado para consumo humano deve ser iodado. Para isso, é adicionado a ele iodato de potássio (KIO_3). Essa medida foi adotada para diminuir e prevenir doenças causadas pela falta de iodo, como o bócio.

pacote de sal de cozinha

a) Considere um sal de cozinha, contendo apenas cloreto de sódio e iodato de potássio. Quais íons são liberados ao misturá-lo à água?

b) Classifique o iodato de potássio quanto à sua função química.

c) Em geral, o brasileiro consome quase o triplo de sal de cozinha além do valor recomendado pela Organização Mundial da Saúde (5 g por dia). Pesquise e cite as consequências que o excesso de consumo desse sal pode ocasionar ao organismo humano.

d) Além do sal de cozinha, o cloreto de sódio pode estar presente na composição de outros alimentos. Pesquise rótulos de produtos industrializados em sua casa e cite alimentos que contenham esse sal.

Verificando rota

1. Retome a resposta da questão **1** da página **126**, corrigindo-a ou complementando-a, caso necessário.

2. Elabore um esquema em seu caderno representando os quatro modelos atômicos estudados no capítulo **6**. Em seguida, escreva as principais características de cada um deles.

3. Explique, com suas palavras, o que são transformações físicas e transformações químicas.

4. Explique a seguinte frase de Lavoisier: "Na natureza nada se cria, nada se perde, tudo se transforma", com base no que você estudou sobre a lei da conservação das massas.

UNIDADE

4

Ondas e luz

Capítulos desta unidade
- **Capítulo 8** - Ondas
- **Capítulo 9** - Luz

Artista executando movimentos durante a produção de uma obra com a técnica *Light painting* (pintura de luz, em português), nos Estados Unidos, em 2015. Essa é uma técnica fotográfica que registra o movimento de fontes de luz diante da câmera. Nela, a câmera é configurada com um tempo longo de exposição à luz, o que permite a captura dos rastros deixados por esses movimentos.

Iniciando rota

1. O que podemos visualizar na apresentação dessa artista?
2. Para você, o que é a luz?
3. A apresentação teria o mesmo efeito se fosse realizada em um ambiente iluminado? Por quê?
4. Para produzir essa obra, a artista está dançando uma música. Como você acha que o som emitido pelo aparelho de som chega até as orelhas da artista?

CAPÍTULO 8

Ondas

1. Que tipos de ruídos você acha que há no local da fotografia ao lado?

2. Em sua opinião, ruídos intensos podem prejudicar nossa audição? Justifique.

Vista aérea da rua 25 de Março, na capital do estado de São Paulo, em 2017.

Nos ambientes que frequentamos, geralmente, são emitidos vários tipos de sons que estimulam nossas orelhas.

O ramo da Física que estuda o som e os fenômenos relacionados a ele é chamado **acústica**. Para compreendermos como o som é produzido e como ele chega até nossas orelhas, vamos estudar inicialmente o conceito de ondas e algumas de suas propriedades.

Hora de praticar

Para estudar as ondas, seu professor irá fazer uma atividade com você e seus colegas. Veja.

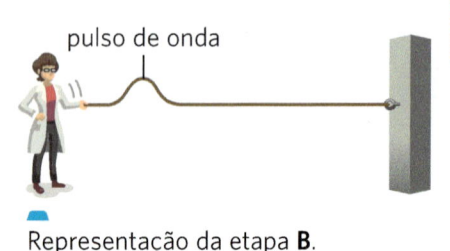

- corda de aproximadamente três metros de comprimento

pulso de onda

Representação da etapa **B**.

A. Amarre uma das extremidades da corda em um ponto fixo da sala.

B. Movimente a outra extremidade da corda para cima e para baixo, gerando um pulso ou uma perturbação na corda.

1. O que aconteceu com esse pulso?

C. Agora, faça o mesmo movimento na corda diversas vezes.

Representação da etapa **C**.

2. O que aconteceu dessa vez?

Representação sem proporção de tamanho. Cores-fantasia.

Fonte de pesquisa: David Halliday, Robert Resnick e Jearl Walker. *Fundamentos de física*: gravitação, ondas e termodinâmica. Tradução de Ronaldo S. de Biasi. 10. ed. Rio de Janeiro: LTC, 2010. v. 2. p. 119.

Ao realizar a atividade acima, você deve ter percebido que, repetindo o mesmo movimento diversas vezes na corda, produziu-se um movimento oscilatório. Esse movimento é um exemplo de onda.

Características gerais das ondas

De modo geral, as ondas são movimentos oscilatórios que transportam energia, mas não transportam matéria. Alguns tipos de ondas se propagam por meios materiais como o ar, a água e o solo; no entanto, há ondas que não precisam de um meio material para se propagar, como as que se propagam no espaço, no qual temos vácuo.

Agora, vamos representar o movimento oscilatório da corda da atividade da página anterior. Veja.

Os pontos indicados pelas letras **A**, **E**, **I** e **M** são conhecidos como **cristas** e representam a parte mais elevada da onda. Os pontos indicados pelas letras **C**, **G** e **K** são os mais baixos da onda e conhecidos como **vales**. Quando uma onda executa uma oscilação completa (de crista a crista ou de vale a vale), dizemos que ela completou um **ciclo**.

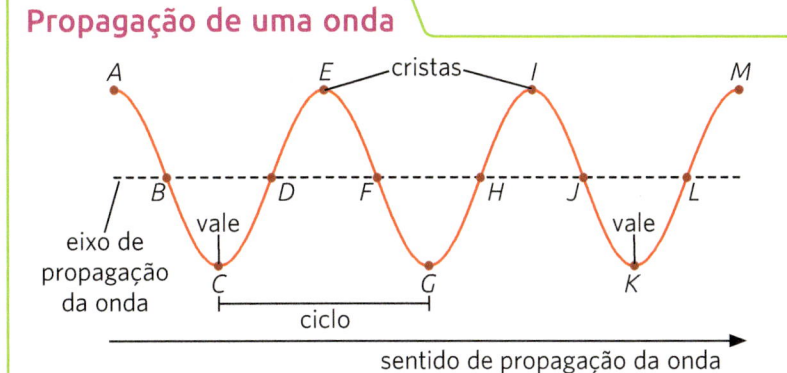

Propagação de uma onda

Fonte de pesquisa: James Trefil e Robert M. Hazen. *Física viva*: uma introdução à física conceitual. Tradução de Ronaldo S. de Biasi. Rio de Janeiro: LTC, 2006. v. 2. p. 5.

Representação de uma onda se propagando de uma extremidade à outra de uma corda.

O comprimento de onda e a amplitude são características importantes que devemos observar ao realizarmos um estudo sobre uma onda. A distância de um ciclo completo ou a menor distância a partir da qual a onda se repete é chamada **comprimento de onda**. Por exemplo, a distância entre duas cristas consecutivas ou entre dois vales consecutivos é um comprimento de onda. No esquema apresentado acima, a distância entre as cristas **A** e **E**, entre os vales **C** e **G** e também entre os pontos **B** e **F** são exemplos do comprimento de onda.

O comprimento de onda é representado pela letra grega lambda (λ), e sua unidade de medida, no Sistema Internacional de Unidades (SI), é o metro (m). Porém, é comum utilizarmos outras unidades de medida, como o centímetro (cm), o quilômetro (km) e a nanômetro (nm).

A **amplitude** de uma onda é a distância entre a crista, ou o vale, e o eixo de propagação da onda.

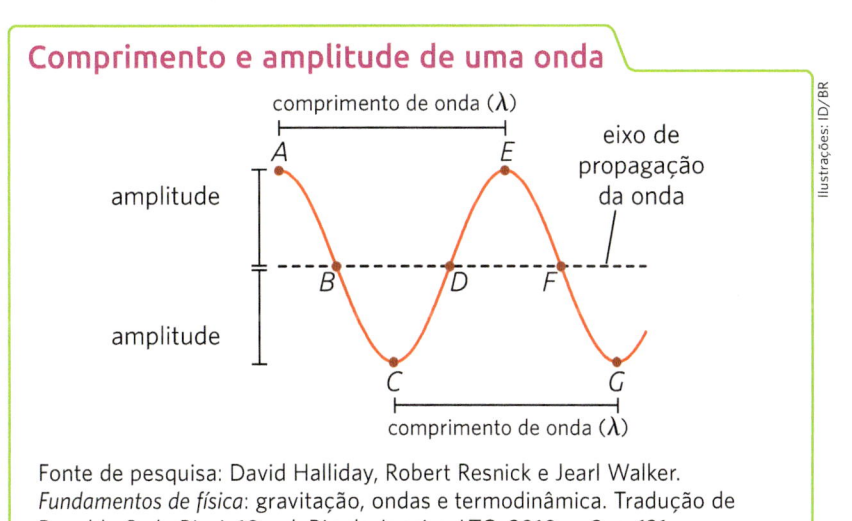

Comprimento e amplitude de uma onda

Fonte de pesquisa: David Halliday, Robert Resnick e Jearl Walker. *Fundamentos de física*: gravitação, ondas e termodinâmica. Tradução de Ronaldo S. de Biasi. 10. ed. Rio de Janeiro: LTC, 2010. v. 2. p. 121.

Representação do comprimento e da amplitude de uma onda.

Além do comprimento e da amplitude de onda, existem outras características que são muito importantes no estudo das ondas. Entre elas, podemos citar a frequência, o período e a velocidade de propagação da onda.

A **frequência** de uma onda, representada pela letra *f*, é dada pela quantidade de ciclos completos em determinada unidade de tempo. No SI, a unidade de medida de frequência é o hertz (Hz), em homenagem ao físico alemão Heinrich Rudolf Hertz (1857-1894).

A ilustração abaixo representa duas ondas se propagando ao longo de 1 segundo.

Frequência de uma onda

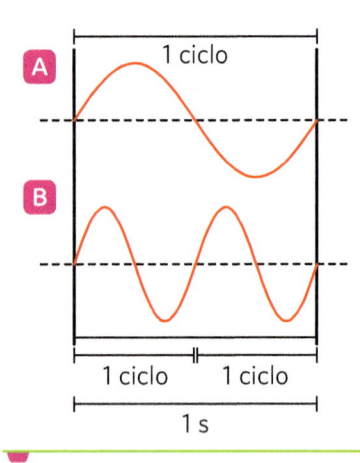

A Quando um ciclo se completa em um segundo, podemos dizer que a frequência da onda é de 1 Hz.

$$\frac{1 \text{ ciclo}}{1 \text{ segundo}} = 1 \text{ hertz} = 1 \text{ Hz}$$

B Quando dois ciclos se completam em um segundo, podemos dizer que a frequência da onda é de 2 Hz.

$$\frac{2 \text{ ciclos}}{1 \text{ segundo}} = 2 \text{ hertz} = 2 \text{ Hz}$$

Fonte de pesquisa: James Trefil e Robert M. Hazen. *Física viva*: uma introdução à física conceitual. Tradução de Ronaldo S. de Biasi. Rio de Janeiro: LTC, 2006. v. 2. p. 9.

Representação da frequência de duas ondas no intervalo de tempo de 1 s.

3 Imagine que uma corda oscilante completa 36 ciclos em três segundos. Qual é a frequência de oscilação nessa corda?

Em um movimento oscilatório, o tempo necessário para se completar um ciclo é chamado **período**, que é representado pela letra *T*. No SI, a unidade de medida do período é o segundo (s).

Para compreender melhor o conceito de período, considere os casos abaixo, que representam três ondas em cordas diferentes se propagando no intervalo de 1 segundo.

Período de uma onda

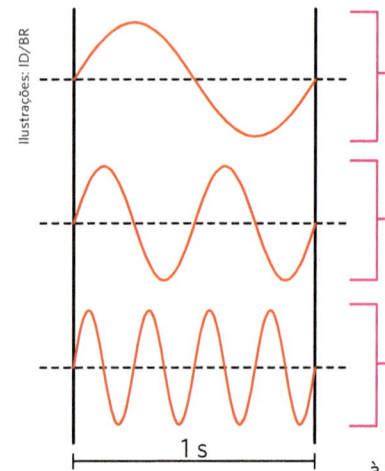

Nesta onda, um ciclo é completado em 1 segundo. Dessa forma:

$f = 1 \text{ Hz}$
$T = 1 \text{ s}$

Nesta onda, dois ciclos foram completados em 1 segundo. Assim:

$f = 2 \text{ Hz}$
$T = \frac{1}{2} \Rightarrow T = 0,5 \therefore T = 0,5 \text{ s}$

Nesta onda, quatro ciclos foram completados em 1 segundo. Portanto:

$f = 4 \text{ Hz}$
$T = \frac{1}{4} \Rightarrow T = 0,25 \therefore T = 0,25 \text{ s}$

Fonte de pesquisa: James Trefil e Robert M. Hazen. *Física viva*: uma introdução à física conceitual. Tradução de Ronaldo S. de Biasi. Rio de Janeiro: LTC, 2006. v. 2. p. 9

Representação do período em três ondas diferentes.

Notamos que o período está relacionado à frequência da seguinte forma:

$$T = \frac{1}{f} \text{ ou } f = \frac{1}{T}$$

, em que:
- *T* é o período;
- *f* é a frequência.

A **velocidade de propagação** de uma onda indica a rapidez com que ela se propaga. Você já estudou que a velocidade média de um corpo é dada por:

$$v = \frac{\Delta s}{\Delta t}$$

em que:
- Δs indica o deslocamento;
- Δt indica o intervalo de tempo transcorrido.

No caso de uma onda, podemos substituir Δs pelo comprimento de onda (λ) e Δt pelo período (T).

Expressando essa relação em função da frequência, temos:

$$v = \frac{\lambda}{T}$$

$$v = \frac{\lambda}{\frac{1}{f}} \Rightarrow v = \lambda \cdot f$$

em que:
- v é a velocidade de propagação da onda;
- λ é o comprimento da onda;
- f é a frequência da onda.

No SI, a unidade de medida da velocidade de propagação da onda é o metro por segundo (m/s).

Ondas do mar

Os fenômenos ondulatórios também podem ser observados na água. As ondas que vemos no mar são um exemplo disso.

Geralmente as ondas do mar são geradas em locais afastados da costa pela ação dos ventos na superfície da água ou por tempestades em alto-mar. Essas ondas são diferentes daquelas geradas em uma corda, pois têm cristas mais pontiagudas e vales, também chamados calhas, mais arredondados.

Ondas do mar nos Estados Unidos, em 2017.

Alguns fenômenos, como terremotos, também podem gerar ondas no mar, os chamados *tsunamis*, que são diferentes das ondas normais.

Os *tsunamis* têm comprimentos de onda maiores, entre 10 km e 500 km, períodos que variam de alguns minutos até meia hora e podem se propagar com velocidades de até 800 km/h (aproximadamente 222 m/s). As ondas do mar normais têm comprimentos de onda de até algumas centenas de metros e períodos de até 30 s.

Em alto-mar, um *tsunami* pode passar despercebido, mas ao se aproximar da costa sua velocidade diminui, variando de 5 m/s a 8 m/s, e seu comprimento de onda também diminui. Isso faz a amplitude da onda aumentar. Por isso, um *tsunami* pode atingir a costa com ondas de até 30 m de altura.

Ondas transversais e ondas longitudinais

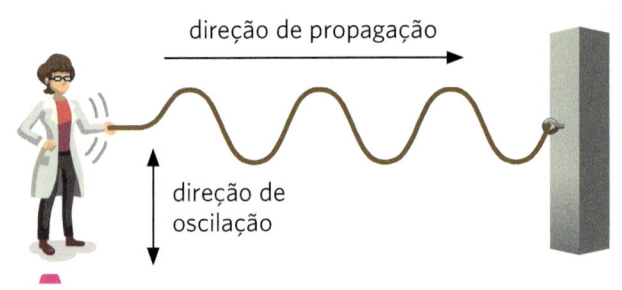

Representação da oscilação transversal de uma corda. A direção de propagação da onda é perpendicular à sua direção de oscilação.

Fonte de pesquisa: David Halliday, Robert Resnick e Jearl Walker. *Fundamentos de física*: gravitação, ondas e termodinâmica. Tradução de Ronaldo S. de Biasi. 10. ed. Rio de Janeiro: LTC, 2010. v. 2. p. 119.

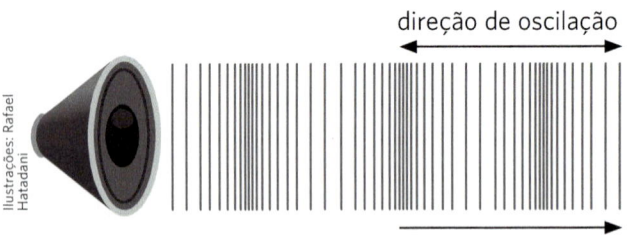

Representação de ondas sonoras se propagando. A direção da oscilação do ar é paralela à direção de propagação da onda, ou seja, é uma onda longitudinal.

Fonte de pesquisa: Paul G. Hewitt. *Física conceitual*. Tradução de Trieste Freire Ricci. 11. ed. Porto Alegre: Bookman, 2011. p. 358.

Representações sem proporção de tamanho. Cores-fantasia.

As ondas podem ser classificadas em transversais ou longitudinais, dependendo de seu movimento oscilatório e da direção de sua propagação.

Na atividade da página **194**, você e seus colegas realizaram movimentos para cima e para baixo para gerar os pulsos que se propagaram ao longo da corda. Nesse caso, a oscilação da corda tem direção vertical e a propagação, horizontal. Note que a direção da propagação da onda é perpendicular à direção de oscilação. Esse é um exemplo de **onda transversal**.

Agora, observe ao lado a representação da onda sonora produzida por um alto-falante. Nesse caso, o alto-falante oscila produzindo compressões e rarefações no ar. A propagação da onda sonora tem a mesma direção da vibração que a produz.

A onda que apresenta direção de oscilação paralela à direção de propagação é chamada **onda longitudinal**.

Ondas mecânicas e ondas eletromagnéticas

As ondas podem ser agrupadas de acordo com algumas características que possuem em comum. Entre esses grupos, destacamos o das ondas mecânicas e o das ondas eletromagnéticas.

As **ondas mecânicas** se caracterizam por necessitarem de um meio material, sólido, líquido ou gasoso, para se propagarem. As ondas sonoras são exemplos de ondas mecânicas. Já as **ondas eletromagnéticas** não necessitam de meio material, podendo se propagar no vácuo. A luz e as ondas de rádio são exemplos desse tipo de onda.

Ondas sonoras

Agora que você estudou as ondas, vamos conhecer um pouco mais sobre as ondas sonoras.

4 Retorne à questão **1** da página **194** e responda-a novamente.

As ondas sonoras são longitudinais e mecânicas. Por serem mecânicas elas necessitam de um meio para se propagar, seja ele sólido, líquido ou gasoso. Na ausência de meio material, o som não se propaga.

5 Explique como uma das meninas da fotografia ao lado produz som com seu instrumento.

Indígena da etnia Sateré Mawe tocando um tambor, no município de Manaus, no estado do Amazonas, em 2014. O tambor é um instrumento indígena muito utilizado nas festas e cerimônias sociais e religiosas. Geralmente, os tambores indígenas são feitos de madeira ou cerâmica e revestidos de pele de animais.

Podemos gerar ondas sonoras produzindo vibrações, quando falamos, cantamos, tocamos um instrumento musical de cordas, de percussão ou de sopro. Veja.

Produção e percepção de sons

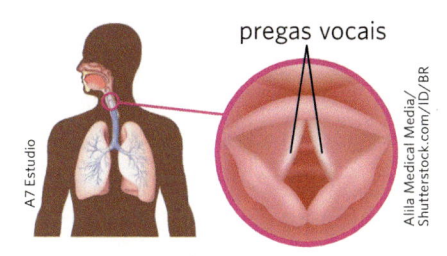

pregas vocais

1 Ao cantar, o ar que sai dos pulmões da cantora provoca vibrações em suas pregas vocais, produzindo ondas sonoras.

Ao dedilhar o violão, ela faz com que as cordas esticadas desse instrumento também vibrem. Essas vibrações produzem regiões de baixa e de alta pressão no ar, as quais se propagam, formando as ondas sonoras.

2 Quando as ondas sonoras alcançam a orelha de uma pessoa, elas chegam ao **pavilhão auricular** e passam ao **meato acústico externo**.

Em seguida, as ondas se propagam para a **membrana timpânica**, fazendo-a vibrar; essa vibração é transferida para uma sequência de ossos: o **martelo**, a **bigorna** e o **estribo**. Como o martelo, a bigorna e o estribo estão interconectados, passam a vibrar com a mesma frequência da onda sonora.

Então o estribo movimenta-se para a frente e para trás, e esse movimento faz vibrar a **janela do vestíbulo**. Desse modo, são produzidas vibrações no líquido interno presente na **cóclea**. Esses movimentos estimulam os receptores sensitivos da cóclea, que geram impulsos nervosos que são transmitidos até o **encéfalo**.

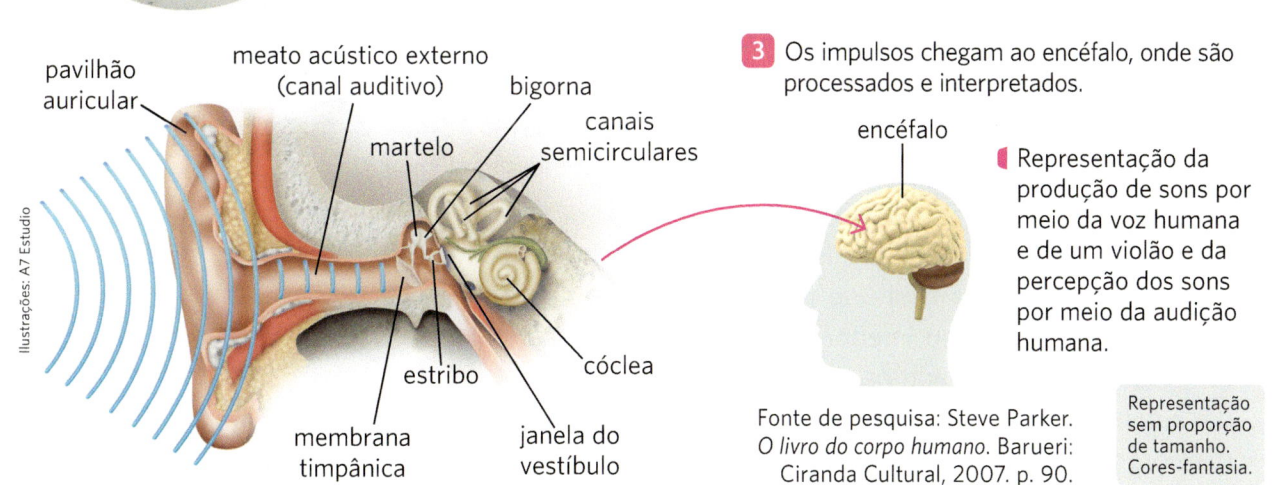

pavilhão auricular
meato acústico externo (canal auditivo)
bigorna
martelo
canais semicirculares
estribo
cóclea
membrana timpânica
janela do vestíbulo

3 Os impulsos chegam ao encéfalo, onde são processados e interpretados.

encéfalo

Representação da produção de sons por meio da voz humana e de um violão e da percepção dos sons por meio da audição humana.

Fonte de pesquisa: Steve Parker. *O livro do corpo humano*. Barueri: Ciranda Cultural, 2007. p. 90.

Representação sem proporção de tamanho. Cores-fantasia.

199

Músico tocando um contrabaixo.

Músico tocando um violino.

Propriedades das ondas sonoras

Quando ouvimos os sons que vários instrumentos musicais emitem, percebemos que eles apresentam diferentes características. O som emitido por um contrabaixo acústico, por exemplo, é mais grave do que o produzido por um violino.

As ondas sonoras apresentam diversas propriedades que nos permitem identificar diferentes tipos de sons. Entre essas propriedades, podemos destacar a sua frequência e a sua intensidade.

Os termos "grave" e "agudo" estão relacionados à frequência das ondas sonoras. Os sons graves, chamados baixos, possuem frequências menores que os sons agudos, chamados altos.

O sistema auditivo do ser humano nos permite perceber sons numa faixa de frequência entre 20 Hz e 20 000 Hz. Sons emitidos fora dessa faixa de frequência não são percebidos pelo ser humano por meio da audição. Alguns animais têm faixa de audição diferente da dos seres humanos. Os cachorros, por exemplo, são capazes de ouvir sons com frequência de até 40 000 Hz.

Uma onda sonora com frequência abaixo do limite inferior da faixa da audição humana (20 Hz) é chamada **infrassom**, e uma onda sonora emitida com frequência acima do limite superior da audição humana (20 000 Hz) é chamada **ultrassom**.

A cuíca

A cultura brasileira tem diversas influências africanas. Homens e mulheres que vieram da África trouxeram seus costumes, culinária, dança e música.

O samba é um exemplo de gênero musical que tem origem africana e que utiliza instrumentos que também têm raízes na África, mas que foram modificados e incorporados a outros estilos musicais.

A cuíca, por exemplo, é um instrumento parecido com um tambor, com uma haste de madeira presa no centro da membrana, pelo seu interior. Para tocar, é necessário atritar um tecido molhado na haste de madeira e pressionar a membrana pela parte externa. Variando a pressão na membrana, é possível criar sons graves e agudos.

Músico tocando uma cuíca. Esse instrumento é muito comum no samba.

6 O que o trabalhador ao lado está utilizando em suas orelhas? Qual é a principal função desse equipamento?

7 Cite outras situações em que o uso desse equipamento se faz necessário.

Você provavelmente já ouviu ou falou expressões como "aumentar o som" ou "aumentar o volume". Expressões como essas se referem a uma importante grandeza física, chamada **intensidade sonora** (representada por I). Essa grandeza mede a potência de uma onda sonora que atravessa determinada área e está relacionada à amplitude das ondas emitidas.

Os seres humanos têm capacidade de perceber sons em uma ampla faixa de intensidade sonora, que, na prática, medimos com uma grandeza conhecida como nível sonoro (representada por β). Essa grandeza é uma relação entre a intensidade da fonte sonora e a intensidade mínima que o ser humano consegue perceber.

A unidade de medida de nível sonoro mais utilizada é o decibel (dB), em homenagem ao cientista escocês Alexander Graham Bell (1847-1922), um dos desenvolvedores do telefone.

Veja, a seguir, o nível sonoro médio produzido em algumas situações.

Operário utilizando uma britadeira em uma obra de recapeamento de uma rua, nos Estados Unidos, em 2016.

Retrato de Alexander Graham Bell, em 1918.

Fonte de ondas sonoras	Nível sonoro
Sussurro	30 dB
Conversa normal	60 dB
Rua movimentada	70 dB
Liquidificador em funcionamento; criança chorando	90 dB
Concerto de *rock*; sirene de ambulância	110 dB
Decolagem de um avião a jato	150 dB

Fonte de pesquisa: James Trefil e Robert M. Hazen. *Física viva*: uma introdução à física conceitual. Tradução de Ronaldo S. de Biasi. Rio de Janeiro: LTC, 2006. v. 2. p. 31.

Nível sonoro de ruído	Tempo máximo de exposição diária
85 dB	8 h
90 dB	4 h
92 dB	3 h
100 dB	1 h
104 dB	35 min
110 dB	15 min
115 dB	7 min

Fonte de pesquisa: Ministério da Saúde. *Perda auditiva induzida por ruído (Pair)*. Disponível em: <http://bvsms.saude.gov.br/bvs/publicacoes/protocolo_perda_auditiva.pdf>. Acesso em: 7 nov. 2018.

Ficar exposto por tempo prolongado a intensidades sonoras elevadas pode provocar problemas de saúde, como estresse, danos ao aparelho auditivo, dores de cabeça, irritação e até mesmo surdez parcial ou total.

Dessa forma, pessoas que trabalham em ambientes com ruídos excessivos devem utilizar protetores auriculares, como o trabalhador mostrado na página anterior. O protetor auricular tem a função de reduzir a intensidade sonora das ondas que chegam até as orelhas e, consequentemente, o nível sonoro. Veja ao lado algumas faixas de nível sonoro e o tempo máximo que se pode ficar exposto a elas diariamente.

Eco

- Você já esteve em um local onde ocorreu eco? Quais as características desse local?

Em geral, as ondas mecânicas têm a propriedade de serem refletidas quando encontram um obstáculo. Quando gritamos em uma sala grande e sem objetos, por exemplo, geralmente percebemos que ocorre uma certa intensificação do som emitido. Dependendo da distância do obstáculo, como uma parede, e após um pequeno intervalo de tempo, ouvimos novamente o som que emitimos. Essa situação caracteriza o eco.

Eco

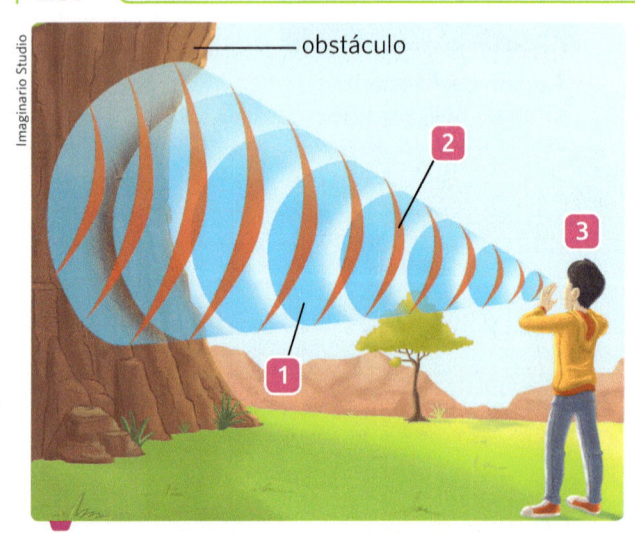

Representação de como ocorre o eco.

Representação sem proporção de tamanho. Cores-fantasia.

Fonte de pesquisa: James Trefil e Robert M. Hazen. *Física viva: uma introdução à física conceitual*. Tradução de Ronaldo S. de Biasi. Rio de Janeiro: LTC, 2006. v. 2. p. 26.

1. As ondas sonoras que emitimos se propagam até um obstáculo no ambiente.
2. Ao atingirem o obstáculo elas são refletidas, retornando às nossas orelhas.
3. Como o ambiente possui grandes dimensões e a velocidade do som no ar é de aproximadamente 340 m/s, o trajeto percorrido pela onda sonora emitida e depois pela sua reflexão é relativamente grande. Com isso, a reflexão do som que emitimos retorna às nossas orelhas após um intervalo de tempo, permitindo que possamos ouvi-lo novamente.

O eco pode ser definido então como o som refletido que retorna às nossas orelhas em um intervalo de tempo em que seja possível distinguir o som emitido do som refletido.

Ultrassom

Como vimos, os sons que têm frequência acima dos 20 000 Hz são chamados ultrassons. Apesar de não conseguirmos perceber esses sons com nossa audição, podemos utilizá-los em diversas áreas, como na Medicina e na indústria.

Na Medicina, o ultrassom é utilizado em um método conhecido como **ultrassonografia**, que permite obter imagens de partes internas do corpo humano.

O equipamento utilizado nesse método emite pulsos de ultrassom, que penetram no corpo, incidem nas estruturas internas e nos órgãos e são refletidos de diferentes maneiras, dependendo da estrutura ou órgão em que incidem. Essas ondas refletidas são interpretadas por um computador, que gera a imagem da estrutura interna do corpo de acordo com o tempo em que as ondas sonoras demoram para serem refletidas.

Profissional de saúde realizando uma ultrassonografia em uma grávida.

Em seguida, o médico pode avaliar essas imagens e verificar a existência de alterações nas estruturas e órgãos analisados.

Você já deve ter ouvido uma gestante falar que fez uma ultrassonografia para observar o embrião ou feto. Isso ocorre porque a ultrassonografia é muito utilizada no acompanhamento do desenvolvimento do embrião ou feto durante o período de gestação. Alguns aparelhos conseguem obter imagens do feto em três dimensões (3D).

Imagem de feto em três dimensões (3D), obtida por meio de uma ultrassonografia.

O ultrassom também pode ser utilizado na indústria para identificar defeitos em máquinas, rachaduras, espaçamento entre peças, verificar a qualidade de soldas e emendas, além de avaliar a corrosão e o desgaste de peças. Isso permite controlar a qualidade dos materiais e prevenir acidentes resultantes de defeitos em peças e em máquinas.

Trabalhador utilizando ultrassom em uma placa de metal para tentar identificar possíveis imperfeições.

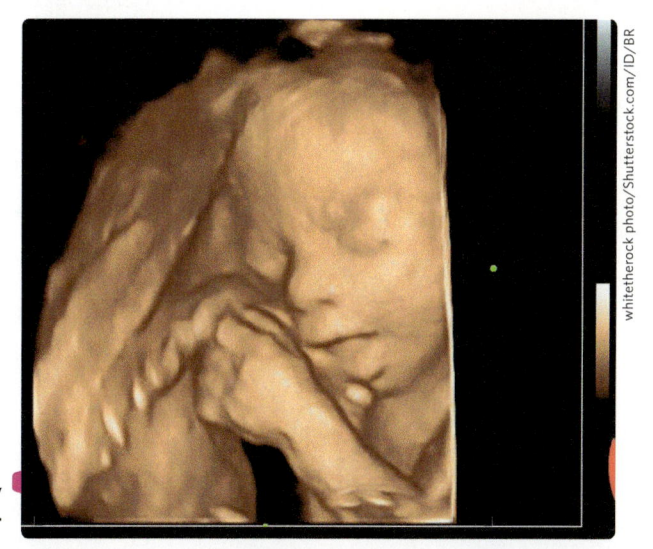

Ampliando fronteiras

A deficiência auditiva e a música

A música, bem como a dança e outras formas de arte, geralmente está associada a momentos de entretenimento, lazer e descontração.

> Qual é sua música preferida? Qual é o ritmo dela? O que você sente ao escutá-la?

Quando uma pessoa ouve uma canção, estamos captando vibrações que se deslocam pelo ar e chegam às nossas orelhas. No entanto, nem todas as pessoas podem vivenciar essa experiência. Algumas apresentam deficiências auditivas, o que as impede de detectar sons do ambiente.

Para pessoas com deficiência no sistema auditivo, existem trabalhos de sociabilização por meio da musicalidade em várias escolas e associações do Brasil. Essas atividades têm por objetivo incluir a pessoa com deficiência auditiva no ambiente artístico de forma a respeitar a diversidade e mostrar que a música pode ser apreciada de diversas formas. Leia as informações a seguir e conheça algumas maneiras por meio das quais as pessoas com deficiência auditiva podem se relacionar com a música.

- Você sabia que pessoas com deficiência auditiva são capazes de aprender a tocar diferentes instrumentos?

Raul Aguiar

- A banda Música do Silêncio, de São Paulo, é formada por pessoas com deficiência auditiva. Eles são responsáveis pelos tambores e dificilmente erram o ritmo da música.

1. Converse com os colegas e compartilhem suas impressões sobre o assunto tratado nesta seção.
2. Você considera importante que as pessoas com deficiência auditiva, ou com qualquer outra deficiência, desenvolvam atividades com outros indivíduos sem essa mesma característica? Converse com os colegas sobre esse assunto.
3. Junte-se a três colegas para pesquisar sobre práticas que contribuem para a inclusão de pessoas com deficiência auditiva em nossa sociedade. Com essas informações, elaborem cartazes apresentando as estratégias dessas iniciativas e a sua importância. Incluam também o alfabeto da Língua Brasileira de Sinais (Libras). Com ele, você e seus colegas da sala podem treinar como compor o nome de cada um.

- Quando alguém toca um instrumento musical, provoca nele uma vibração que, por sua vez, faz com que o ar próximo a ele vibre com a mesma frequência. Essa vibração se propaga no ar em forma de ondas mecânicas longitudinais, denominadas ondas sonoras.

As vibrações produzidas pelos instrumentos musicais chegam à nossa pele, que por sua vez vibra de acordo com a interação com a onda sonora incidente. As pessoas com deficiência auditiva possuem maior sensitividade na percepção dos sons por meio da pele. Essa habilidade os auxilia a perceberem determinadas informações sonoras do ambiente.

Instrumentos musicais

Devido a interação das ondas sonoras produzidas pelos instrumentos com a pele, a pessoa com deficiência auditiva identifica o ritmo, por exemplo, o que a possibilita dançar e tocar instrumentos musicais. As vibrações de alguns deles, como os apresentados abaixo, são mais facilmente identificadas pela pele.

triângulo  — chocalho  — pandeiro  — bateria  — surdo  — tambor

Fotos: Bildagentur Zoonar GmbH, Molotok289, Dario Sabljak, artiomp, mihalec/Shutterstock.com/ID/BR e Alessandro Viana/Tyba

Representação sem proporção de tamanho. Cores-fantasia.

- A arte, exercida por meio da música e da dança, além de ser terapêutica, é uma ferramenta para a inclusão social.

Representação de manifestações artísticas de pessoas com deficiência auditiva.

205

Atividades

1. As ondas estão em toda parte. As ondas do mar se deslocam pelos oceanos e se quebram nas praias; ondas sonoras se deslocam pelo ar quando escutamos música. No caderno, explique o que é onda e cite outros exemplos de ondas presentes no seu dia a dia.

2. Com relação às ondas sonoras, os termos "altura" e "volume" muitas vezes são confundidos ou compreendidos como sinônimos. Contudo, do ponto de vista científico, eles correspondem a duas grandezas diferentes. Explique a que correspondem esses conceitos e indique quais são os limites de sensibilidade sonora do ser humano.

3. Em filmes de ficção científica que têm o espaço cósmico como cenário, é comum serem apresentados os sons provenientes de explosões. Seria possível que o som dessas explosões fosse ouvido no espaço? Justifique sua resposta.

4. Leia o trecho da reportagem a seguir.

   50% dos jovens são expostos a um volume de som prejudicial, aponta OMS

   [...] Mais de um bilhão de adolescentes e jovens estão correndo o risco de perder a audição devido ao uso incorreto ou exagerado de dispositivos de áudio, tal como a exposição a lugares barulhentos demais ou a músicas reproduzidas por *smartphones*, *tablets* [...] em volume excedente.
   [...]

   Ioná Nunes. 50% dos jovens são expostos a um volume de som prejudicial, aponta OMS. *Portal O Dia*, 17 abr. 2016. Saúde. Disponível em: <www.portalodia.com/noticias/saude/50-dos-jovens-sao-expostosa-um-volume-de-som-prejudicial,-aponta-oms-266155.html>. Acesso em: 7 nov. 2018.

   a) Os fones de orelha possuem alto-falantes bem menos potentes que os presentes em caixas de som convencionais. Apesar disso, o uso prolongado desses fones oferece riscos à saúde auditiva. Pesquise sobre o assunto e elabore uma hipótese que explique esse fenômeno.

   b) Considerando que determinada pessoa escute música a uma intensidade de 100 dB, qual é a exposição máxima diária recomendada para que ela não lesione permanentemente o sistema auditivo?

   c) Pesquise sobre poluição sonora e escreva no caderno por que esse problema tem se tornado relevante, principalmente, no que diz respeito à saúde e à qualidade de vida da população.

5. O intervalo de tempo mínimo necessário para que consigamos distinguir dois sons de mesma frequência é de aproximadamente 0,1 s. Com base nesse dado, calcule a distância mínima que uma onda sonora deve se deslocar antes de retornar à pessoa que a emitiu. Dado: v_{som} = 340 m/s.

6. A imagem abaixo representa a forma de uma onda que se propaga em uma corda, em determinado instante.

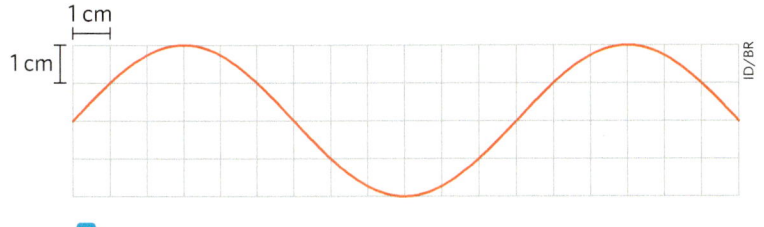

Representação de uma onda se propagando em uma corda em determinado instante.

Fonte de pesquisa: James Trefil e Robert M. Hazen. *Física viva*: uma introdução à física conceitual. Tradução de Ronaldo S. de Biasi. Rio de Janeiro: LTC, 2006. v. 2. p. 5.

Considerando que a velocidade dessa onda é de 3 cm/s, calcule no caderno:

a) o comprimento da onda.
b) a frequência da onda.

7. A frequência cardíaca de uma pessoa saudável em repouso varia entre 60 e 90 batimentos por minuto (bpm) e pode aumentar rapidamente com sinais de perigo. Um caso extremo desse fenômeno pode ser observado na frequência cardíaca de corredores de Fórmula 1, que atinge um valor médio de 170 bpm ao longo da corrida, alcançando, muitas vezes, valores superiores a 200 bpm. Determine os valores aproximados da frequência (em hertz) e do período (em segundos) do batimento cardíaco médio dos corredores de Fórmula 1 ao longo da corrida.

8. Todo dia, Jeferson sintoniza o aparelho de rádio em sua estação favorita, colocando o mostrador no valor de 88 MHz. Para escutar sua programação, ele deixa o volume a uma intensidade de 60 dB. Com base nessas informações, responda:

a) Que grandezas físicas estão representadas pelos valores citados?
b) Identifique e classifique as duas ondas mencionadas como transversais ou longitudinais.

9. O tubo de Rubens é um dispositivo formado por um tubo perfurado acoplado a um alto-falante em uma extremidade e fechado na outra. No interior desse tubo é liberado gás de cozinha, de modo que as labaredas queimam homogeneamente enquanto o alto-falante permanece desligado. No entanto, quando o alto-falante é ligado, vê-se o surgimento de padrões, como o observado na fotografia a seguir.

Faça uma pesquisa e explique o que faz as chamas serem mais intensas em alguns pontos do tubo.

Tubo de Rubens enquanto é reproduzido um som por meio de um alto-falante.

Ondas eletromagnéticas

Você já se perguntou como as informações chegam até os aparelhos de celulares, televisores e rádio? Se você pesquisar sobre esse assunto, encontrará informações sobre as ondas eletromagnéticas.

Como você já estudou, diferentemente das ondas sonoras, as ondas eletromagnéticas não necessitam de um meio material para se propagar. Elas são ondas transversais formadas por um **campo elétrico** e um **campo magnético** variáveis.

No vácuo, as ondas eletromagnéticas apresentam velocidade constante. Dessa forma, elas são classificadas de acordo com sua frequência e seu comprimento de onda, em uma faixa conhecida como **espectro eletromagnético**.

A luz que estimula os olhos e que permite enxergar o que está ao redor é uma pequena parte do espectro eletromagnético.

Veja, a seguir, um esquema que representa o espectro eletromagnético.

Espectro eletromagnético

Representação do espectro eletromagnético, com destaque para a faixa dos comprimentos de onda do espectro visível.

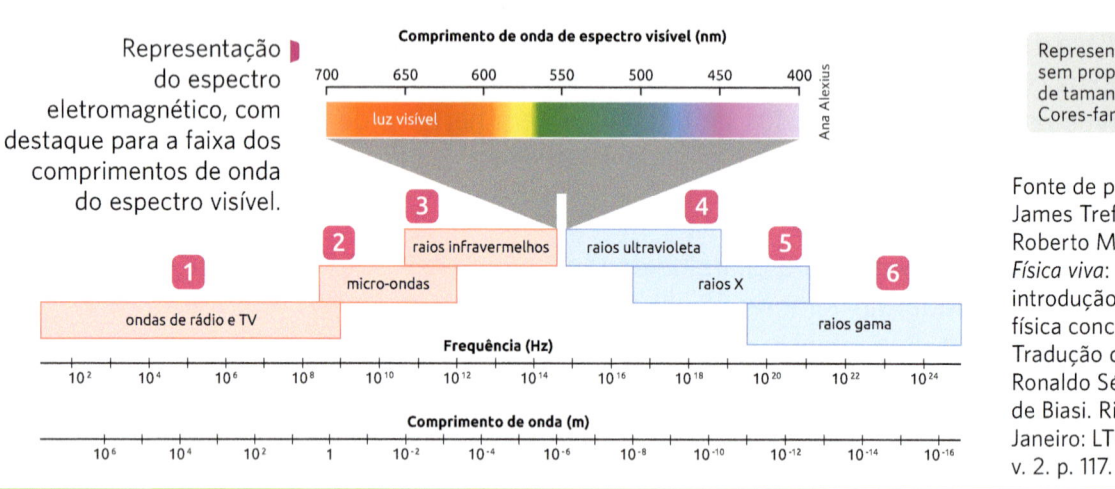

Comprimento de onda de espectro visível (nm): 700, 650, 600, 550, 500, 450, 400 — luz visível

1. ondas de rádio e TV
2. micro-ondas
3. raios infravermelhos
4. raios ultravioleta
5. raios X
6. raios gama

Frequência (Hz): 10^2, 10^4, 10^6, 10^8, 10^{10}, 10^{12}, 10^{14}, 10^{16}, 10^{18}, 10^{20}, 10^{22}, 10^{24}

Comprimento de onda (m): 10^6, 10^4, 10^2, 1, 10^{-2}, 10^{-4}, 10^{-6}, 10^{-8}, 10^{-10}, 10^{-12}, 10^{-14}, 10^{-16}

Representação sem proporção de tamanho. Cores-fantasia.

Fonte de pesquisa: James Trefil e Roberto M. Hazen. *Física viva*: uma introdução à física conceitual. Tradução de Ronaldo Sérgio de Biasi. Rio de Janeiro: LTC, 2006. v. 2. p. 117.

Os estudos sobre o espectro eletromagnético produziram conhecimentos que possibilitaram a criação de tecnologias que revolucionaram a comunicação humana, com as transmissões de rádio e de sinais via satélite, e a Medicina, com exames que permitem realizar imagens do interior de nosso corpo, por exemplo.

1. Ondas de rádio e TV

As ondas de rádio foram previstas matematicamente pelo físico escocês James Clerk Maxwell (1831-1879) e tiveram sua existência demonstrada pelo físico alemão Heinrich Rudolf Hertz (1857-1894). Essas ondas podem ser produzidas por correntes elétricas que oscilam rapidamente. Hertz utilizou um aparelho que produzia faíscas por descargas elétricas para gerar ondas e um aparelho como receptor, que produzia descargas elétricas ao receber as ondas. Com esse experimento, ele evidenciou a transmissão e a recepção de ondas eletromagnéticas.

Retrato de Heinrich Rudolf Hertz, em 1857.

As ondas de rádio, ou ondas hertzianas, são utilizadas em sistemas de comunicação, como na transmissão e na recepção de emissoras de rádio AM e FM e de televisão. Essas ondas também são utilizadas nos telefones celulares e na comunicação via rádio da polícia e dos bombeiros, por exemplo.

Após a descoberta das ondas de rádio, houve uma revolução na comunicação entre as pessoas, provocando grandes mudanças na sociedade e em seu estilo de vida.

O primeiro dispositivo a usar ondas de rádio foi o telégrafo sem fio, criado pelo cientista italiano Guglielmo Marconi (1874-1937), em 1897.

A transmissão de voz e a difusão de informações via rádio vieram em seguida, na Europa e nos Estados Unidos, entre 1900 e 1920. No Brasil, a primeira transmissão de rádio oficialmente reconhecida foi em 1922.

A década de 1940, que ficou conhecida como a época de ouro do rádio no Brasil, foi marcada por programas de auditório, humorísticos, radionovelas e outros programas de entretenimento, assim como transmissões jornalísticas e esportivas.

Guglielmo Marconi e seu primeiro telégrafo que transmitia informações via ondas de rádio.

Nas décadas seguintes, o rádio acabou perdendo espaço devido à popularização da televisão a partir da década de 1950. Um evento histórico para a televisão foi a transmissão ao vivo do pouso da missão Apollo 11 na Lua em 1969. Ainda hoje a televisão é uma grande fonte de informação e entretenimento, mas vem sendo substituída pela internet, principalmente pelo uso dos telefones celulares e das redes de dados móveis.

Tanto rádio como televisão e internet móvel utilizam ondas eletromagnéticas que estão na faixa das ondas de rádio. As frequências de 150 a 500 kHz são utilizadas para comunicação militar, as estações de rádio AM utilizam a faixa entre 530 e 1 650 kHz, as rádios FM operam na faixa entre 88 e 108 MHz. Já as transmissões de televisão ocupam 3 faixas, uma VHF de 54 a 88 MHz, outra VHF de 174 a 216 MHz e uma faixa UHF de 470 a 806 MHz.

Aparelho de rádio da década de 1950.

▶ **DICA!**
1 kHz (lê-se um quilohertz) equivale a 1 000 Hz;
1 MHz (lê-se um megahertz) equivale a 1 000 000 Hz;
1 GHz (lê-se um gigahertz) equivale a 1 000 000 000 Hz.

Televisor da década de 1960.

Nas transmissões de rádio, as ondas sonoras são captadas por microfones e convertidas em correntes elétricas, que variam de acordo com a frequência e a amplitude da onda sonora. Nos transmissores, essa corrente elétrica passa por um circuito que gera uma onda eletromagnética e que é transmitida por meio de antenas.

No receptor, essa onda eletromagnética é captada pela antena e convertida em corrente elétrica novamente, que faz com que o alto-falante vibre, produzindo ondas sonoras correspondentes ao que foi falado na estação transmissora.

As informações dos televisores são transmitidas de forma semelhante, porém, além de microfones, as câmeras captam as imagens que são convertidas em correntes elétricas.

Vamos conhecer a seguir outras ondas eletromagnéticas e suas aplicações.

2. Micro-ondas

As micro-ondas são utilizadas na transmissão de sinais via satélite, na transmissão de alguns sinais telefônicos e também em fornos de micro-ondas.

Nesses fornos, existe um circuito que gera micro-ondas com frequência de 2 450 MHz, que se espalham no compartimento em que os alimentos são colocados para serem cozidos ou aquecidos.

Nessa faixa de frequência, as micro-ondas fazem as moléculas de água, gordura e açúcar, presentes nos alimentos vibrarem mais intensamente, aquecendo os alimentos.

forno de micro-ondas

3. Raios infravermelhos

Descobertos em 1800 pelo físico alemão William Herschel (1738-1822), os raios infravermelhos são ondas eletromagnéticas associadas à transferência de calor por irradiação, quando um objeto ganha ou perde energia térmica. São utilizados também em controles remotos, transferência de dados e em leitores de código de barras.

Pessoa utilizando leitor de código de barras.

4. Luz visível

No espectro eletromagnético, a faixa de comprimentos de ondas visíveis ao ser humano é chamada **espectro visível**. Cada cor do espectro visível possui frequência e comprimento de onda definidos, e são essas características que permitem ao ser humano identificar as diferentes cores.

Representação sem proporção de tamanho. Cores-fantasia.

Comprimento de onda de espectro visível (nm)

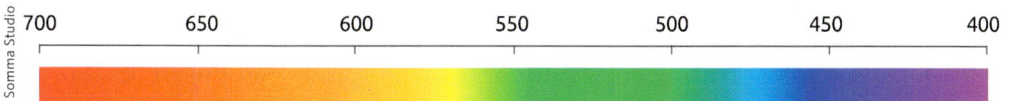

700 — 650 — 600 — 550 — 500 — 450 — 400

Representação do espectro de luz visível.

5. Raios ultravioleta

Os raios ultravioleta são ondas eletromagnéticas de alta frequência com energia suficiente para causar danos aos olhos, queimaduras e câncer de pele. Por isso, devemos usar óculos escuros com filtro ultravioleta e também filtro solar na pele, quando ficamos expostos à luz solar. De acordo com o comprimento de onda, os raios ultravioleta podem ser classificados como UVA, UVB e UVC.

O UVA e o UVB são responsáveis pela pigmentação da pele ou bronzeado, pelo envelhecimento da pele, pelo aparecimento de rugas e pelo aumento do risco de câncer de pele. Já o UVA auxilia a sintetizar a vitamina D em nosso corpo e o UVC pode ser usado como bactericida na água, em alimentos ou instrumentos, eliminando microrganismos causadores de doenças.

Aparelho utilizado para esterilizar instrumentos médicos por meio de luz ultravioleta.

6. Raios X

Os raios X foram descobertos pelo físico alemão Wilhelm Conrad Röentgen (1845-1923), ao trabalhar com descargas elétricas no interior de tubos com gás rarefeito.

Nesses experimentos, Röentgen percebeu que os raios X podiam atravessar diversos materiais sólidos e não eram desviados pelo vidro do tubo nem por campos magnéticos.

Röentgen também verificou que os raios X impressionavam placas fotográficas, o que possibilitou o desenvolvimento da radiografia. A primeira radiografia foi obtida quando sua esposa colocou a mão entre a fonte de raios X e uma placa fotográfica.

Imagem de mãos humanas obtida por meio de radiografia.

Os raios X atravessam a pele e os músculos, antes de serem absorvidos ou espalhados pelos ossos. Essa característica possibilitou a observação de partes do interior do corpo humano e de outros animais, contribuindo para diagnosticar diversas doenças e fraturas ósseas, revolucionando a Medicina.

Com o desenvolvimento da tomografia computadorizada foi possível visualizar também os tecidos moles, como cérebro, fígado, coração e outros órgãos internos. O equipamento tem um anel que gira em torno do paciente, emitindo feixes de raios X, e um detector que mede a taxa de absorção desses raios pelo corpo. Então, um computador interpreta os dados e faz uma imagem de acordo com uma escala de espessura e densidade.

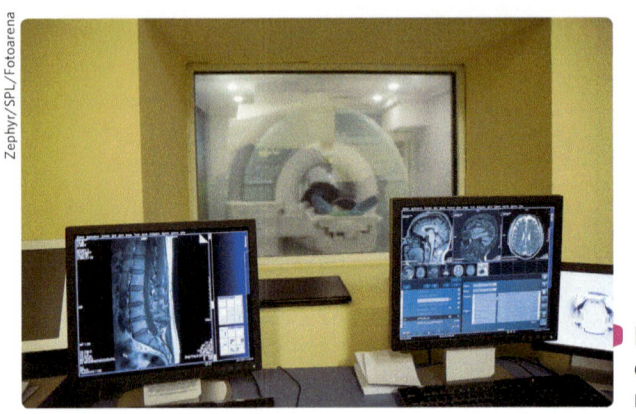

Imagens obtidas por aparelho de tomografia computadorizada (primeiro plano) e paciente (ao fundo) no equipamento que realiza esse tipo de exame.

7. Raios gama

Os raios gama são as ondas de maior energia do espectro eletromagnético. Essas ondas são emitidas por núcleos instáveis de átomos, em um processo conhecido como **radioatividade**, no qual o núcleo do átomo pode se alterar.

A radiação gama é bastante utilizada na Medicina tanto em diagnósticos, quanto no tratamento de doenças.

A tomografia por emissão de **pósitrons**, conhecida pela sigla em inglês *PET scan*, é um exame no qual se utilizam **marcadores radioativos** que liberam partículas no organismo. A interação dessas partículas com estruturas do organismo emite raios gama, que são mapeados e mostram se existem alterações metabólicas no indivíduo.

Outra aplicação dos raios gama é no tratamento contra certos tipos de câncer. Para erradicar as células tumorais utilizam-se doses calculadas de raios gama, por tempo determinado e aplicadas nos tecidos que englobam o tumor, buscando realizar o menor dano possível às células normais próximas à ele. Essa técnica é conhecida como **radioterapia**.

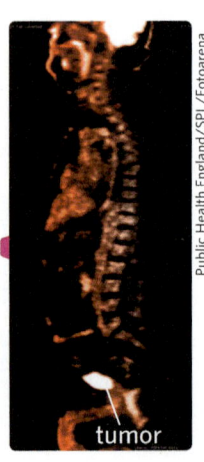

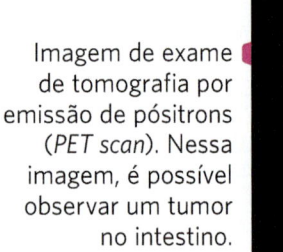

Imagem de exame de tomografia por emissão de pósitrons (*PET scan*). Nessa imagem, é possível observar um tumor no intestino.

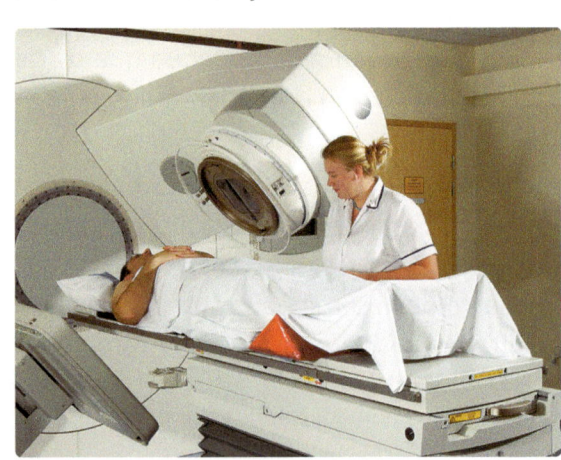

Pessoa realizando um tratamento por meio de radioterapia.

Cuidados com a radiação eletromagnética

Como vimos nas páginas anteriores, as radiações eletromagnéticas nos ajudam no diagnóstico e no tratamento de diversas doenças, quando utilizadas de maneira correta. Se ficarmos expostos a altas doses de radiação podemos sofrer queimaduras na pele e até desenvolver câncer.

Por isso os profissionais que trabalham diariamente na radiologia devem tomar certos cuidados, seguindo corretamente as normas de segurança. Todos devem utilizar um **dosímetro** individual que deve ser trocado mensalmente e analisado para verificar se o profissional ficou exposto a doses seguras de radiação.

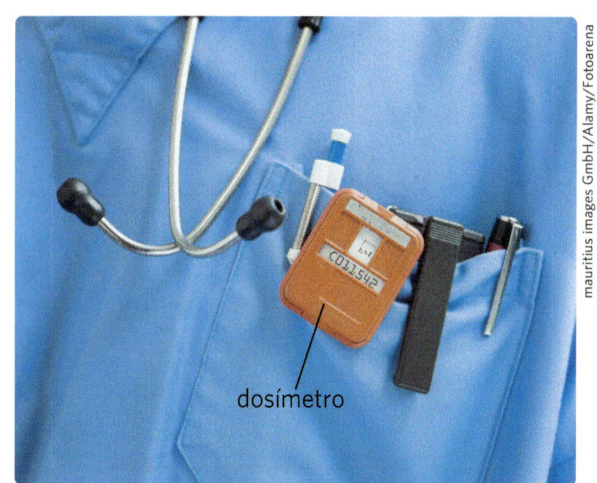

As salas de raios X devem ter paredes, teto, piso e portas com blindagem para proteger áreas externas. Os cuidados na radiologia também valem para os acompanhantes dos pacientes, que devem utilizar a vestimenta de proteção feita com chumbo para absorver os raios X.

Profissional da saúde utilizando um dosímetro individual.

Além disso, os resíduos dos compostos usados em radiologia e radioterapia devem ser tratados e descartados de maneira correta, pois esses resíduos podem causar acidentes graves, como o ocorrido em Goiânia, em 1987. Nessa ocasião, dois catadores de sucata encontraram um aparelho de radioterapia descartado inadequadamente e retiraram as cápsulas que continham o césio-137. Ao levar as cápsulas para casa, eles entraram em contato com o material radioativo, o que lhes despertou interesse, pois o material apresentava um brilho azulado no escuro. Depois da violação da cápsula, diversas pessoas entraram em contato com o material radioativo e foram contaminadas, sentindo náuseas, vômitos, diarreia, tonturas e lesões na pele. A primeira vítima fatal foi uma menina de 6 anos que ingeriu alimento contaminado com o césio-137.

Local onde ocorreu o acidente com césio-137, no município de Goiânia, estado de Goiás, em 1987.

Após a identificação do problema, o local do acidente passou por descontaminação e, aproximadamente, 6 mil toneladas de material contaminado foram coletados. Aproximadamente 1200 pessoas foram contaminadas e as consequências desse acidente ainda são monitoradas atualmente.

Atividades

1. As ondas eletromagnéticas estão associadas ao funcionamento de diversos equipamentos eletrônicos, como televisor, rádio, forno de micro-ondas e telefone celular. Sobre as ondas eletromagnéticas, julgue as afirmativas a seguir em verdadeiras ou falsas, corrigindo as falsas em seu caderno.

a) As ondas eletromagnéticas são capazes de se propagar no vácuo.

b) Em qualquer meio material, todas as ondas eletromagnéticas se propagam com velocidade da luz.

c) Na propagação de uma onda, ocorre o transporte de energia e não de matéria.

d) A frequência dos raios gama é maior que a do infravermelho, portanto, o comprimento de onda dos raios gama é maior que o do infravermelho.

2. Leia o trecho da reportagem abaixo.

Como reconhecer os sinais de câncer de pele

[...]

No Brasil, são cerca de 190 mil novos casos todos os anos. O câncer de pele também é o de maior incidência no país.

Nas últimas décadas, o número de casos vem aumentando.

Quase todos resultam da exposição excessiva à luz ultravioleta, embora outros possam ser causados pelo homem, com bronzeamento artificial, por exemplo.

[...]

Como reconhecer os sinais de câncer de pele. *G1*. 12 maio 2017. Disponível em: <http://g1.globo.com/ciencia-e-saude/noticia/2015/05/como-reconhecer-os-sinais-de-cancer-de-pele.html>. Acesso em: 8 nov. 2018.

a) Sobre o que aborda esse trecho de reportagem?

b) Cite alguns cuidados que devemos ter para prevenir o câncer de pele causado por esse tipo de onda eletromagnética. Se necessário, faça uma pesquisa.

3. Observe os pares de ondas eletromagnéticas descritos a seguir. Em seguida, escreva em seu caderno o nome daquela que possui a maior frequência em cada par.

a) Ondas de rádio e micro-ondas.

b) Ultravioleta e infravermelho.

c) Raios gama e luz visível.

d) Luz vermelha e luz azul.

4. Pesquise e desenhe em seu caderno um esquema que representa como ocorre a transmissão de televisão via satélite. Comente sobre suas principais vantagens.

5. Elabore uma atividade prática que lhe permita investigar a propagação da onda sonora por algum meio material.

6. Observe a fotografia ao lado.

a) Reescreva a frase abaixo em seu caderno, substituindo as letras destacadas pelas palavras que a completam adequadamente.

- A onda eletromagnética que se relaciona à radiografia são os **A** (raios X/ raios gama), ondas de **B** (alta energia/baixa energia).

Dentista analisando a radiografia de uma arcada dentária.

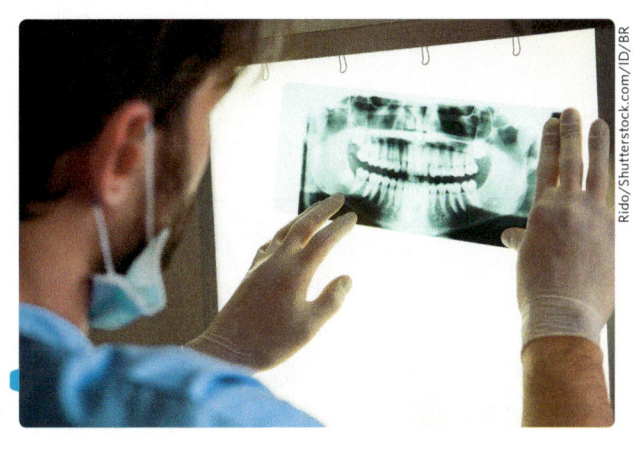

b) Cite uma diferença entre as ondas eletromagnéticas e as ondas sonoras.

c) Junte-se a um colega e realizem uma pesquisa sobre outras aplicações desse tipo de onda eletromagnética, discutindo a importância da aplicação da radiação eletromagnética em diagnósticos e no tratamento de doenças.

7. Observe a ilustração a seguir, que representa o espectro eletromagnético, e responda às questões abaixo.

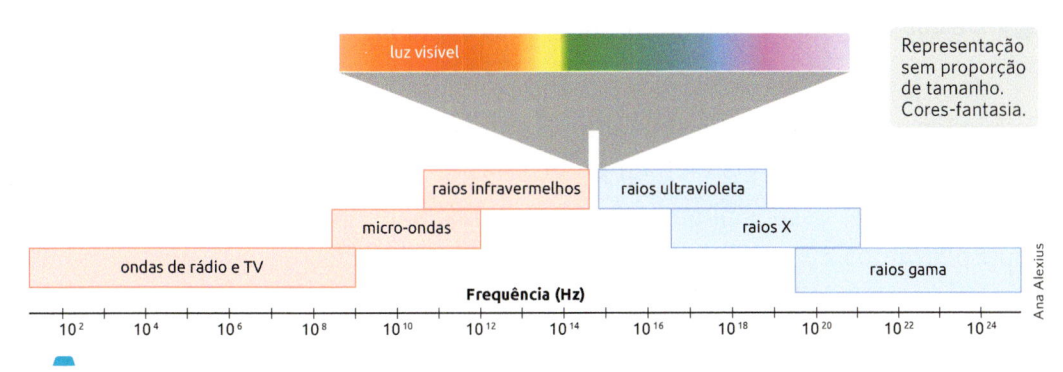

Representação do espectro eletromagnético, com destaque para a faixa de onda do espectro visível.

a) Entre os tipos de onda apresentados, qual possui maior energia?

b) No que se refere ao espectro de luz visível, identifique a cor de menor frequência e a de maior comprimento de onda.

c) Cite aplicações para as ondas de rádio e micro-ondas. Se necessário, faça uma pesquisa.

8. A imagem ao lado representa uma tela de radar similar àqueles utilizados no controle de tráfego aéreo.

a) Faça uma pesquisa e descreva com suas palavras o princípio de funcionamento de um radar.

b) Cite outras situações em que são utilizados radares.

Representação de uma tela de radar similar às utilizadas para controle de tráfego aéreo.

CAPÍTULO 9

Luz

Observe a tira a seguir.

Antônio Luiz Ramos Cedraz. *1000 tiras em quadrinhos da Turma do Xaxado*. Salvador: Editora e Estúdio Cedraz, 2009. p. 51.

1 Descreva a situação representada nessa tira.

2 Qual fonte de luz ilumina o ambiente no segundo e no terceiro quadrinhos?

3 De que maneira iluminamos os ambientes no período noturno?

Você já pensou no quanto a luz é importante e como ela influencia as suas atividades cotidianas? Geralmente, só percebemos isso em um período noturno, quando falta energia elétrica ou ficamos sem iluminação.

Além de ser essencial para a vida na Terra, a luz também é necessária para que possamos cumprir diversos afazeres. Um dos fatores que nos permitem enxergar o que está ao nosso redor, por exemplo, é a existência de uma iluminação adequada do ambiente em que estamos, seja ela fornecida pelo Sol, seja por outras fontes de luz.

A luz é essencial para que as plantas produzam seu alimento por meio do processo da fotossíntese.

Iluminação noturna da capital do estado de São Paulo, em 2016.

A utilização da luz e dos fenômenos relacionados a ela sempre esteve presente na vida do ser humano. Antigas civilizações, como a inca e a asteca, acreditavam que o Sol fosse um deus devido à importância da luz solar para o plantio e para a colheita.

Calendário asteca feito em madeira, no Museu Nacional, na Cidade do México, em 2016. No centro desse calendário foi representado o deus Sol.

Desde a Antiguidade, vários cientistas se dedicaram a estudar os fenômenos relacionados à luz e à sua natureza. Em 1672, o físico e matemático inglês Isaac Newton (1642-1727) propôs um modelo para explicar a natureza da luz e alguns fenômenos relacionados a ela. Esse modelo foi apresentado no tratado *Óptica*, publicado em 1704, o qual conceituava a luz como um fluxo de partículas.

John Vanderbank. *Isaac Newton*, 1833. Óleo sobre tela, 68,3 cm x 55,3 cm. Coleção de pinturas do Museu Real Lazienki, Varsóvia.

Na época, o modelo de Newton gerou grandes debates científicos em relação à natureza da luz, pois ele a descrevia de forma diferente do modelo proposto em 1678 pelo filósofo holandês Christiaan Huygens (1629-1695). Em sua obra *Tratado da luz*, Huygens dizia que ela se comportava como uma série de ondas que se propagam. Assim, esse modelo relacionava a luz ao movimento oscilatório de ondas.

Apesar de os modelos de Newton e de Huygens serem adequados aos experimentos propostos na época, para a comunidade científica apenas um modelo deveria ser aceito, ou seja, a luz deveria ser ou de natureza ondulatória (segundo Huygens) ou um fluxo de partículas (segundo Newton).

Gravura de Christiaan Huygens, inserida no livro *Meyers Lexicon*, publicado em 1909.

No decorrer do século XIX, alguns experimentos relacionados à propagação e à interação da luz com objetos apresentaram resultados que não se enquadravam no modelo de Newton, mas que eram explicados satisfatoriamente com o modelo oscilatório. Esse fato reavivou a discussão sobre a natureza da luz.

A partir de 1820, alguns cientistas iniciaram o estudo do eletromagnetismo, desencadeando uma série de experimentos que investigavam a interação entre fenômenos magnéticos e elétricos. Em seus estudos relacionados a esses fenômenos, o físico escocês James Clerk Maxwell (1831-1879) concluiu que a luz visível é uma onda eletromagnética e que sua velocidade de propagação, assim como as outras ondas eletromagnéticas, é constante no vácuo e tem valor próximo a 300 000 000 m/s.

Essa proposta de Maxwell provocou uma mudança radical no modelo aceito para a natureza da luz. As ondas eletromagnéticas podem se propagar no vácuo, o que não ocorre com as ondas mecânicas. Isso explica, por exemplo, por que a luz emitida pelo Sol chega à Terra passando pelo vácuo existente no espaço cósmico.

Gravura de James Clerk Maxwell, inserida no livro *Meyers Lexicon*, publicado em 1909.

Os estudos de Maxwell permitiram aos cientistas descobrirem ondas eletromagnéticas de diversas frequências e comprimentos, formando uma extensa faixa conhecida como **espectro eletromagnético**. A luz que conseguimos observar por meio do sentido da visão encontra-se em uma pequena faixa do espectro eletromagnético, à qual nos referimos como "luz visível", como você já estudou no capítulo anterior.

Propriedades da luz visível

Analise a fotografia abaixo.

4 Observando os feixes luminosos, o que você pode perceber quanto à propagação da luz? Justifique.

Trajetória de raios de luz solar após passarem por espaços entre as nuvens.

Quando vemos a luz passando por espaços entre as nuvens, como mostra a fotografia acima, podemos perceber que ela se propaga em linha reta e em todas as direções. Essa propriedade pode ser percebida em diversas situações.

Dessa forma, podemos representar a trajetória da luz emitida por uma fonte usando linhas retas. Essas linhas são chamadas **raios luminosos**, e o conjunto dos raios luminosos é denominado **feixe de luz**.

Os feixes de luz podem ser divergentes, convergentes ou paralelos.

O **feixe divergente** ocorre quando os raios luminosos se propagam afastando-se uns dos outros. Em lanternas, a luz gerada atravessa uma lente que produz um feixe de luz divergente.

Representações sem proporção de tamanho. Cores-fantasia.

Feixe de luz emitido por uma lanterna acesa.

Representação de um feixe de luz divergente.

O **feixe convergente** ocorre quando os raios luminosos se propagam em direção a um mesmo ponto. Na fotografia abaixo, após atravessar a lente, o feixe de luz convergiu para determinado ponto.

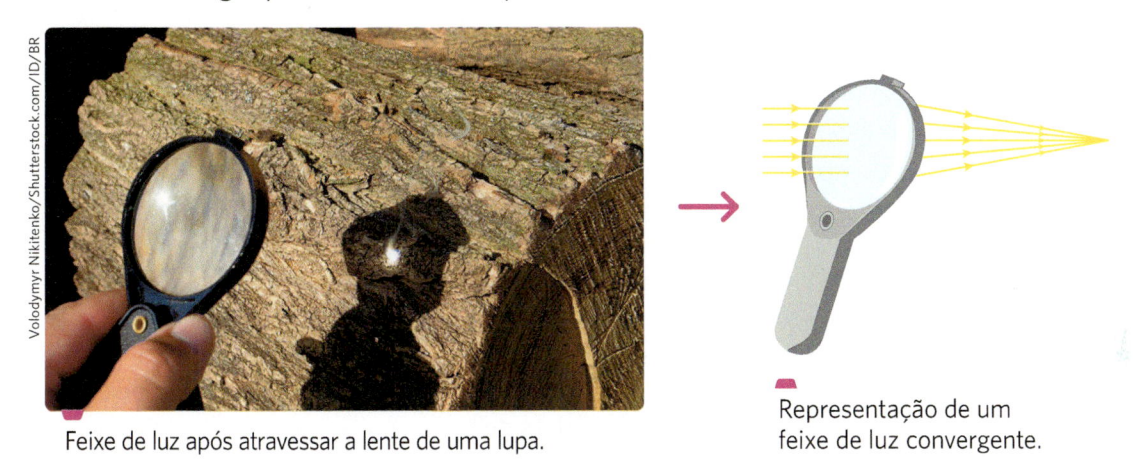

Feixe de luz após atravessar a lente de uma lupa.

Representação de um feixe de luz convergente.

O **feixe paralelo** ocorre quando os raios luminosos se propagam paralelamente uns aos outros.

Feixe de luz dos holofotes em um palco.

Representação de um feixe de luz paralelo.

Fonte de pesquisa: Paul A. Tipler e Gene Mosca. *Física para cientistas e engenheiros*: eletricidade e magnetismo, óptica. Rio de Janeiro: LTC, 2009. v. 2. p. 410-411.

A luz e os objetos

Observe a fotografia a seguir.

sala de um escritório

5 Qual vidro (**A** ou **B**) permite visualizar com mais detalhes o ambiente do escritório?

6 É possível observar os pés da cadeira atrás da mesa (**C**)? Por quê?

Em nosso cotidiano, podemos perceber que alguns materiais permitem a passagem da luz, como o vidro e as lentes dos óculos. Outros materiais, no entanto, não permitem essa passagem, como as paredes de tijolos ou de madeira de uma casa. De acordo com essa propriedade, os materiais podem ser classificados em relação à passagem de luz através deles. Observe as fotografias abaixo.

Os materiais **transparentes** permitem a passagem da luz, que incide sobre eles possibilitando que enxerguemos nitidamente objetos atrás deles.

Alguns tipos de vidro e de plástico são transparentes.

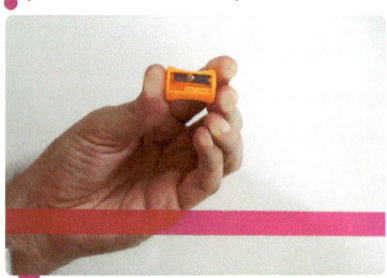

Os materiais **translúcidos** permitem a passagem difusa ou parcial da luz através deles, impedindo que enxerguemos com nitidez o que há por detrás deles.

Vidros jateados, fumês ou canelados são exemplos de materiais translúcidos.

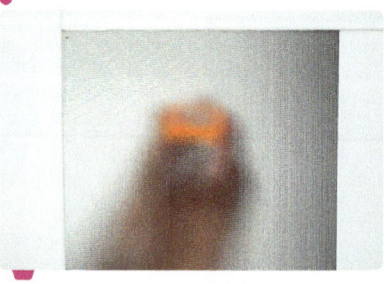

Os materiais **opacos** não permitem a passagem da luz e através deles não conseguimos enxergar objetos.

Corpos de madeira, de concreto e de metal são exemplos de materiais opacos.

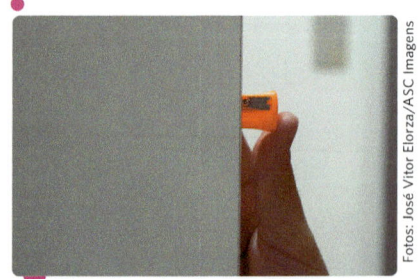

Apontador de lápis atrás de uma porta de vidro transparente.

Apontador de lápis atrás de uma porta de vidro jateado.

Apontador de lápis parcialmente atrás de uma porta de madeira.

Quando a luz interage com os objetos também ocorrem alguns fenômenos ondulatórios, como a absorção, a reflexão e a refração. A ocorrência de cada um desses fenômenos dependerá dos materiais que compõem os objetos.

Quando a luz incide em um objeto opaco, parte dela é absorvida pelo objeto (processo conhecido como **absorção**), outra parte é refletida (processo conhecido como **reflexão**). Nos objetos transparentes ou translúcidos, parte da luz é transmitida.

Veja no esquema abaixo como ocorre a interação da luz com uma superfície.

Interação da luz com uma superfície

raios de luz incidentes — raios de luz refletidos

Durante a absorção, a luz interage com as partículas do corpo, aumentando a energia cinética delas, isto é, a energia relacionada ao movimento das partículas.

Fonte de pesquisa: James Trefil e Robert M. Hazen. *Física viva*: uma introdução à física conceitual. Rio de Janeiro: LTC, 2006. v. 2. p. 134.

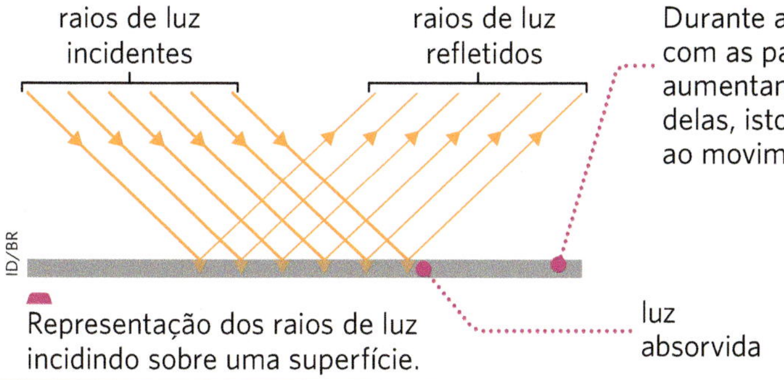

Representação dos raios de luz incidindo sobre uma superfície.

luz absorvida

Representação sem proporção de tamanho. Cores-fantasia.

7 Cite um exemplo do seu cotidiano em que é possível observar o fenômeno de reflexão da luz.

8 Observe a imagem ao lado. O que você acha que aconteceu com o lápis que foi mergulhado na água?

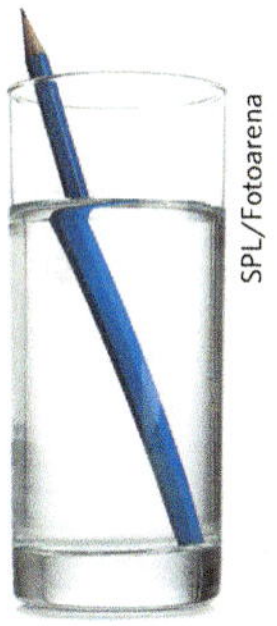

Quando a luz atravessa dois meios distintos ocorre uma variação de sua velocidade. Esse fenômeno é chamado **refração**. Se o raio de luz incidir de forma oblíqua ao passar de um meio para outro, ocorrerá um desvio em sua trajetória. Se a incidência for perpendicular, isso não ocorre.

Fotografia de um lápis parcialmente dentro de um copo contendo água.

Fibra óptica

As **fibras ópticas** são longos fios de fibra de vidro utilizados para transmitir informações por meio de pulsos de luz. Nelas, o raio de luz que incide em uma de suas extremidades sofre várias reflexões no seu interior até chegar à outra extremidade. Nesse processo, podem ocorrer pequenas perdas de luz pelas laterais.

Atualmente, as fibras ópticas são fabricadas com materiais que diminuem essas perdas, promovendo a transmissão quase total da luz de uma extremidade a outra.

As fibras ópticas têm sido utilizadas em diversas atividades, como na telefonia e na medicina.

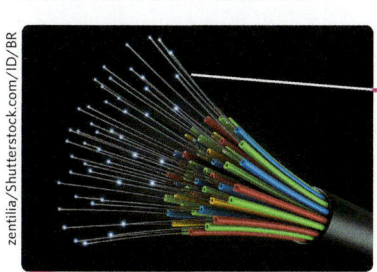

Cabo de fibra óptica utilizado para a transmissão de dados.

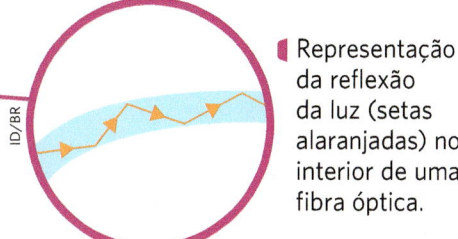

Representação da reflexão da luz (setas alaranjadas) no interior de uma fibra óptica.

Fonte de pesquisa: Paul A. Tipler e Gene Mosca. *Física para cientistas e engenheiros*: eletricidade e magnetismo, óptica. Rio de Janeiro: LTC, 2009. v. 2. p. 367.

Representação sem proporção de tamanho. Cores-fantasia.

Ampliando fronteiras

O sono e a luz de alguns aparelhos eletrônicos

Você costuma ficar até tarde da noite navegando na internet? Utilizando o celular, jogando *videogame* ou assistindo TV? Se sua resposta for sim, fique atento!

A luz branca azulada emitida pelas telas de alguns aparelhos eletrônicos reduz a produção de melatonina, hormônio que nos faz sentir sono. E, por isso, quando utilizamos esses aparelhos à noite demoramos mais tempo para sentir sono e dormir. Além disso, estamos tão estimulados com as informações que esse sono tende a ser superficial. Além de acordarmos sonolentos e de mau humor, dormir por tempo insuficiente e de forma superficial tem outras consequências. Vamos conhecer mais sobre esse assunto a seguir.

O sono profundo e a saúde

Enquanto dormimos acontecem diversos processos importantes em nosso organismo:

- há produção do hormônio do crescimento, somatotrofina, essencial para o desenvolvimento do corpo até o final da adolescência;
- há produção de leptina, o hormônio que avisa nosso cérebro se está na hora de comer. Ou seja, é o hormônio que controla a saciedade, o sentir-se bem alimentado;
- ocorre a assimilação dos conhecimentos adquiridos durante o dia e seu armazenamento na memória, favorecendo o aprendizado.

Em geral, piscamos menos quando observamos a tela de um aparelho eletrônico. Isso reduz a produção de lágrimas e os olhos tendem a ficar mais secos, dificultando temporariamente o foco das imagens. Além disso, essa exposição prolongada também pode gerar dor de cabeça.

Dicas para uma utilização mais adequada de aparelhos eletrônicos que emitem luz branca azulada:

Faça intervalos longos entre o uso do celular, *tablet* e computador.

Ao utilizá-los, fique a uma boa distância de suas telas e procure piscar com maior frequência.

Evite usar esses aparelhos antes de dormir e por tempo prolongado.

Quando possível, reduza a intensidade da luz das telas usando filtros ou aplicativos.

Representação sem proporção de tamanho. Cores-fantasia.

1. Em geral, que aparelhos emitem luz branca azulada na tela?

2. Quais os prejuízos que o uso de aparelhos que emitem luz branca azulada pode trazer para o organismo, principalmente quando utilizados por longos períodos e tarde da noite?

3. Você costuma utilizar aparelhos que emitem luz branca azulada em seu cotidiano? Em caso positivo, você costuma utilizar por quanto tempo seguido? Utiliza-os à noite?

4. Caso você utilize aparelhos que emitem luz branca azulada, você acha que precisa mudar alguma coisa nesse hábito? Justifique sua resposta.

Atividades

1. Veja as situações abaixo e responda às questões em seu caderno.

Representação sem proporção de tamanho. Cores-fantasia.

A ▸ ambiente mais iluminado

B ▸ ambiente menos iluminado

Ilustrações: Imaginario Studio

a) O que são fontes de luz?

b) Quais são as diferenças entre os dois ambientes apresentados e as fontes de luz utilizadas em cada uma dessas situações?

2. Comente a importância da luz na realização de suas atividades diárias.

3. Retome o que você estudou e, em seu caderno, explique como ocorre a propagação da luz.

4. Leia a manchete a seguir.

Câncer de pele: prevenção todo o ano

STILLFX/Shutterstock.com/ID/BR

Bonde, 15 mar. 2017. Disponível em: <https://www.bonde.com.br/saude/tire-suas-duvidas/cancer-de-pele-prevencao-todo-o-ano-437248.html>. Acesso em: 29 out. 2018.

A manchete acima indica que a incidência dos raios UVA e UVB ocorre em todas as estações do ano e não apenas no verão, por isso os cuidados para evitar a exposição ao Sol devem permanecer durante todo ano para evitar o câncer de pele.

a) Quais cuidados são fundamentais para nos proteger contra os raios ultravioleta e prevenir o câncer de pele?

b) Faça uma pesquisa sobre como o protetor solar funciona para nos proteger dos raios ultravioleta, relacionando com os conteúdos estudados no capítulo. Comente com seus colegas o resultado de sua pesquisa.

5. Em seu caderno, substitua as letras abaixo pelas palavras do quadro.

> divergente • paralelo • convergente • feixe

- O conjunto dos raios luminosos é chamado **A** de luz. Quando os raios de luz se propagam paralelamente uns aos outros, dizemos que o feixe de luz é **B**. Se os raios luminosos se propagam afastando-se uns dos outros, dizemos que o feixe de luz é **C**. Caso os raios luminosos se propaguem em direção a um mesmo ponto, o feixe de luz é chamado **D**.

6. Retome o que você estudou e, em seu caderno, explique os seguintes conceitos:
   a) materiais transparentes;
   b) materiais translúcidos;
   c) materiais opacos.

7. Em qual fenômeno ondulatório da luz se baseia o funcionamento da fibra óptica? Cite aplicações dessa tecnologia.

8. Em uma lenda grega, um jovem chamado Narciso passava horas admirando a própria imagem na água. Na tentativa de alcançá-la, caiu e se afogou. No local onde Narciso se afogou, nasceu uma flor que levou o seu nome.

Em uma de suas pinturas, o pintor italiano Caravaggio (1571-1610) retratou a admiração de Narciso à sua beleza. Veja ao lado.

a) Qual tipo de fenômeno permite que possamos ver nossa imagem nas águas, como mostra a pintura?

b) Explique como ocorre esse fenômeno.

Narciso, de Caravaggio, óleo sobre tela, 1597-1599.

Decomposição da luz visível

1 Você já viu o fenômeno retratado na fotografia abaixo? Que nome ele recebe?

Arco-íris no estado de Minas Gerais, em 2018.

2 Você sabe como ocorre esse fenômeno?

Nos diversos estudos dos fenômenos relacionados à luz, muitos cientistas perceberam que, em alguns casos, um feixe de luz branca, ao atravessar alguns materiais transparentes, se transformava em um feixe de luz com as cores separadas, como no arco-íris. Com isso, ao longo do tempo, várias explicações sobre esse fenômeno foram elaboradas.

O filósofo e matemático francês René Descartes (1596-1650) afirmava que a luz seria composta de partículas de éter que girariam em torno de si mesmas e se deslocariam em linha reta. Em seu modelo, as partículas de éter que formariam a luz, refratada ou refletida, sofreriam uma alteração em sua rotação, e, por isso, enxergaríamos essa luz com cores variadas.

Com outras ideias em mente, Isaac Newton pesquisou profundamente sobre a refração e a decomposição da luz. Em seu experimento mais conhecido, ele escureceu um ambiente permitindo que apenas um feixe de luz branca entrasse pela janela. Utilizando prismas de vidro com base triangular, observou que, ao atravessá-los, a luz solar branca se decompunha em várias cores.

Representação colorizada do experimento realizado por Isaac Newton. Essa representação foi feita em 1754.

Em outro experimento, Newton fez esses raios coloridos incidirem em outro prisma transparente com base triangular. Como resultado, a luz voltou a ser branca.

Por meio desses experimentos ele concluiu que essas cores formavam a luz branca, e que não se tratava de alterações de rotações de suas partículas, como Descartes havia sugerido.

A explicação é que, ao atravessar um prisma transparente, o feixe de luz branca tem a sua velocidade alterada, sofrendo o fenômeno da refração. Durante a refração, as cores que compõem a luz branca são separadas, pois cada uma tem um determinado comprimento de onda.

Esse fenômeno de separação da luz branca em suas cores componentes é chamado decomposição.

Decomposição da luz branca nas cores do espectro da luz visível.

A luz branca é composta por uma grande variedade de cores. Porém, quando ocorre sua decomposição (ao passar por um prisma transparente, por exemplo), geralmente conseguimos distinguir apenas sete cores: vermelho, laranja, amarelo, verde, azul, anil e violeta.

As diferentes cores que vemos nos objetos correspondem às cores do espectro visível que são refletidas por ele. Observe, por exemplo, como enxergamos um animal com as cores vermelha, preta e branca. Para isso, considere que esse animal é iluminado por luz branca.

Espectro visível refletido pelo animal

Representação sem proporção de tamanho. Cores-fantasia.

serpente coral-verdadeira
comprimento: aproximadamente 1,2 m

A Vemos essa parte da serpente na cor branca porque, nessa região, ocorre a reflexão de todas as cores do espectro visível.

B Vemos essa parte da serpente na cor preta porque, nessa região, o corpo absorve todas as cores do espectro visível.

C Vemos essa parte da serpente na cor vermelha porque, nessa região, ocorre a reflexão do componente vermelho do espectro de luz visível e a absorção dos outros componentes da luz visível.

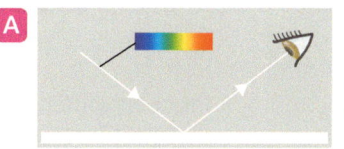

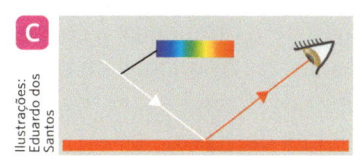

Representação das cores do espectro visível refletidas pelo animal.

Laser

O termo *laser* é uma abreviação da expressão em inglês *light amplification by stimulated emission of radiation*, que significa amplificação da luz por emissão estimulada de radiação.

A luz emitida pelo *laser* tem diversas características que a diferem das demais fontes de luz, tais como:

- apresenta apenas uma cor; dessa forma, as ondas eletromagnéticas têm a mesma frequência e o mesmo comprimento de onda;
- possui feixe de luz em uma mesma direção, o que o torna altamente preciso e permite que percorra longas distâncias, sem que ocorra espalhamento.

Em algumas indústrias, existem equipamentos que realizam furos e cortes de peças metálicas usando o *laser*.

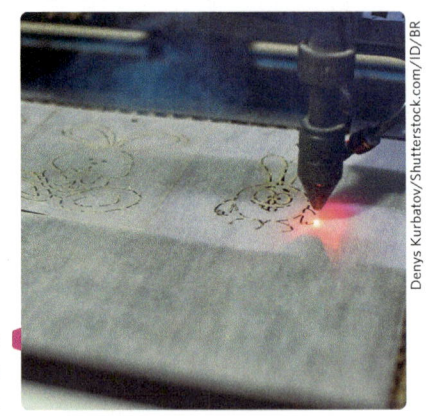

Estas duas características garantem que a luz emitida pelo *laser* apresente alta concentração de energia.

O primeiro *laser* foi desenvolvido em 1960 pelo físico estadunidense Theodore Maiman (1927-2007).

Atualmente, o *laser* é utilizado em diversas áreas e com finalidades distintas.

Na dermatologia, equipamentos a *laser* são utilizados em diversos tratamentos, como na retirada de verrugas e outras protuberâncias, na eliminação de acne, no clareamento de manchas e cicatrizes, na redução de celulite e estrias.

Procedimento dermatológico com a utilização de equipamento a *laser*.

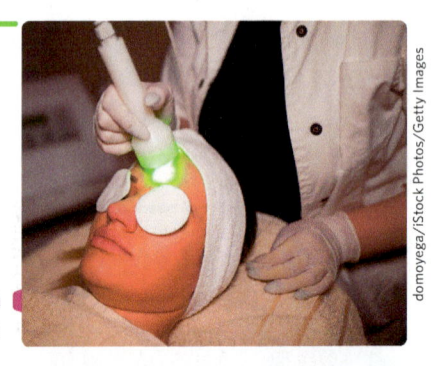

Alguns procedimentos utilizam *laser* para tratar feridas, principalmente aquelas que surgem no corpo de pessoas diabéticas.

Em cirurgias corretivas de visão, o *laser* é aplicado para remodelar a córnea com o intuito de alterar o local em que a imagem é produzida. Com isso, corrigem-se alguns problemas de visão.

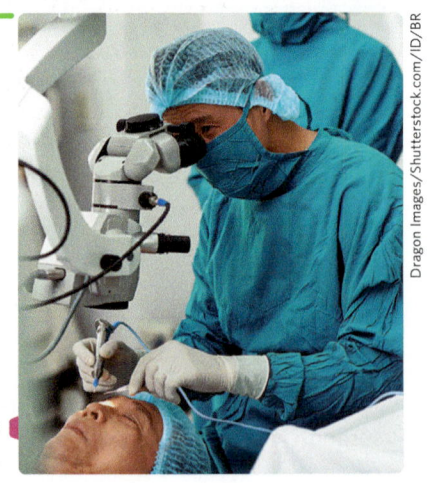

Cirurgia corretiva de visão utilizando *laser*.

Em tratamentos dentários, o uso do *laser* tem apresentado grande eficácia, tanto na estética quanto na saúde bucal.

Por meio de equipamentos que utilizam *laser*, faz-se reparação tecidual, redução de edema, tratamento de paralisia facial, dores na articulação da mandíbula, cárie, entre outros procedimentos.

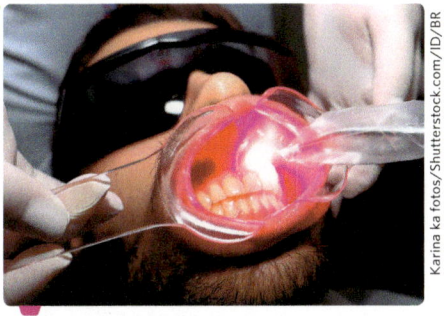

Tratamento odontológico utilizando *laser*.

Em bancos e estabelecimentos comerciais, os leitores de códigos de barras utilizados em pagamentos de faturas e para conferir os preços dos produtos fazem uso do *laser*.

leitor de códigos de barras

As pesquisas relacionadas ao *laser* têm crescido muito atualmente, desse modo, os campos de aplicação dessa tecnologia também têm aumentado ainda mais.

Diversas pesquisas têm sido realizadas com o intuito de empregar *laser* torcido para aumentar a velocidade de transmissão da comunicação.

Você já deve ter percebido em uma transmissão na televisão via satélite que, se um repórter está a certa distância da emissora, o sinal que ele recebe leva um certo tempo para chegar. O que se espera é diminuir esse tempo com o uso do *laser*.

Representação sem proporção de tamanho. Cores-fantasia.

Representação do satélite ICESat-2 desenvolvido pela Nasa, mostrando a utilização de feixes de *laser* para comunicação.

229

Vivenciando a Ciência

- É possível obter a luz branca ao misturar luz de diferentes cores? Justifique.

Materiais necessários

- 3 lanternas pequenas
- papel-celofane nas cores verde, azul e vermelha
- tesoura com pontas arredondadas
- 3 elásticos de borracha
- cartolina branca
- fita adesiva
- régua

Como proceder

A Recorte o papel-celofane verde, de forma a obter um quadrado de 40 cm de lado.

B Dobre o papel-celofane ao meio três vezes.

CUIDADO!
Fique atento ao manusear a tesoura para recortar o papel-celofane.

Imagem referente à etapa **B**.

C Cubra totalmente a lente de uma das lanternas com o papel-celofane verde, utilizando o elástico de borracha para prendê-lo.

DICA!
O papel-celofane deve cobrir completamente a lente da lanterna.

Imagem referente à etapa **C**.

Fotos: José Vitor Elorza/ASC Imagens

230

D Repita as etapas **A**, **B** e **C** para os papéis-celofane azul e vermelho.

Imagem referente à etapa **D**.

E Com a fita adesiva, fixe a cartolina branca em uma das paredes da sala.

F Desligue as luzes da sala de aula e feche as cortinas.

DICA!
Para um melhor resultado, faça essa atividade em um local com pouca luminosidade.

G Ligue as três lanternas e projete a luz sobre a cartolina branca.

Imagem referente à etapa **G**.

H Aproxime o feixe de luz das três lanternas em um mesmo ponto da cartolina e observe a cor da luz formada. Anote em seu caderno sua observação.

I Repita a etapa **H** utilizando apenas duas lanternas. Teste todas as combinações possíveis, azul e verde, azul e vermelho, verde e vermelho, e anote em seu caderno a cor visualizada em cada combinação.

Minhas observações

1. Qual a cor visualizada ao se misturar as luzes azul, verde e vermelha?

2. Quais foram as cores visualizadas na etapa **I**?

Nossas conclusões

- Converse com seus colegas sobre como seria possível produzir outras cores utilizando-se somente luz vermelha, luz verde e luz azul.

Agora é com você!

- Monte uma atividade prática para verificar quais cores são formadas com a mistura de tinta guache nas cores vermelha, verde e azul em diferentes proporções. Apresente o material produzido aos seus colegas, comparando os resultados obtidos.

Atividades

1. Explique como conseguimos enxergar as cores dos objetos mostrados nas fotografias abaixo quando neles incide a luz branca.

Canecas de diferentes cores.

2. Vimos o que acontece com as cores do espectro visível quando iluminamos os corpos com luz branca. No entanto, nossa observação das cores também é influenciada pela cor da luz que incide sobre o corpo.

As fotografias abaixo mostram Mateus, que está vestindo uma camiseta branca, sendo iluminado com luz branca (fotografia **A**) e com luz vermelha (fotografia **B**).

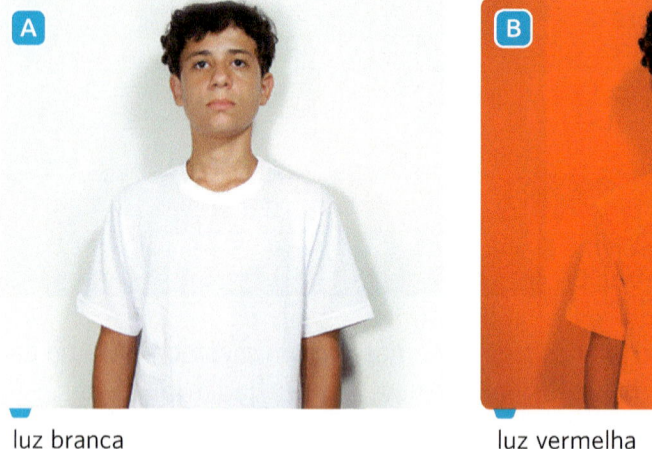

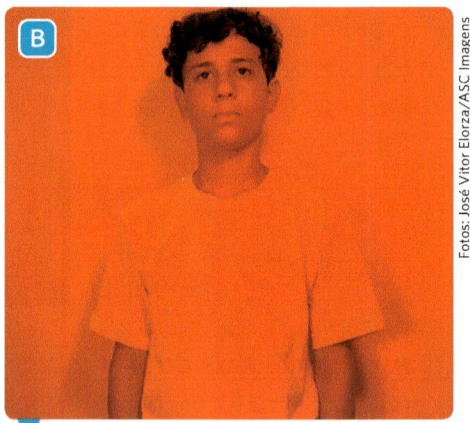

luz branca

luz vermelha

a) De que cor você enxerga a camiseta de Mateus em cada situação?

b) Como você explica essa diferença?

3. De acordo com a *Cartilha do Consumidor*, elaborada pelo Departamento de Proteção e Defesa do Consumidor, é proibido o uso de lâmpadas vermelhas e verdes nas vitrines de exposição de carnes em supermercados e açougues.

vitrine de açougue

a) O que acontece com o aspecto da carne se, nas vitrines de exposição, as lâmpadas de luz branca forem substituídas por lâmpadas de luz vermelha?

b) Em sua opinião, por que essa prática é proibida?

c) Que aspecto você imagina que teria a carne bovina se as lâmpadas de luz branca fossem substituídas por lâmpadas de luz verde?

Instrumentos ópticos

O funcionamento de alguns instrumentos ópticos está relacionado com a reflexão e a refração da luz. Vamos conhecer alguns desses instrumentos a seguir.

Espelhos

O espelho é um dos instrumentos ópticos mais utilizados em nosso cotidiano. Seu funcionamento é baseado, principalmente, na reflexão dos raios de luz.

Se alguns raios de luz paralelos incidirem sobre uma superfície plana lisa e polida, eles serão refletidos paralelamente. Esse fenômeno é conhecido como **reflexão regular**.

A reflexão regular nos permite enxergar os detalhes dos objetos refletidos. Uma superfície lisa e polida que possui formato plano é chamada **espelho plano**.

Quando a luz incide sobre uma superfície irregular opaca ou translúcida, parte dos raios luminosos é refletida de maneira desordenada e em várias direções, causando a deformação da imagem refletida. Esse fenômeno é conhecido como **reflexão difusa**.

Fonte de pesquisa: James Trefil e Robert M. Hazen. *Física viva*: uma introdução à física conceitual. Rio de Janeiro: LTC, 2006. v. 2. p. 134.

Reflexão da luz em uma superfície lisa e polida

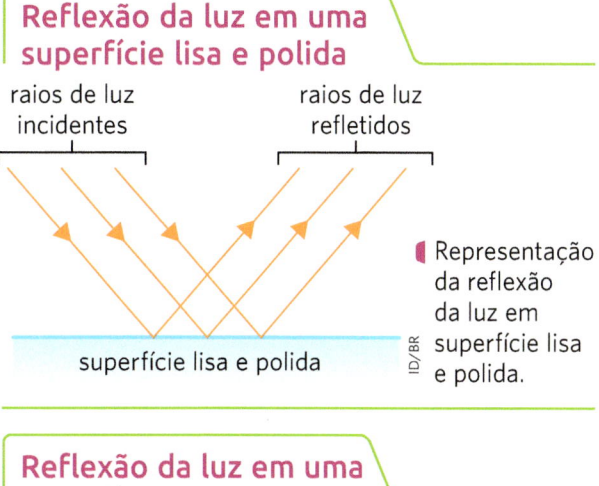

Representação da reflexão da luz em superfície lisa e polida.

Reflexão da luz em uma superfície irregular

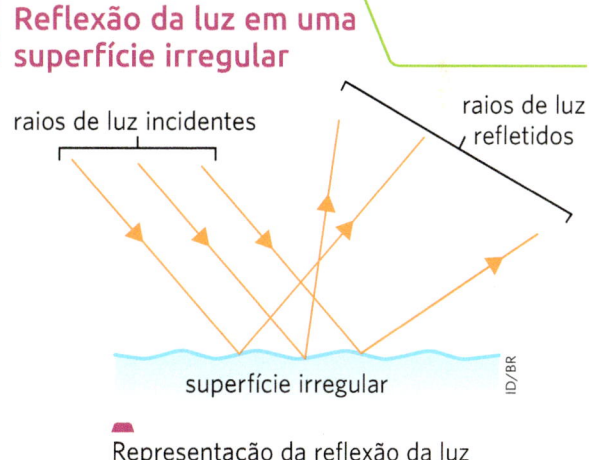

Representação da reflexão da luz em superfície irregular.

Na reflexão, quando um raio de luz incide sobre uma superfície com determinado ângulo de incidência $\hat{i}$ em relação a uma reta normal à superfície, esse raio será refletido com um ângulo de reflexão $\hat{r}$ em relação à reta normal, igual ao ângulo de incidência. Isso vale para a reflexão regular e para a difusa.

Representações sem proporção de tamanho. Cores-fantasia.

Reflexão regular e reflexão difusa

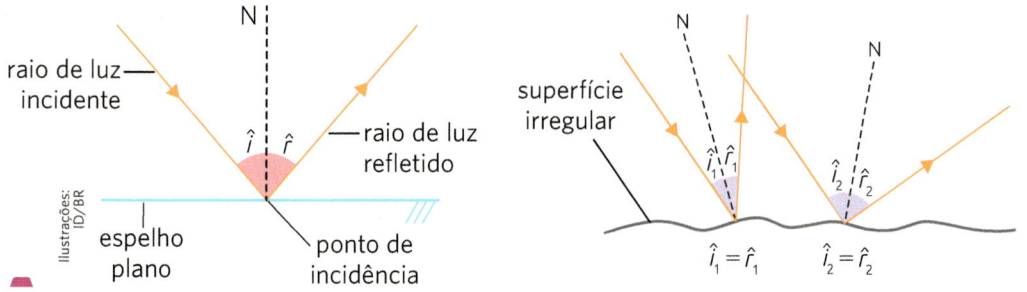

$\hat{i}_1 = \hat{r}_1$ $\hat{i}_2 = \hat{r}_2$

Fonte de pesquisa: James Trefil e Robert M. Hazen. *Física viva*: uma introdução à física conceitual. Rio de Janeiro: LTC, 2006. v. 2. p. 134.

Representação dos ângulos incidência e de reflexão da luz em superfície plana e em superfície irregular.

Formação de uma imagem em um espelho plano

Quando vemos uma imagem em um espelho plano, temos a impressão de que ela está "dentro" dele. Isso ocorre porque a imagem é formada simetricamente em relação ao plano do espelho, e atrás dele, ou seja, a distância da imagem até o espelho é igual à distância do objeto até o espelho. Outra característica da imagem formada pelo espelho plano é que ela tem o mesmo tamanho que o objeto e a mesma orientação, por isso dizemos que a imagem é direita.

Formação de uma imagem em um espelho plano

Representação sem proporção de tamanho. Cores-fantasia.

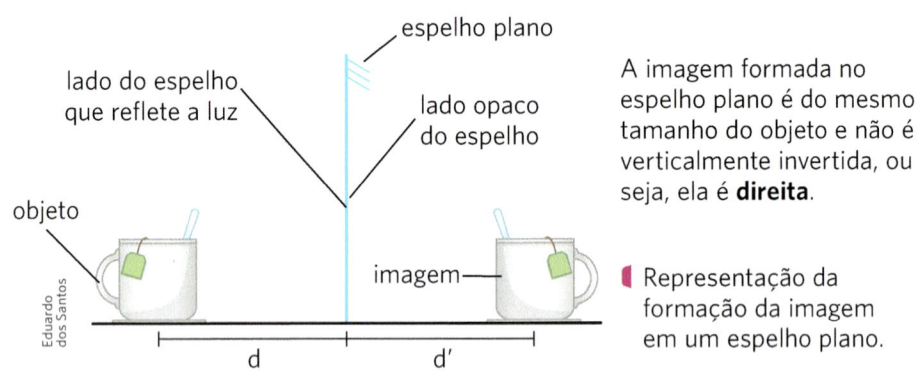

A imagem formada no espelho plano é do mesmo tamanho do objeto e não é verticalmente invertida, ou seja, ela é **direita**.

Representação da formação da imagem em um espelho plano.

A distância entre a imagem e o espelho (d') e entre o espelho e o objeto (d) é a mesma (d = d'), ou seja, a imagem é **simétrica** em relação ao objeto.

Fonte de pesquisa: David Halliday e outros. *Fundamentos de física*: óptica e física moderna. 9. ed. Rio de Janeiro: LTC, 2012. v. 4. p. 38-39.

Lentes

Observe a fotografia ao lado.

1. Você conhece esse instrumento? Qual é o nome dele?
2. Você já usou esse objeto? Em que circunstância?
3. Em sua opinião, em qual fenômeno óptico se baseia o funcionamento desse instrumento?

As lentes são instrumentos construídos com materiais transparentes e estão presentes em diversas situações do nosso cotidiano. Óculos, máquinas fotográficas, lupas e lunetas são alguns dos equipamentos em que são utilizadas as propriedades das lentes.

O funcionamento das lentes baseia-se no fenômeno da **refração da luz**, ou seja, relaciona-se ao desvio dos raios de luz ao passarem de um meio para outro. Ao atravessá-las, o raio de luz é refratado, sofrendo um desvio de direção que dependerá do tipo de lente utilizada.

Existem dois principais tipos de lentes: as convergentes e as divergentes.

Lente convergente

Os raios de luz paralelos que atravessam uma **lente convergente** sofrem desvios e, com isso, se aproximam uns dos outros até se interceptarem em um ponto, chamado **ponto focal**. A distância entre a lente e o ponto focal é denominada **distância focal**.

O raio de luz que passa pelo centro da lente não sofre desvio na direção propagação.

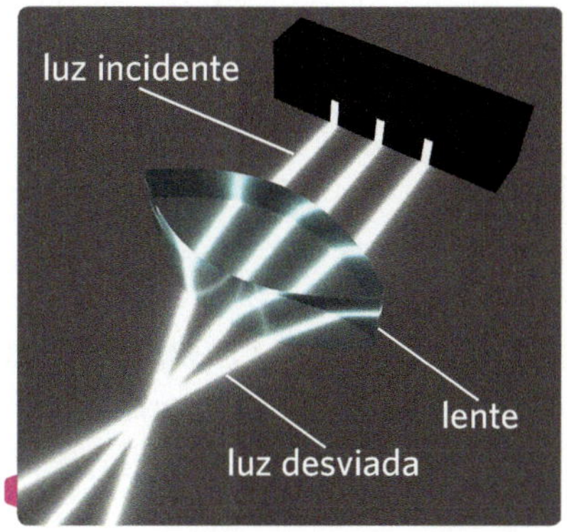

Raios de luz sofrendo desvios ao atravessarem uma lente convergente.

Representações sem proporção de tamanho. Cores-fantasia.

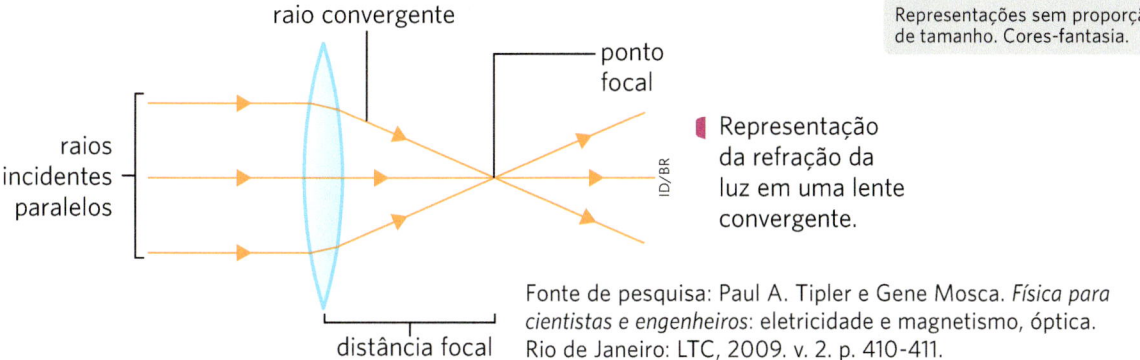

Representação da refração da luz em uma lente convergente.

Fonte de pesquisa: Paul A. Tipler e Gene Mosca. *Física para cientistas e engenheiros*: eletricidade e magnetismo, óptica. Rio de Janeiro: LTC, 2009. v. 2. p. 410-411.

Lente divergente

Na **lente divergente**, os raios de luz que a atravessam sofrem desvios afastando-se uns dos outros. Nesse tipo de lente, o foco é virtual, e é indicado antes da lente por meio do prolongamento dos raios refratados, quando os raios incidentes são paralelos. O raio de luz que passa pelo centro da lente não sofre desvio na direção de propagação.

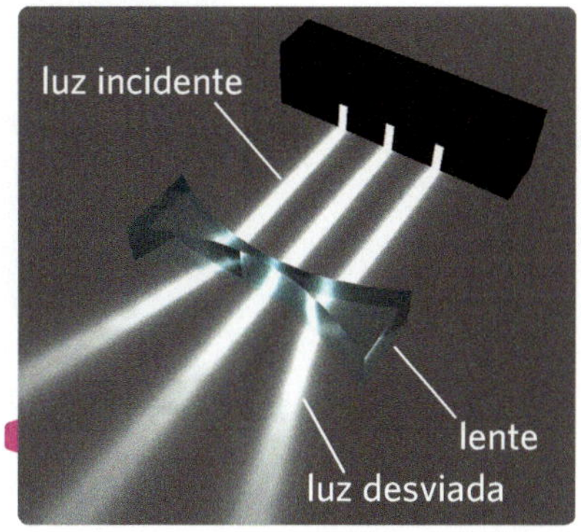

Raios de luz sofrendo desvios ao atravessarem uma lente divergente.

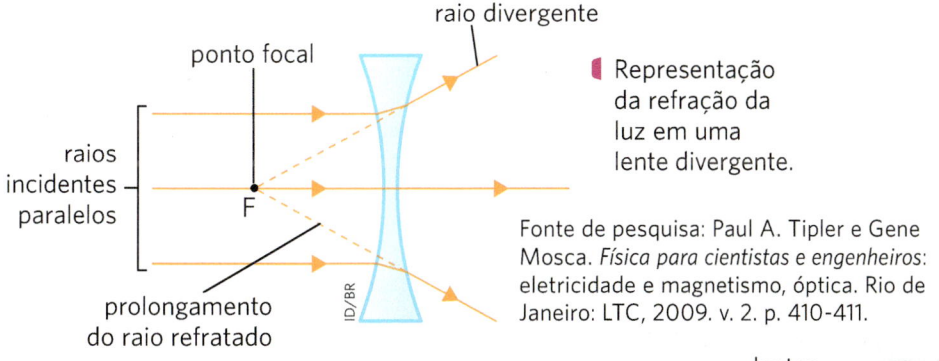

Representação da refração da luz em uma lente divergente.

Fonte de pesquisa: Paul A. Tipler e Gene Mosca. *Física para cientistas e engenheiros*: eletricidade e magnetismo, óptica. Rio de Janeiro: LTC, 2009. v. 2. p. 410-411.

Atualmente, a maioria dos equipamentos ópticos de ampliação que utilizamos é formada por uma combinação de lentes, e não apenas por uma única lente. Dependendo de como são realizadas essas associações, a capacidade de ampliação do equipamento é aumentada, tornando-o mais eficaz.

Atividades

1. Um piso de madeira, normalmente fosco, pode refletir regularmente a luz e se aproximar de uma superfície espelhada se for devidamente lustrado com cera. Em seu caderno, explique o papel da cera nessa situação e por que o piso de madeira fica mais ou menos espelhado dependendo da técnica utilizada para lustrá-lo.

2. Alguns veículos oficiais, como ambulâncias e caminhões de bombeiros, costumam trazer suas inscrições como mostrado nesta fotografia.
Em seu caderno, explique por que essas indicações são escritas dessa forma.

Caminhão de bombeiros trafegando no centro cívico da capital do estado do Rio de Janeiro, em 2018.

3. A lupa é um instrumento óptico que apresenta uma lente de faces convexas. Ela é usada para ampliar as imagens de objetos pequenos, motivo pelo qual também recebe o nome de "lente de aumento". Contudo, essa mesma lente, se for utilizada mudando sua distância em relação ao objeto, pode produzir uma imagem menor que o objeto e que pode ser projetada em uma superfície, como mostrado na imagem ao lado.

A imagem do Sol sobre um tronco de madeira aparece projetada em um tamanho muito menor do que o objeto, que é o próprio Sol.

Com base nessa informação, responda às questões a seguir.

a) Sabendo que o feixe de luz do Sol que incide na lente da lupa é paralelo, como podemos classificar o feixe de luz após atravessar a lupa?

b) Elabore uma hipótese que explique por que não se deve olhar para uma fonte luminosa de grande intensidade com lupas, binóculos, telescópios ou qualquer outro instrumento óptico.

4. As imagens a seguir mostram como os feixes luminosos são desviados em um olho com miopia e em um olho com hipermetropia. Note que, no olho com miopia, a distância focal do olho é menor que a distância entre a córnea e a retina, enquanto no olho com hipermetropia a distância focal é maior.

Representações sem proporção de tamanho. Cores-fantasia.

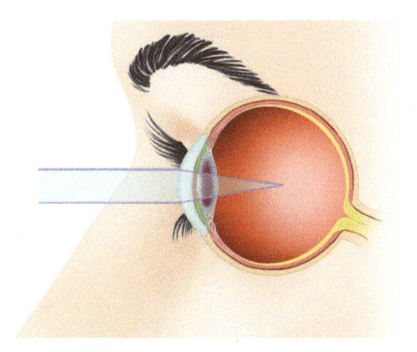

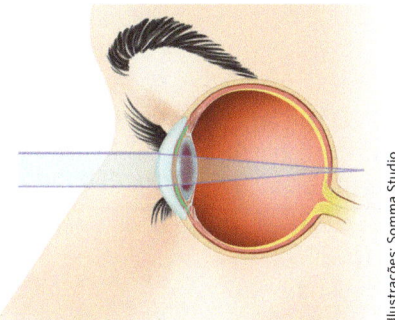

Ilustrações: Somma Studio

Representação de um olho com miopia, no qual os feixes luminosos convergem para um ponto anterior à retina.

Representação de um olho com hipermetropia, no qual os feixes luminosos convergem para um ponto posterior à retina.

Com base nessas informações, classifique como convergente ou divergente a lente corretiva que deve ser utilizada para corrigir cada um dos problemas mostrados acima. Justifique sua resposta.

Verificando rota

1. Represente em seu caderno uma onda, destacando: eixo de propagação da onda, ciclo, vales e cristas.

2. Retorne à questão **5** da página **199** e verifique se você precisa complementar sua resposta. Explique também como ocorre a produção de ondas sonoras durante a fala do ser humano.

3. Faça em seu caderno um esquema que representa o espectro eletromagnético.

4. Retorne à questão **2** da página **226**. Se necessário, altere ou complemente sua resposta.

5. Observe as imagens do feixe de luz atravessando a lente convergente e a lente divergente da página **235**.
   - Como é a propagação do feixe de luz antes de atravessar as lentes?
   - Qual é o principal fenômeno óptico que ocorre quando o feixe de luz incide nas lentes?

6. Explique como podemos enxergar cada uma das cores da bandeira do Brasil.

ACESSE O RECURSO DIGITAL

Glossário

A

- **Anômalo (p. 162)**: diferente do normal; irregular. O comportamento anômalo da água é observado entre 0 °C e 4 °C.
- **Atração gravitacional (p. 22)**: força de atração que existe entre os corpos do Universo em razão de suas massas. Quanto maiores as massas dos corpos, maior a força de atração entre eles.

C

- **Campo elétrico (p. 208)**: campo de força gerado no espaço em torno de cada carga elétrica ou de cada sistema de cargas.
- **Campo magnético (p. 208)**: região de influência magnética em torno de ímãs, eletroímãs e cargas elétricas em movimento. Os campos magnéticos podem afetar o movimento de partículas eletricamente carregadas.

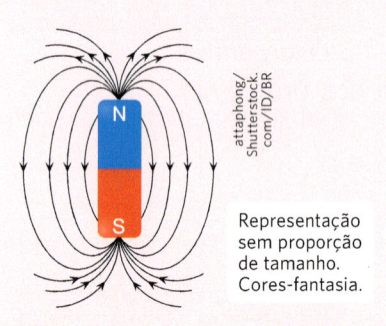

Representação sem proporção de tamanho. Cores-fantasia.

Representação de campo magnético de um ímã. As linhas que unem os polos magnéticos do ímã são conhecidas como linhas de campo magnético e nos ajudam a visualizar a forma do campo magnético. Essas linhas não se cruzam e são orientadas do polo norte para o polo sul do ímã.

- **Célula somática (p. 55)**: todas as células do organismo, exceto as células germinativas ou gametas.

- **Composto binário (p. 185)**: substância formada pela combinação de dois elementos químicos diferentes.

D

- **Dissociação (p. 182)**: no sentido do texto, refere-se ao processo em que ocorre a separação de íons de um composto iônico quando este é dissolvido ou quando ocorre sua fusão.
- **Dosímetro (p. 213)**: aparelho utilizado para medir a exposição de um indivíduo à radiação, a vibrações ou a produtos químicos específicos, por exemplo, por um determinado período de tempo.

E

- **Eletrodo (p. 136)**: condutor, geralmente metálico, por meio do qual se fornece ou se retira corrente elétrica de um sistema.
- **Enzima (p. 39)**: uma biomolécula, como a proteína, que catalisa uma reação química específica. Ela aumenta a velocidade da reação química, mas não afeta o equilíbrio da reação catalisada, nem sofre alterações.
- **Espaço interestelar (p. 22)**: todo o material entre as estrelas. Ele contém gás, composto principalmente por hidrogênio, e poeira, na forma de nuvens individuais e difusas. Essa poeira é composta, principalmente, de grafite, de silicatos e de gelo, e os grãos podem ter vários tamanhos, sendo, geralmente, da ordem de um micrômetro (1μm = 0,0001 cm).
- **Espécie endêmica (p. 106)**: aquela que ocorre apenas em uma determinada área ou região. As espécies endêmicas são consideradas mais vulneráveis à extinção.

- **Espécie nativa (p. 112)**: espécie de ser vivo que pode ser encontrada, originalmente, no território de um país ou em suas águas.

F

- **Fuligem (p. 90)**: partículas provenientes da combustão incompleta de combustíveis fósseis e da biomassa, ou seja, da matéria orgânica animal e vegetal. A fuligem é considerada o segundo material mais poluente, atrás apenas do dióxido de carbono.

Queimada na floresta Amazônica, no estado do Amazonas, em 2016.

- **Fusão termonuclear (p. 27)**: reação química na qual núcleos atômicos pequenos são fundidos em núcleos maiores e mais estáveis, em temperaturas extremamente altas, como as observadas no núcleo de estrelas. No Sol, esse tipo de reação envolve a união de dois núcleos de hidrogênio que resulta na formação de um núcleo de hélio, com liberação de energia.

H

- **Hominídeo (p. 94)**: primata pertencente à família Hominidae, que inclui os ancestrais do ser humano moderno, como as espécies dos gêneros *Homo* e *Australopithecus*. Atualmente, *Homo sapiens* é a única espécie existente de hominídeos.

M

- **Marcador radioativo (p. 212)**: composto químico marcado com átomos radioativos. Tem o objetivo de marcar substâncias, permitindo detectá-las e acompanhá-las durante uma sequência de reações. Algumas substâncias que apresentam esses átomos radioativos são reconhecidas pelo organismo, sendo incorporadas e metabolizadas por ele, o que possibilita sua utilização em diagnósticos e tratamentos.
- **Metal de transição interna (p. 152)**: elementos do bloco **f** da tabela periódica. Os metais de transição interna pertencentes ao período 6 são chamados lantanídeos, e os do período 7, actinídeos.

N

- **Nebulosa (p. 17)**: nuvem gigante de poeira e gás no espaço. Algumas nebulosas se formam da poeira e do gás que são liberados pela explosão (morte) de uma estrela; já outras são regiões nas quais há a formação de uma estrela.

Porção da Nebulosa da Águia. Imagem obtida pelo telescópio Hubble.

P

- **Papel de tornassol (p. 181)**: indicador de pH utilizado para determinar se uma substância é ácida ou básica. Ao entrar em contato com determinado material, o papel tornassol muda de cor, tornando-se avermelhado na presença de soluções ácidas, azulado, em soluções básicas, e esverdeado, na presença de soluções neutras. A cor do papel tornassol é então comparada com uma escala de pH, que permite determinar a acidez ou basicidade da amostra.

A ▶ Reação de papel de tornassol em amostra ácida.

B ▶ Reação de papel de tornassol em amostra neutra.

- **População tradicional (p. 111)**: refere-se a grupos que se reconhecem como culturalmente diferentes dos demais, com organização social própria. Essas populações ocupam o território e fazem uso dos recursos naturais como forma de reprodução cultural, social, religiosa e econômica, utilizando os conhecimentos, inovações e práticas que foram criados e transmitidos ao longo das gerações. As populações tradicionais estão representadas por povos como os ribeirinhos, os caiçaras, os seringueiros, os castanheiros e os quilombolas.
- **Pósitron (p. 212)**: partícula que apresenta características semelhantes ao elétron, porém com carga positiva. Por isso, o pósitron também é conhecido como antipartícula de elétron.

R

- **Radiação cósmica de fundo (p. 15)**: radiação eletromagnética proveniente do espaço e que é atribuída ao Big Bang, ou seja, à origem do Universo há, aproximadamente, 13,8 bilhões de anos.
- **Radioatividade (p. 212)**: emissão espontânea de radiação por núcleos instáveis de elementos radioativos. Esses elementos tendem a se tornar estáveis. Para isso sofrem decaimento radioativo, ou seja, ejetam fragmentos do núcleo, muitas vezes acompanhados de grande quantidade de energia.
- **Raio catódico (p. 136)**: feixe de partículas com cargas negativas provenientes dos átomos do eletrodo de carga negativa, emitido quando uma grande tensão elétrica é aplicada entre dois eletrodos em um tubo de vidro sob vácuo.
- **Raio cósmico: (p. 44)**: raio composto por elétrons, prótons e núcleos de alta energia, originado em diferentes locais do espaço, como nas estrelas, e que podem atingir a Terra. Os raios cósmicos são bastante energéticos e, ao atingir os seres vivos, podem causar alterações genéticas. A atmosfera terrestre atua como uma barreira natural contra os raios cósmicos.

S

- **Supernova (p. 27)**: corpo celeste brilhante originado da explosão de estrelas cuja massa seja cerca de 10 vezes maior que a do Sol, que pode ocorrer nos estágios finais de sua evolução. A luz emitida pela supernova pode ser milhões de vezes mais intensa do que a luz emitida pela estrela antes de explodir. Durante a explosão, grande parte da matéria que forma a parte externa da estrela é expulsa violentamente para o espaço.

Referências bibliográficas

ALBERTS, B. et al. *Fundamentos da biologia celular*. 3. ed. Trad. Ardala Elisa Breda Andrade et al. Rev. Gaby Renard; Jocelei Maria Chies. Porto Alegre: Artmed, 2011.

ATKINS, P.; JONES, L. *Princípios de química*: questionando a vida moderna e o meio ambiente. 5. ed. Porto Alegre: Bookman, 2012.

BRADY, J. E. et al. *Química*: a matéria e suas transformações. 3. ed. Rio de Janeiro: LTC, 2002. v. 1.

BRASIL. Ministério do Meio Ambiente. Disponível em: <http://www.mma.gov.br/>. Acesso em: 13 nov. 2018.

BROWN, T. L. et al. *Química, a ciência central*. São Paulo: Pearson Prentice Hall, 2005.

BRUSCA, R. C.; BRUSCA, G. J. *Invertebrados*. 2. ed. Trad. Fábio Lang da Silveira et al. Ilustr. Nancy Haver. Rio de Janeiro: Guanabara Koogan, 2007.

CAMPBELL, N. A. et al. *Biology*. 8. ed. San Francisco: Pearson Benjamin Cummings, 2008.

CARVALHO, A. M. P. et al. *Ciências no ensino fundamental*: o conhecimento físico. São Paulo: Scipione, 1998 (Coleção Pensamento e Ação no Magistério).

COMINS, N. F.; KAUFMANN III, W. J. *Descobrindo o universo*. 8. ed. Trad. Eduardo Neto Ferreira. Porto Alegre: Bookman, 2010.

DAVIES, K. *Decifrando o genoma*: a corrida para desvendar o DNA humano. São Paulo: Companhia das Letras, 2001.

DELIZOICOV, D.; ANGOTTI, J. A. *Metodologia do ensino de ciências*. 2. ed. Rev. José J. Sobral; Ana Maria Lebeis. Ilustr. C. Soares. São Paulo: Cortez, 1994 (Coleção Magistério 2º Grau. Série formação do professor).

FUTUYMA, D. J. *Biologia evolutiva*. 2. ed. Trad. Mário de Vivo et al. Rev. Fábio de Melo Sene et al. Ribeirão Preto: Funpec-RP, 2002.

GREF – Grupo de Reelaboração do Ensino de Física. *Física 1*: Mecânica. 7. ed. São Paulo: Edusp, 2002.

GREF – Grupo de Reelaboração do Ensino de Física. *Física 2*: Térmica, Óptica. 5. ed. São Paulo: Edusp, 2007.

GREF – Grupo de Reelaboração do Ensino de Física. *Física 3*: Eletromagnetismo. 5 ed. São Paulo: Edusp, 2006.

GRIFFITHS, A. J. F. et al. *Introdução à genética*. 9. ed. Trad. Paulo A. Motta. Rio de Janeiro: Guanabara Koogan, 2008.

HAMBURGER, E. W.; MATOS, C. (Org.). *O desafio de ensinar ciências no século XXI*. São Paulo: Universidade de São Paulo; Estação Ciência; Brasília: CNPq, 2000.

HEWITT, P. *Física conceitual*. 11. ed. Trad. Trieste Freire Ricci. Porto Alegre: Bookman, 2011.

HICKMAN JR., C. P.; ROBERTS, L. S.; LARSON, A. *Princípios integrados de zoologia*. 11. ed. Trad. e rev. Antonio Carlos Marques. Rio de Janeiro: Guanabara Koogan, 2009.

INTERNATIONAL COMMISSION ON STRATIGRAPHY. *International Chronostratigrafic Chart*. 2018. Disponível em: <http://www.stratigraphy.org/ICSchart/ChronostratChart2018-08.pdf>. Acesso em: 14 nov. 2018.

KOTZ, J. C.; TREICHEL JR., P. M. *Química geral e reações químicas*. São Paulo: Pioneira Thomson Learning, 2005. v. 2.

KOTZ, J. C.; TREICHEL JR.; P. M. *Química geral e reações químicas*. São Paulo: Pioneira Thomson Learning, 2006. v. 1.

LONGHINI, M. D. (Org.). *Ensino de astronomia na escola*: concepções, ideias e práticas. Campinas: Editora Átomo, 2014.

MCALESTER, A. L. *História geológica da vida*. São Paulo: Edgard Blücher, 1999.

MEYER, D.; EL-HANI, C. N. *Evolução*: o sentido da biologia. São Paulo: Unesp, 2005 (Coleção Paradidáticos. Série Evolução).

NASA. Disponível em: <https://www.nasa.gov/>. Acesso em: 13 nov. 2018.

NELSON, D. L.; COX, M. M. *Princípios de bioquímica de Lehninger*. 5. ed. Trad. Fabiana Horn et al. Rev. Carla Dalmaz; Sandra Estrazulas Farias. Porto Alegre: Artmed, 2011.

OLDS, M. *Geológica*: las fuerzas dinámicas de la tierra. Königswinter: h.f. hullmann, 2008.

PIRES, A. S. T. *Evolução das ideias da física*. São Paulo: Editora Livraria da Física, 2008.

POUGH, F. H.; JANIS, C. M.; HEISER, J. B. *A vida dos vertebrados*. 3. ed. Coord. Ana Maria de Souza. São Paulo: Atheneu Editora, 2003.

PRESS, F. et al. *Para entender a Terra*. 4. ed. Trad. Rualdo Menegat et al. Porto Alegre: Bookman, 2006.

PURVES, W. K. et al. *Vida*: a ciência da biologia. 6. ed. Trad. Ana Paula Somer Vinagre et al. Rev. Diógenes Santiago Santos; Jocelei Maria Chies; Paulo Luiz de Oliveira. Porto Alegre: Artmed, 2002.

RIDLEY, M. *Evolução*. 3. ed. Trad. Henrique Bunselmeyer Ferreira. Porto Alegre: Artmed, 2006.

ROCHA, J. C.; ROSA, A. H.; CARDOSO, A. A. *Introdução à química ambiental*. 2. ed. Porto Alegre: Bookman, 2009.

RONAN, C. A. *História ilustrada da ciência*: a ciência nos séculos XIX e XX. Trad. Jorge Enéas Fortes. Rio de Janeiro: Jorge Zahar Editor, 1987. v. 4.

RUSSEL, J. B. *Química geral*. São Paulo: Pearson Makron Books, 1994. v. 1.

RUSSEL, J. B. *Química geral*. São Paulo: Pearson Makron Books, 1994. v. 2.

SNUSTAD, D. P.; SIMMONS, M. J. *Fundamentos de genética*. 4. ed. Trad. Paulo A. Motta. Rio de Janeiro: Guanabara Koogan, 2008.

TEIXEIRA, W. et al. (Org.). *Decifrando a Terra*. São Paulo: Oficina de Textos, 2001.

WATSON, J. *DNA*: o segredo da vida. São Paulo: Companhia das Letras, 2005.